Raúl Eduardo Chao

Villanos, Marxistas y Marrulleros

Personajes del mundo Comunista en Cuba

COLECCIÓN CUBA Y SUS JUECES

Vi·lla·no

adjetivo/nombre masculino y femenino
Persona que actúa o es capaz de actuar de forma ruin o cruel.
"creía que era una persona honrada, pero resultó ser un villano."

Un *Villano* es una persona que utiliza sus habilidades para perjudicar a alguien o conseguir algo que desea, utilizando a estos efectos recursos deshonestos que lindan con la ilegalidad.

Mar·xis·ta

adjetivo/nombre masculino y femenino
...a con pensamiento marxista o partidario del marxismo.
"Sabía que era marxista y que estaba influido por las ideas de Hegel."

Los Marxistas interpretan la sociedad como una lucha constante entre seres explotadores y masas oprimidas, las cuales buscan su emancipación por medio de rebeldía, resistencia y revolución.

Ma·rru·lle·ro

adjetivo/nombre masculino y femenino
Persona que aparenta amabilidad y buena intención para beneficiarse de algo o conseguir algo.
"Sabía que era marrullero y poco de fiar, pero confió en él."

Un *marrullero* busca su propio beneficio a través de disimulo, engaño, trampa, persuasión, astucia, ardid, artificio, picardía, disimulo, habilidad, perfidia, artimaña o maquiavelismo, en una forma tramposa y con la mala intención de sacar algún provecho o lucro para sí mismo(a).

EDICIONES UNIVERSAL, Miami, Florida, 2020

DEL MISMO AUTOR:

HISTORIA DE LA QUÍMICA INDUSTRIAL
TOTAL QUALITY AND PRODUCTIVITY MANAGEMENT
PERFORMANCE MANAGEMENT
STRATEGIC PLANNING
MANAGEMENT DEVELOPMENT
PROCESS IMPROVEMENT TEAMS
QUALITY STRATEGIES
GESTIÓN DE FUTURO

CONTRAMAESTRE
BARAGUÁ
POEMAS Y MEMORIAS DE CUBA
JIMAGUAYÚ
GUÁIMARO
FREEDOM EMBATTLED
COLONIAL CUBA
REPUBLICAN CUBA
EXILED CUBA
THREE DAYS IN MARCH
RAÍCES CUBANAS
ÁLBUM DE CUBA
RESCATANDO A MARTÍ
UN FESTÍN DE PALABRAS
DAMN THE REVOLUTION
MADAME SECRETARY
LA GRAN ESTAFA
LA MEMORIAS DEL ALMIRANTE CERVERA
MATANZAS EN LA INDEPENDENCIA DE CUBA
LA GUERRA DEL 1868
LA TREGUA FECUNDA
LA GUERRA DEL 95
OUR CONSUL IN HAVANA
EL DIARIO DE GUERRA DE MÁXIMO GÓMEZ
CUBA BAJO LA BANDERA NORTEAMERICANA
CUBA EN 1958
CUBA EN 1959
CATACLYSM OR HOAX
CUBA AND SPAIN
VILLANOS, MARXISTAS Y MARRULLEROS

DEDICATORIA

A todos los hombres y mujeres Cubanos que han padecido el despotismo Comunista de Cuba.

Los jóvenes nacidos dentro de la revolución que nunca pudieron vivir en una patria libre.

Los hombres y mujeres jóvenes que a la hora de encaminar sus vidas como adultos tuvieron que tomar el camino del exilio.

Los Cubanos que contribuían al crecimiento de la sociedad Cubana con sus esfuerzos y lo perdieron todo.

Los que a punto de retirarse y descansar tras el trabajo honesto de mucho años tuvieron que empezar de nuevo en otras tierras.

Los que quedaron en Cuba, vivos o descansando eternamente, sin recibir el calor o la atención de sus seres queridos.

> Un fantasma recorre Europa: el fantasma del Comunismo. Todas las fuerzas de la vieja Europa se han unido en santa cruzada para acosar a ese fantasma: el Papa y el zar, Metternich y Guizot, los radicales franceses y los polizontes alemanes.
>
> ¿Qué partido de oposición no ha sido motejado de comunista por haber lanzado, tanto a los representantes de la oposición, más avanzados, como a sus enemigos reaccionarios, el epíteto mortificante de comunista?
>
> De este hecho resulta una doble enseñanza:
>
> Que el comunismo está ya reconocido como una fuerza por todas las potencias de Europa.
>
> Que ya es hora de que los comunistas expongan a la faz del mundo entero sus conceptos, sus fines y sus tendencias, que opongan a la leyenda del fantasma del comunismo un manifiesto del propio partido.
>
> Con este fin, comunistas de las más diversas nacionalidades se han reunido en Londres y han redactado el siguiente "Manifiesto", que será publicado en inglés, francés, alemán, italiano, flamenco y danés.
>
> *Karl Marx   F. Engels*

El **"Manifiesto del Partido Comunista"** fue escrito por Marx y Engels como programa de la *Liga de los Comunistas*. Se publicó por primera vez en Londres, en Febrero de 1848, en varios idiomas. La edición Inglesa apareció en 1888. En el Manifiesto Marx y Engels establecieron los fundamentos y el programa de lucha del proletariado. Según definió Lenin…*«Esta obra expone, con una claridad y una brillantez geniales, la nueva concepción del mundo, el materialismo consecuente aplicado también al campo de la vida social, la dialéctica como la más completa y profunda doctrina del desarrollo, la teoría de la lucha de clases y del papel revolucionario histórico mundial del proletariado como creador de una sociedad nueva, Comunista»*

Raúl Eduardo Chao

Villanos, Marxistas y Marrulleros

Personajes del mundo Comunista en Cuba

Copyright © 2020 por Raúl Eduardo Chao.

Primera edición de:

EDICIONES UNIVERSAL
Po> Box 450353 (Shenandoah Station)
Miami, FL 33245-0353. USA
e-mail: ediciones@ediciones.com
http://www.ediciones.com
Desde 1965

Library of Congress Control No. pending

Chao, Raúl Eduardo, 1939-
**Villanos, Marxistas
y Marrulleros** / Raúl Chao

ISBN-13:978-1-59388-312-6
Diseño de la cubierta: Luis García Fresquet

En la cubierta:
Villanos, Marxistas
y Marrulleros del
Mundo Comunista.

Todos los derechos
son reservados. Ninguna parte de
este libro puede ser reproducida o transmitida
en ninguna forma o por ningún medio electrónico o mecánico,
incluyendo fotocopiadoras, grabadoras o sistemas computarizados,
sin el permiso por escrito del autor, excepto en el caso
de breves citas incorporadas en artículos críticos o en
revistas. Para obtener información diríjase a
Ediciones Universal

Tabla de Contenido

Introducción.	10
Una Breve Historia del Comunismo en Cuba.	11
Una Breve Divagación sobre Marx y el Marxismo.	16
Conclusiones Definitivas sobre Martí y el Marxismo.	20
Vida y Obras de los precursores y fundadores del Marxismo en Cuba.	23
Los Culpables.	27
Los Cómplices.	83
Datos para la Historia: de Democracia al Marxismo en Cuba.	141
Las Purgas Estalinistas de la Revolución Cubana.	155
La Perspectiva de Washington durante los primeros días de la Revolución Cubana.	160
El Legado de los Castro y la Revolución Cubana.	172
Apéndices.	176
Indice Onomástico	226

Introducción

En 1959, culminó en Cuba un esfuerzo de gran participación popular para derrocar la dictadura impuesta el 10 de Marzo de 1952 por Fulgencio Batista. Lo que comenzó como un gran alzamiento insurreccional y nacionalista de amplio apoyo por los Cubanos, terminó convirtiéndose en un implacable régimen Comunista, aliado de la Unión Soviética y generador de numerosas convulsiones Marxistas a todo lo largo del planeta.

Desde entonces, más de medio siglo después, Cuba ha padecido una de las dictaduras de más larga duración en la historia, donde se mantienen encarcelados decenas de presos políticos, y se encierra a toda la población en una gran penitenciaría donde no se perdona ni disidencia ni desacuerdo alguno y se castiga al discrepante con años de prisión o la muerte.

Tras años de intimidación y adoctrinamiento, los Cubanos se han resignado a una vida de pobreza y escasez física y anímica, una persistente e inevitable sumisión al autoritarismo de la clase gobernante y un futuro sobre el cual no logran ni proyectar ni soñar.

Ya extinto Fidel Castro y retirado de la Presidencia su hermano Raúl, el régimen faccioso no ha progresado cívicamente y entretiene a la población con minúsculas reformas dictadas recientemente en una nueva constitución, cuya primicia principal es la incorporación de unas primitivas y muy limitadas leyes de mercado libre y la limitada legalización de los llamados cuentapropistas, una suerte de ciudadanos exentos que podrán trabajar por cuenta propia, algo habitual en otras sociedades pero prohibido hasta ahora en Cuba.

Por supuesto, bajo la nueva constitución se perpetúa el capitalismo oligárquico de la nueva clase, con partido único, sin elecciones, con un absoluto desprecio a los Derechos Humanos, sin libertades públicas y civiles, con la ilegalidad de cualquiera oposición política, la educación pública en manos del Estado y la prensa monopolizada por el Gobierno. En otras palabras, la continuación de las pesadillas de una utopía Comunista.

Este libro presenta las vidas y aventuras de los Villanos, Marxistas y Marrulleros que por largos años han azotado a la población Cubana y han sido cómplices en la creación y sustento del drama que aflige a Cuba desde mediados del siglo pasado. Existe aún la esperanza que, en un futuro hasta ahora impredecible, los Cubanos puedan leer estas líneas para conocer en detalle las vidas y hazañas de quienes han llevado a Cuba esta pesadilla que hoy parece no tener final.

Raúl Eduardo Chao
Lakeland, Florida.

Una Breve Historia del Comunismo en Cuba

La historia de las izquierdas en Cuba no es lineal, ni organizada, ni consistente, y es difícil de definir. Está integrada por Anarquistas,[1] Estalinistas, Marxistas no afiliados, Socialistas, Comunistas, Trotskistas,[2] Populistas, Leninistas y finalmente, Fidelistas de última hora. Todas esas tendencias tienen en común la pretensión de defender la soberanía nacional, luchar contra el imperialismo Americano y rescatar y fortificar la justicia social. Parte de una estrategia común de todas esas corrientes ideológicas ha sido siempre escudarse selectivamente en las palabras de Martí y apropiarse de él como el precursor y antecesor de sus postulados políticos.

Anarquistas y Marxistas comenzaron a surgir en Cuba en los primeros años de la independencia, cuando las clases obreras sintieron por primera vez el influjo del pensamiento anarco-sindicalista. Denunciaron la discriminación racial en el mundo del trabajo, los fraudes en las elecciones y demandaron el derecho a la huelga, la jornada de ocho horas y el derecho a vacaciones y retiros. Su líder más reconocido fue **Alfredo López Arencibia** (1894-1926), tipógrafo, muerto años después por las fuerzas represivas de Gerardo Machado.

Los Anarquistas y Marxistas de esos primeros años republicanos no fueron exitosos entre los obreros de color, posiblemente por el rechazo casi puritano conque veían a las prácticas populares de la Santería y el predominio de líderes blancos, nativos y extranjeros, tanto en las filas Anarquistas como entre los Marxistas.

Por otra parte, los líderes izquierdistas no Marxistas de la época -como **Carlos Loveira** (1881-1928), periodista, novelista, Anarquista y veterano de la gesta del 95, entre muchos otros- compartieron con Anarquistas y Marxistas las reformas sociales en el mundo del trabajo, pero se desligaron del esfuerzo de enfrentarse a Machado y se contaminaron con los desmanes de la dictadura Machadista. De nada les sirvió haberse incorporado activamente, como lo hicieron, a las luchas sufragistas de la época.

---

[1] El **Anarquismo** es una filosofía política y social que llama a la oposición y abolición del Estado entendido como gobierno y, por extensión, de toda autoridad, jerarquía o control social que se imponga al individuo, por considerarlas indeseables, innecesarias y nocivas.

[2] El **Trotskismo** es una doctrina política basada en el pensamiento de León Trotski (político soviético revolucionario, 1879-1940) que se caracterizó por un marxismo marcado por la defensa de la teoría de la revolución permanente y representa la heterodoxia de la política soviética.

Las Feministas, Sufragistas y Socialistas no Marxistas, inicialmente opuestas a Machado y luego radicalizadas y opuestas a Batista en los 1950s, se unieron a **Eduardo Chibás** e integraron el *Comité Gestor Ortodoxo*, que años después evolucionó en el *Frente Cívico de Mujeres Martianas*, un intenso y eficiente organismo de la vanguardia insurreccional anti-Batistiana. Entre esas muchas mujeres Cubanas se destacó **Lolo de la Torriente** (1907-1985), periodista, abogada, ensayista y crítica de arte, hermana de **Pablo de la Torriente Brau**, un notable Brigadista Internacional durante la Guerra Civil Española (1936-1939).

En los primeros años de la década de 1920, los Comunistas rompieron con los Socialistas, a tenor de una ruptura internacional, consumada en 1920 tras el triunfo del Bolchevismo[3] y la creación de la Internacional Comunista (IC). En 1925, un grupo de pequeñas organizaciones pro-Comunistas (por la libre) se unieron para formar el **Partido Comunista de Cuba (PCC)**, afiliado como sección de la **Internacional Comunista (IC)**. Surge entonces el liderazgo de **Calos Baliño**, Julio Antonio Mella y **Fabio Grobart**, como organizadores de las clases obreras, voceros del Social-Comunismo y el Anti-Imperialismo. El primer resultado tangente fue la organización de un Sindicato Azucarero, precursor de la **Federación de Trabajadores de la Industria Azucarera (FNTA)** de los años 1950.

Coinciden en esa época la ideología de las *Revoluciones Rusa y Mexicana*, la organización de la *República Española* y los postulados del *New Deal* (el Estado Democrático Social) de Roosevelt, en contraste con las ideas quasi-Comunistas de **Lázaro Cárdenas** en México. No por casualidad coinciden también esas algaradas y rebeldías con el derrocamiento de **Gerardo Machado** y la abrogación de la *Enmienda Platt* en Cuba.

El Socialismo Cubano de la época se debatió entre dos polos en desacuerdo que coexistieron en el Gobierno de los 100 días del post-Machadato: **Ramón Grau San Martín** fue designado Presidente y **Antonio Guiteras** su Ministro de Gobernación, Guerra y Marina. Ambos, por supuesto, a la sombra de **Fulgencio Batista y Zaldívar**, el sargento que capitalizó la insurgencia castrense y la reconfiguró como su *Ejército Constitucional* personal.

Sin apenas referirse al Socialismo, el gobierno Cubano post-Machadista aprobó numerosa legislación social y embargó compañías Americanas, pero terminó cediéndole el paso a Batista, que estuvo apoyado a última hora por la embajada Americana. El incipiente socialismo Cubano perdió en un solo golpe a **Grau** el reformista y a **Guiteras** el revolucionario.

---

[3] Los **bolcheviques** (en ruso, *большевики, большевѝк, bol'sheviki* o *bol'ševik*; "miembro de la mayoría") eran un grupo político radicalizado dentro del *Partido Obrero Socialdemócrata de Rusia (POSDR)*, dirigido desde un principio por *Vladímir Ilich Uliánov*, también conocido como **Vladímir Lenin**, y posteriormente por *Iósif Vissariónovich Dzhugashvili*, también conocido como **Joseph Stalin**.

Grau se dio a la tarea de organizar el primer gran partido de masas de Cuba, el *Partido Revolucionario Cubano*, llamado *Auténtico* para vincularlo, como era ya costumbre, al pensamiento de José Martí. El **PRC (Auténtico)** propuso una formula nacionalista, anti-imperialista, socialista pero anti-Comunista y promulgó el derecho a la auto-determinación, con lo cual encontró un enorme apoyo popular que llevó a Grau a la presidercia en 1944.

Guiteras, por su parte, fundó una entidad radical pero anti-Soviética, la **Joven Cuba**, propulsora del cooperativismo, la socialización de la producción y la propiedad, así como el fomento de la pequeña industria. Batista no tomó riesgos y lo mandó a eliminar en 1935, durante el camino al exilio de Guiteras desde su ciudad natal de Matanzas.

Los años entre la caída del Machadato en 1933 y el golpe de estado ce Batista en 1952 fueron años de *subversión subterránea* por parte de Marxistas, Comunistas, Trotskistas y Bolcheviques, todos fieles a la orientación de la **Internacional Comunista**. La única gran figura Marxista que buscó y logró destacarse fue **Julio Antonio Mella**. Como adolescente irrespetuoso e insolente, fue expulsado de los *Escolapios de Guanabacoa*, donde cursaba el Bachillerato. Como activista político Universitario, su inmanejable insubordinación le costó la expulsión del *Partido Comunista Cubano*, seguida de una exclusión del *Partido Comunista Mexicano* -donde se refugió- y eventualmente su asesinato en una calle de Ciudad México debido a la traición de su amante **Tina Modotti**, agente encubierta del **Comintern**.

En esos años, la sumisión ideológica y estratégica del **Partido Comunista Cubano** a la **Internacional Comunista** resultó catastrófica. El **PCC** pactó con Machado y apoyó el final de la huelga de 1933, que hubiera derrocado al dictador. Su Secretario General, **Blas Roca**, combatió a Grau y a Guiteras. Negoció con Batista para obtener una innecesaria legitimación que le permitió participar en la *Constituyente de 1940*. Varios líderes del **PCC**, como **Sandalio Junco**, afamadamente *Trotskista*, controlaron, por etapas, la *Federación Obrera de La Habana*, *Defensa Obrera Internacional* y el *Ala Izquierda Estudiantil*. Se agruparon en el *Partido Bolchevique Leninista* en 1933 y continuaron luchando hasta languidecer como fuerza dentro del movimiento obrero y desaparecer en los primeros años de la década de 1940.

Fueron esos unos años de crecimiento del Trotskismo en Cuba. El movimiento llegó a formar un frente unido de obreros y campesinos. Acometió contra los despidos. Reclamó el seguro social para los desocupados y la expulsión de los dirigentes obreros doblegados al gobierno y, obviamente, exigieron la jornada laboral de ocho horas. Desafortunadamente para ellos, no se percataron del nacimiento de una pequeña burguesía Cubana que no hacía caso alguno a las prédicas izquierdistas.

En esa década, el **Comintern** perdió su presencia en la mente de izquierdistas como **Raúl Roa, Pablo de la Torriente** y **Enrique de la Osa**, todos ellos nacionalistas y Marxistas que no se integraron al PC. Sin embargo, poco lograron como *free-lancers*, excepto un buen caudal de textos que señalaban el advenimiento de una crisis nacional por la opresión de gobiernos corruptos, la violencia prevaleciente en la política Cubana y los intereses personales de dos generaciones de líderes políticos vendidos al imperialismo Americano.

Llegó entonces la *Constituyente de 1940*. El gansterismo revolucionario hizo crisis como consecuencia inevitable del estilo político creado en la Revolución del 1933. Anarquistas, Trotskistas, Guiteristas y Marxistas fueron opacados por los Reformistas, ahora lidereados por **Eduardo Chibás** y no por **Grau San Martín**. El **Partido del Pueblo Cubano (Ortodoxos)**, implicaba en su nombre el rechazo a la autenticidad del PRC. Entre los que se unieron a Chibás estaba un rescoldo de la turbidez política dejada atrás por los Auténticos; un casi delincuente Universitario al que Chibás no supo rechazar: **Fidel Castro Ruz**.

Con el apoyo y entusiasmo sindical e intelectual de **Blas Roca, Juan Marinello, Carlos Rafael Rodríguez, Lázaro Peña, Salvador García Agüero, Jesús Menéndez** y **Esperanza Sánchez Mastrapa**, el antiguo **Partido Comunista Cubano PCC)** se reorganizó con el nombre menos amenazante de **Partido Socialista Popular (PSP)**. La nueva fachada le permitió ampliar su membresía sindical y comenzó a tener éxito en desarrollar una influyente labor proselitista gracias a su popular **Sociedad Cultural Nuestro Tiempo**. Sólo el golpe de estado de 1952 aminoró la visibilidad y estatus del PSP.[4]

Al retornar Batista al Palacio Presidencial el 10 de Marzo, el **PSP** fue reprimido en mayor grado que lo había sido cuando su fachada era la del **PCC**. Castro se interpuso a los planes del Comunismo oficial Cubano con el ataque al Moncada, que el **PSP** caracterizó de *"heroico,"* pero *"desafortunado."* De igual forma el **PSP** mostró su raquitismo y languidez cuando caracterizó de *"putschismo"* el valiente ataque a Palacio que costó la vida de **José Antonio Echeverría** y **Menelao Mora Morales** el 13 de Marzo de 1957. Para desasosiego del liderato Comunista, un grupo de sus militantes -sin pretensiones de representar al Partido- se unió a la insurrección comandada por Castro en la Sierra Maestra, violando las directivas del PSP.

En respuesta al impacto cívico y psicológico de la Constituyente de 1940, los militantes del mundo Marxista Cubano no-afiliado al PSP, comenzaron a presentarse primero como miembros de una *"izquierda liberal del capitalismo,"* y más tarde como *"humanistas."*

Poco a poco surgieron organizaciones con pretensiones democráticas, anti-imperialistas y nacionalistas, pero con púlpitos filo-Marxistas como el *Movimiento Nacionalista Revolucionario*, el *Frente Cívico de Mujeres Martianas*, el *Movimiento Revolucionario 26 de* Julio y el *Directorio Revolucio-*

---

[4] **Fulgencio Batista**, el autor el *Coup d'État* del 10 de Marzo, había recibido el respaldo del **PSP** en las elecciones de 1940 cuando fue electo.

nario 13 de Marzo. Casi todas se identificaron en 1959 como *"el nuevo socialismo Cubano."*

De más está decir que el *humanismo revolucionario* terminó quitándose la careta en 1961 al declarar Castro, en un célebre y breve (una hora y 45 minutos) discurso televisado el 2 de Diciembre, su filiación de por vida como *Marxista-Leninista*.

En realidad, esos eventos daban lugar a una nueva concepción política de invención Cubana: más que una doctrina ideológica, la revolución Cubana se definía ahora como una argamasa muy criolla de personalismo y burocracia. El **Castrismo**, si así se quiere bautizar, no era otra cosa que un déspota apoyado por un movimiento, un movimiento tratando de justificar y mantener el poder y un poder en desesperada búsqueda de un evangelio propio.

¿En qué se convirtió el **Marxismo-Leninismo** al que Castro alegó estar afiliado toda su vida? En una experiencia Cubano-Soviética, llamada a enjuiciar como traición cualquier disidencia por mínima que fuera, cuya doctrina sería formulada poco a poco por medio de los discursos del jefe máximo, que tenía la exclusiva de enunciar las verdades, que daba por barridos todos los vestigios de derechos ciudadanos, que concentraba en la cúpula el poder absoluto y que daba al Estado el usufructo de todos los bienes. En otras palabras, una nueva Cuba totalitaria que triunfaría gracias a un completo sometimiento de todos los Cubanos.

Al margen quedaba la participación popular, las decisiones democráticas y todo lo que amenazara la eternidad del **Castrismo**. Y en previsión de la temporalidad de los Castro como seres vivientes, fue creado el mito de la conceptualización y el consentimiento Martiano a lo que hacía Castro. Al único al que Fidel Castro le concedió parte del engendro revolucionario que él creó, fue a José Martí, el hombre de los versos sencillos, del sombrerito de plumas y que se refería a su hijo como *"mi pequeñuelo,"* mientras expresaba su fe en *"el mejoramiento humano y la utilidad de la virtud."*

Una Breve Divagación sobre Marx y el Marxismo

«Marx no es responsable de todas las atrocidades por las que sus presuntos herederos tienen que responder...»

Así concluyó sus palabras **Jean Claude Juncker**, presidente de la Comisión Europea, al cerrar los actos de conmemoración del bicentenario del nacimiento de Karl Marx el pasado 5 de Mayo de 2018 en la Basílica de Constantino de la ciudad Alemana de Tréveris, cuna del exaltado fundador del Marxismo.

Ese mismo día, develando una enorme estatua de bronce donada por la China en el lugar de nacimiento de Marx, el presidente de China, **Xi Jingping**, describió a Marx como

«...el mayor pensador de los tiempos modernos...»

Pocas horas después, en Londres, el Ministro Laborista y Shadow Chancellor of the Exchequer **John McDonnell** comentaba en un acto en la casa que murió Marx en 1883... *«El Marxismo es parte del desarrollo de la democracia...y para tener un debate honesto hay que eliminar las mentiras sobre el Marxismo...»*

Hace dos siglos que la sombra de Marx recorre el mundo. Nadie en la historia ha tenido tanta proyección, y tampoco nadie ha hecho tanto daño a la humanidad. Sus discípulos Lenin, Stalin, Mao y Castro han asesinado más de cien millones de personas en nombre de Marx. Varios otros millones han sufrido cárcel, hambre, miseria y desventuras en su nombre.

Casi directamente bajo las órdenes de Marx se inventó el Gulag soviético, la Revolución Cultural China y la hambruna que costó la vida a 38 millones de personas, los asesinatos del Stasi alemán, los *"laogai"* chinos, el cautiverio de media Europa, el genocidio perpetrado por Pol Pot y los *Khmer Rouges* en Cambodia y el exilio de más de un millón de Cubanos en el siglo XX. Por más de 200 años Marx ha sido el campeón de las hambrunas, las purgas y los genocidios más tétricos de la historia.

¿Cómo ha sido posible que un solo hombre haya inspirado tanta miseria? Gracias a las promesas de un mundo utópico de total igualdad que ha embelesado a las clases intelectuales y políticas. Un mundo de mansa aceptación y obediencia, donde competir es improcedente, todos los bienes son obsequiados y compartidos y no existen desamparos ni mendacidad. Y donde todo eso ocurre sin necesidad de sentirse culpable.

¿Ha existido alguna vez ese mundo?

Setenta años de Marxismo-Leninismo en la Unión Soviética han desaparecido dejando atrás un rastro de envidia, fracaso y conflicto.

En el proceso de esfumarse el Marxismo en Moscú, líderes que lucían poderosos como Brezhnev, Andropov y Chernenko han sufrido el mismo destino que Megistu en Etiopía o Mugabe en Zimbabue, o lo que la historia les depara a los Castro y al Ché Guevara.

¿Bastan esos ejemplos para defraudar a los creyentes del mundo Marxista-Leninista? En Europa cientos de políticos siguen inspirados por Marx y continúan engañando a sus electores y gozando de poder y prestigio. En Francia el izquierdista (léase Marxista) Jean-Luc Mélenchon ha logrado alcanzar un 20% de votos frente a Emmanuel Macron, en Alemania *Die Linke* (los Marxistas) tiene más fuerza electoral que los social-demócratas. En la América hispana, Nicaragua, Bolivia, Venezuela y México siguen fascinados por el desastroso ejemplo de Cuba, que solo conocen por medio de la propaganda Castrista. Y desafortunadamente, son la prensa, las universidades, los intelectuales y artistas y deportistas, los principales abogados y propagandistas del Marxismo que amenaza hacer del continente un barril de pólvora Anarco-Marxista.

No es difícil encontrar terreno común entre Stalin, Lenin, Castro y Mao y el comportamiento de Marx en la segunda mitad del siglo XIX. En 1871, Marx simpatizó con la Comuna de París, la incautación de las fábricas abandonadas por sus dueños, la remisión de las deudas no pagadas y la obligatoria laicidad del Estado, lo cual provocó la *Semana Sangrienta* del 21-28 de Mayo con el balance de 20,000 muertos y 40,000 arrestados.[5]

Sin lugar a duda, el atractivo presente del Marxismo no es ya la promesa del mundo utópico de hace medio siglo sino la explotación del deseo sensiblero de sentirse rebelde que tiene mucha gente acomplejada. Karl Marx se rebeló contra sus padres, su familia, sus maestros. Salió expulsado de Alemania, de Bruselas y de París y sólo pudo refugiarse en Londres. Castro se rebeló contra la popularidad de los líderes que surgieron en Cuba después de los años 1930, como Grau, Chibás y Prío. A Mella lo expulsaron de su escuela, lo abandonó su padre y lo desahuciaron en dos partidos Comunistas, el Cubano y el Mexicano. Finalmente lo asesinaron sus antiguos compañeros que le daban apoyo en el Comintern.

Parte del atractivo que aún tienen las ideas de Marx se debe al aura de intelectualismo conque sus profetas lo han distinguido siempre, lo cual parece ser una práctica común en el mundo Marxista. Mucho de ese viso de importancia oculta un atrevido desprecio por la verdad.

La pomposidad conque los Comunistas Cubanos interpretan las palabras improvisadas y pueblerinas de Castro es ya conocida. Hay fuentes muy acreditadas que aseguran, por ejemplo, que en el discurso *"La Historia me Absolverá"* se encuentra la mano experta de Jorge Mañach. Algo parecido sucede con los escritos de Marx.

---

[5] Karl Marx observó con lúgubre deleite y justificó las muertes de sus propios partidarios como *"el precio que pagar por el primer ejemplo de la toma de poder de las clases proletarias."* El primer acto de sacrificio de futuras **"dictaduras del proletariado."** El proletariado, dirigido por el partido, arrebatándole los medios de producción a la burguesía.

La frase «*Los proletarios no tienen nada que perder más que sus cadenas,*» atribuida por más de 200 años a Marx fue originalmente escrita por **Jean Paul Marat**, el astuto y fétido abogadillo asesinado por Carlota Corday durante la Revolución Francesa. La frase «*De cada uno según sus capacidades, a cada uno según sus necesidades.*» le pertenece no a Marx sino a **Louis Blanc**, político Frances nacido en España, 1839: «*À chacun selon ses besoins, de chacun selon ses facultés...*»

Esa aura de intelectualismo, por supuesto, oculta múltiples indiscreciones de Karl Marx en temas que rozan con superchería y discriminación racial, principalmente en su correspondencia con Friedrich Engels. Marx se refiere a su yerno y asistente Cubano **Paul Lafargue** como *"mi asistente negro,"* o *"mi amigo negro-judío."* Marx mismo, casado con Baroness Johanna Bertha Julie (**Jenny**) von Westphalen,[6] una aristócrata Alemana, se llenó de esnobismo en múltiples ocasiones al referirse a las clases humildes como *"el lumpen Proletariat."*

La devoción de Engels a Marx duró hasta la muerte de Karl y es en gran parte responsable del prestigio de Marx a lo largo de su vida y tras su muerte. Engels despidió el duelo con esta frase: «*Así como Darwin descubrió la ley del desarrollo de la naturaleza orgánica, así Marx descubrió la ley del desarrollo de la historia humana.*»

La historia ha acogido a dos Karl Marx distintos y mutuamente excluyentes: el infatigable y estudioso anciano[7] con una tupida e intelectual barba, cuya fama ha trascendido su presencia física, y el presuntuoso, despiadado y despótico megalómano que justificó el asedio y liquidación de sus adversarios y la limpieza étnica que facilitaría una sociedad comunista a cualquier precio.[8]

Interesantemente, Karl Marx siempre ignoró su condición de inmigrante en Inglaterra. Jamás expresó agradecimiento alguno por la protección que el Reino Unido le brindó a él como refugiado en el exilio, ni tampoco

---

[6] **Jenny** era hermana de **Edgar von Westphalen**, uno de los pocos amigos que Marx tuvo durante su adolescencia. Jenny y Karl se casaron cuando Marx concluyó sus estudios doctorales Universitarios. Tuvieron siete hijos e hijas, solo tres de los cuales sobrepasaron la niñez. El matrimonio no fue nada feliz, sobre todo por el romance de Karl con la tutora de sus hijos, **Helene Demuth**, con la cual tuvo un hijo, Fred, en 1850, mientras estaba casado con Jenny. Varios biógrafos señalan que Marx obligó a Jenny a vivir a partir de entonces en un *ménage à trois*. Fred y Helene fueron de hecho los únicos "proletarios" con los cuales convivió Marx en toda su vida. Al morir Karl, no recibieron nada en su testamento.

[7] Jenny en una ocasión dio a conocer que Karl había llevado una pesada maleta llena de libros a su luna de miel.

[8] En 1849, en el periódico **Neue Rheinische Zeitung** que Marx dirigía, Engels, bajo sugerencia de Marx, escribió un artículo justificando la *"extinción total de la basura étnica,"* el cual cerraba diciendo: «*Tarde o temprano habrá una Guerra Mundial que hará desaparecer de la Tierra no sólo a las clases y dinastías reaccionarias, sino a pueblos reaccionarios enteros; todo eso lo requiere el progreso.*» En 1930, Stalin ordenó suprimir esa frase de las Obras Completas de Marx y Engels... y mandó a hacer desaparecer a los editores que la habían incluido.

expresó jamás una frase de agradecimiento por la libertad de prensa que le permitió publicar demandas y críticas en retribución de los beneficios que estaba recibiendo. Demonizó a banqueros y a sus colaboradores. Repitió numerosas veces la consigna de que *"Detrás de cada Tirano hay un Judío."* [9] Nunca, en el sentido que dijera Milán Kundera... *"tuvo que temer que la policía llamara a su puerta a mitad de la noche..."*

En 1956 en el cementerio de Highgate en Londres se inauguró un busto de tamaño significativo de Karl Marx, frunciendo el ceño en actitud arrogante, como reprochando a los Ingleses por no haber apreciado su obra. En esos mismos días de Octubre, cientos de tanques soviéticos arrasaron con miles de Húngaros en Budapest.

---

[9] Recuérdese el lector que, aunque **Karl Marx** se hizo Luterano, era nieto por el lado materno, de un Rabino Judío, Merier Halevy Marx, Rabino de Trévesis, desde 1723 hasta su muerte en 1789. Fueron también Rabinos su tío y su bisabuelo, descendientes todos de dos destacados Rabinos llegados a Alemania desde Padua, Judah ben Eliezer Halevi Minz y Meir Katzenellenbogen.

Conclusiones Definitivas sobre Martí y el Marxismo

El 19 de Mayo de 1895, José Martí, Apóstol de la Independencia de Cuba, cayó muerto en *Dos Ríos*, cerca de Palma Soriano, Oriente, 37 días después de haber desembarcado en Cuba por *Playitas de Cajobabo*. En la isla, muy pocos Cubanos conocían su nombre, mucho menos su obra patriótica y literaria. El exilio era su lugar de acción. Allí trabajó, escribió, pronunció discursos, publicó el periódico **Patria**, recogió fondos para la Guerra de Independencia y recorrió pacientemente millas y millas de distancia, hablándole a los Cubanos del exilio, y reclutándolos para la guerra en Cuba y para la fundación del **Partido Revolucionario Cubano**.

A diferencia de los Cubanos de la isla, muy pocos exiliados Cubanos, en los Estados Unidos, y a todo lo largo de las Américas, desconocían su nombre y su misión; todos le conocían y le apreciaban y admiraban desde que había llegado a New York en 1880. No fue sino hasta la Cuba independiente, sin embargo, Mayo 20 de 1902, que el resto de los Cubanos en la isla conocieron a José Martí.

El primer homenaje a su figura lo dieron los Cubanos exiliados un 28 de Enero de 1900. Una colecta en Cayo Hueso hizo posible comprar la casa de La Habana donde nació Martí para entregársela a Doña Leonor, la madre de Martí. Unos años después, en 1905, se inauguró una estatua en su nombre en el Paseo del Prado, frente a la cual, durante 57 años de República, habrían de desfilar cientos de niños y niñas Cubanos para rendirle tributo cada 28 de Enero, en el aniversario de su nacimiento.

En las primeras décadas del siglo XX, Gonzalo de Quesada, discípulo de Martí, comenzó a publicar la obra literaria de Martí. En Francia, México y la Argentina, se comenzó a admirar su faena poética, literaria, crítica y analítica. Martí fue descubierto como el precursor del modernismo por Rubén Darío, que le había conocido y admirado en vida. Sus escritos comenzaron a recibir amplia difusión y a los esfuerzos de divulgación de Gonzalo de Quesada se unieron los de Jorge Mañach, uno de los más preclaros intelectuales del siglo XX Cubano.

Fue casi inevitable que, junto a los Cubanos que entendieron y admiraron a Martí, se unieran otros que quisieron utilizarle como amparo a sus apetitos y ambiciones. Frecuentaron los sentimentalismos, la ficcionalización de Martí como *"el santo de América"* y la pretensión de atribuir el endorso Martiano a todo tipo de ideologías que el Apóstol hubiera reprobado.

Esa luctuosa intención culminó con una pretendida identificación del pensamiento Martiano con la inhumana ideología del Marxismo en 1959, cuando la República fundada por José Martí fue arrebatada a los Cubanos libres y transmutada en una ergástula Comunista.

La trama utilizada para tal mendaz aventura necesita ser denunciada y descrita en toda su extensión. Para lograrlo hay que considerar con cuidado la figura de Karl Marx, fundador y promotor del Marxismo:

El 14 de marzo de 1883, tras una bronquitis aguda, falleció **Karl Marx** en la ciudad de Londres. Había nacido 65 años antes en *Tréveris*, a orillas del rio Mosela, cerca de Luxemburgo, una ciudad fundada por los Romanos en el año 16 BC, que con el tiempo fue Española, Francesa y Prusiana y que a la larga formó parte de la Alemania del Siglo XIX.

En la ciudad de Nueva York –donde radicaba José Martí- decenas de trabajadores de varios partidos y tendencias le rindieron honores a Marx en un acto reseñado por el Apóstol Cubano en una crónica que publicó en el periódico **La Nación** de Buenos Aires en ese mes de Marzo. Martí, que a penas conocía los escritos de Marx, destacó la personalidad del exánime como *"un luchador caído que merecía honor por haber estado del lado de los débiles."* [10]

De hecho, de haber Martí profundizado en el ideario Marxista, hubiera coincidido con muchos críticos contemporáneos que no han encontrado mucho atractivo en el estilo de Marx. El temperamento que Marx muestra en sus escritos, aun con las revisiones estilísticas de Engels, es calamitoso, lleno de una pueril vehemencia y colmado de desprecio para cualquiera que no coincidiera con sus ideas. El ápice de ese estilo lo alcanza en sus comentarios sobre la obra del aristocrático Ferdinand Lassalle, a pesar de ser este un fraterno socialista de origen judío y Africano. Marx lo describió como *"una combinación de judaísmo y germanismo con contenido básicamente negroide..."* añadiendo *"la forma en que insiste en sus ideas es tosca y aboriginal..."* En los escritos y discursos de Marx, abundan ese

---

[10] Por muchos años ha existido la polémica sobre si **Martí**, con su experta intuición periodística y capacidad analítica, hubiera podido valorar el intelecto de un hombre como **Karl Marx** sin haber conocido extensamente sus escritos. Lo cierto es que Martí no profundizó mucho ni en Marx ni en las doctrinas Marxistas. En sus *Obras Completas* sólo aparece el nombre de Marx una docena de veces en cuatro párrafos distintos. (Ver Apéndice 3 en la página 186) En su época, Martí estaba mucho más interesado en los planteamientos de los Anarquistas **Mijail Bakunin** y **Pierre-Joseph Proudhon**. En sus *Obras Completas*, por ejemplo, hay muchas más menciones y comentarios sobre el agrarista Norteamericano **Henry George** que sobre **Marx**. Sin lugar a duda, Martí era un hombre muy educado y ampliamente leído; estaba bien versado en todas las ideas de su tiempo, incluidas las principales corrientes de la filosofía, la sociología y la economía política. Naturalmente leyó y entendió a Marx, pero nunca respaldó la ideología Marxista y muy rara vez escribió sobre Marx o comentó sobre su pensamiento. En contraste, sin embargo, aludió a **Henry George** docenas de veces a lo largo de sus escritos, siempre con gran admiración.

tipo de marañas; sus oponentes son generalmente calificados como traidores y sinvergüenzas. Esa costumbre de lanzar insultos crea dudas sobre el carácter del propio Marx, ya que prevalece en él la vituperación en lugar de argumentos razonados.

Como teórico económico, Marx deja también mucho que desear. Los expertos en esas materias coinciden que **Marx** (1818-1883), por falta de análisis propio, recurrió a plagiar las ideas de **David Ricardo** (1772-1823) y **John Stuart Mill** (1806-1873), ambos economistas super-capitalistas.[11]

Por otra parte, Marx fue un desastroso profeta, algo insólito cuando se considera que una buena parte del mundo civilizado le ha hecho caso.[12] Su planteamiento que "… *el capitalismo va a ser cada vez menos rentable y en una espiral descendiente y desesperada va a producir una revolución mundial…*" ha sido no sólo inexacto sino una completa estupidez visionaria.

Desde el punto de vista de Marx, la historia es un proceso inexorable que no puede ser resistido o rechazado; pero puede ser ayudado o reforzado en su trayectoria. En su versión completa, la dialéctica marxista no es más que un poderoso juego de herramientas intelectuales para justificar la opresión del hombre por el hombre; su respaldo a la violencia revolucionaria como forma de impulsar la historia ha producido millones de víctimas desde el acto reseñado por José Martí en su crónica publicada en Marzo de 1883 en el periódico **La Nación** de Buenos Aires.

---

[11] Los conocedores del tema señalan que Marx, para calcular el precio que deben tener los bienes en el mercado, partió de su valor intrínseco, al cual se debe añadir el valor de la mano de obra utilizada. Esa metodología no es sino un vestigio de las teorías económicas del siglo XIX de David Ricardo y John Stuart Mill. En la época de Marx, medio siglo después que Ricardo y Mills, los economistas ya habían renunciado a tratar de relacionar el precio con el valor y comenzaban a comprender que el precio era un espejismo, y era imposible evaluarlo en el momento preciso de producir bienes, como Marx, plagiando a Ricardo y Mill, había tratado de hacer. En otras palabras, el precio de un producto no puede basarse en el costo de la materia prima más el tiempo que los obreros han empleado en hacerlo, ya que tal tiempo de fabricación no es fijo sino dependiente de las técnicas utilizada para convertir la materia prima en producto vendible.

[12] Considérese, por supuesto, que es un hecho bien conocido y que trasciende toda la historia humana, que pocos placeres en la vida pueden compararse con el amable arte de gastar el dinero de otras personas.

Vida y Obras de los precursores y fundadores del Marxismo en Cuba

Karl Marx nació un 5 de mayo de 1818 en el seno de una familia judía alemana de clase media alta. En esos años Alemania, Francia y Gran Bretaña eran las principales naciones Europeas y el núcleo del poder político y económico del mundo. Cuando Marx contaba con 30 años, una ola de revueltas democráticas estalló en gran parte de Europa. Millones de residentes en el viejo continente estaban hartos de gobiernos autocráticos de monarcas no electos y aristócratas hereditarios. Tenían una sed impaciente por la democracia después de conocer las revoluciones Estadounidense (1775-1783) y Francesa (1789-1799). Dos generaciones antes. tanto Francia como los Estados Unidos habían logrado, derribar sus gobiernos monárquicos, Francia en su propio territorio y Estados Unidos siendo posesión de un imperio Europeo.

Karl Marx

En esos años, Marx era un joven intelectual revolucionario a punto de publicar un folleto con su colega y principal recurso financiero, **Friedrich Engels**. Juntos produjeron el ahora conocido **Manifiesto Comunista** en 1848.

Marx pasó el resto de su vida aclarando y exponiendo las ideas polítco-económicas que enunció por primera vez en 1848 y, más tarde en vida, las publicó en tres gruesos volúmenes bajo el título **"Das Kapital"** (El Capital), escrito entre 1867 y 1883.

Sin lugar a duda, Marx ya se había destacado como un brillante, aunque defectuoso pensador económico. Tenía fama de ser un egoísta obstinado que siempre creía tenía la razón. En sus reuniones con amigos y partidarios izquierdistas, invariablemente intimidaba y humillaba a cualquiera que estuviera en desacuerdo con sus planteamientos, y hasta cierto punto sus amigos lo detestaban. Su camarada y constante acompañante **Friedrich Engels** fue siempre su más eficaz promotor y organizador; creía en Marx y sus ideas con fervor mesiánico y gustosamente lo apoyaba financieramente. El destino de ambos fue tal que esa combinación de brillantez, controversia, autopromoción y apoyo económico logró que la reputación de Marx se elevara por encima de la de todos los economistas políticos izquierdistas de su época. A finales del siglo XIX y principios del XX, sus ideas fueron aceptadas como dogmas indiscutibles en la izquierda política revolucionaria.

El resultado fue que cuando la credibilidad de la alta burguesía Europea se derrumbó a raíz de la desastrosa Primera Guerra Mundial que azotó al Continente, fueron las ideas y doctrinas de Marx las que los revolucionarios de izquierda estuvieron dispuestos a implementar.

En pocos años, los escritos de Marx se convirtieron en la Biblia de los revolucionarios que destronaron al Czar, controlaron la Duma y tomaron el poder en Rusia en 1917. Algo parecido comenzó a ocurrir en otros países, tanto en algunos altamente civilizados como en otros desamparados tercermundistas. Incluso hoy, después de que el Comunismo de Estado inspirado en el Marxismo ha sido completamente desacreditado por numerosas y ubicuas experiencias oscuras de la historia, innumerables grupos de izquierda siguen definiéndose a sí mismos como **"Marxistas"** y se aferran a las ideas del barbudo revolucionario con una devoción e intensidad casi religiosa. Muchos insisten en que las teorías de Marx siguen siendo en gran medida correctas, y los desastres del Comunismo internacional han ocurrido porque la metodología no ha sido implementada correctamente.

¿Cuáles fueron las ideas específicas de Marx?

La idea central del Marxismo es que toda la historia humana puede interpretarse como una lucha materialista constante entre clases, en un juego de suma cero que envuelve el control de los medios de producción y la distribución de la producción.

En esa lucha, el "proletariado" (los trabajadores de fábricas) se enfrentan a los dueños adinerados (los industrialistas, que Marx bautizó como "capitalistas", esto es, los dueños de capital). El capital, para Marx, no sólo es el dinero sino también los medios físicos de producción. El dinero (capital financiero), por supuesto, es necesario en primer lugar para adquirir los medios de producción (el capital físico).

Marx plantea que la forma cómo los empresarios inicialmente obtienen suficiente dinero para comprar fábricas se denomina *"el problema de la acumulación primitiva."* y mantiene que es imposible adquirir el capital físico inicial ahorrando dinero proveniente del trabajador vendiendo su tiempo (la mano de obra), de forma que los trabajadores nunca pueden superarse y ser capitalistas, lo cual (plantea él) es una injusticia social irreparable. De ahí la necesidad de una revolución.

La conclusión a la que arriba Marx es que una persona, o una familia, sólo puede llegar a ser de la clase **capitalista** valiéndose del robo, la incautación, la privatización de tierras públicas, la adquisición de botines de guerra, imponiendo el colonialismo, dedicarse a esclavizar a otros o por medio del fraude financiero. Basándose en esa premisa, Marx declara que los capitalistas han llegado a serlo porque han usado una de esas alternativas mencionadas, y por lo tanto es justicia social arrebatarles lo que han acumulado (capital), de ahí la necesidad de una revolución.

Finalmente, Marx señaló que esa revolución es inevitable por ser la clase trabajadora mucho mayor que la clase capitalista. Y de esa revolución ha de surgir, primero el Socialismo y al final, su lógica evolución, el Comunismo, un sistema económico donde desaparece la propiedad privada por ser una *"contradicción inherente."* Detrás de todo ello está la proposición que son los trabajadores los únicos que producen con su trabajo la plusvalía (remanentes de capital) conque pueden adquirirse honradamente los medios de producción (sin los robos, incautaciones, botines, etc., ya mencionados en el párrafo anterior, que es lo que han hecho los capitalistas).

Marx fue en vida un incansable activista de la revolución obrera. Primero militó en una diminuta **Liga de los Comunistas** (disuelta en 1852); más tarde se movió en los ambientes de los conspiradores revolucionarios exiliados, y en 1864, la **Primera Internacional**, también conocida como la *Asociación Internacional de Trabajadores (AIT,)* le permitió impregnar al movimiento obrero mundial de sus ideas Comunistas. En el seno de aquella **Primera Internacional**, gran parte de sus energías las absorbió una lucha contra el moderado sindicalismo de los obreros británicos y contra las tendencias Anarquistas de Pierre Joseph Proudhon y Mijaíl Bakunin. Marx prevaleció e impuso sus ideas. La Primera Internacional se desbandó a raíz de la Comuna de París en 1870. La Segunda Internacional, plenamente Marxista, se fundó en 1889, muerto ya Marx.

Marx nunca planteó una teoría sobre la organización de un Estado Comunista y como gobernar una vez conquistado el poder. Eso fue decidido por la Revolución Bolchevique en Rusia, cuando se establecieron las

Karl Marx (right) with his wife **Kenny** and his daughters **Lara** and **Jenny**. On the back, left, **Engels**.

pautas para una economía planificada y la formación de un Estado Comunista.

Marx murió en Londres, en 1877, pesimista y exhausto, con la merte debilitada por Alzeihmer's desease y abatido por la muerte de su esposa Jenny y su hija mayor. Jamás *"trabajó"* en sus 65 años de vida, excepto por sus escritos y reuniones revolucionarias. Vivió como personaje de la clase media gracias a herencias y el sostén de simpatizantes como Fredrich Engels. Por lo general, nunca tuvo éxito en sus estudios Universitarios, que cursó en la Universidad de Jenn y no la de Berlín. Murió ateo, solo y sin amigos a su lado, como correspondía al hombre que había declarado que **«...la religión es el opio del pueblo...»**

Echando a un lado a Karl Marx el intelectual; aquí está Karl Marx, el ser humano:

- Cuando murió **sólo 11 personas** lo acompañaron al cementerio, incluyendo sus parientes.
- Sus padres eran judíos que se convirtieron al Protestantismo por **conveniencia** en sus carreras legales.
- Por lo general fue un estudiante universitario **vago, arrogante y desordenado**.
- El dinero que su padre le enviaba para sus estudios en la Universidad de Berlín lo gastaba **emborrachándose** en tabernas y prostíbulos todas las noches.
- **Fracasado como estudiante**, su doctorado lo obtuvo no en Berlín sino en una Universidad de segunda, en Jena, Alemania oriental.
- Sus únicos trabajos fueron como **reportero ocasional** en periódicos sin importancia, muchos de ellos quebraron por poca venta.
- Toda su vida fue **adúltero**, inclusive tuvo un hijo con la criada de la familia, *Helen Demuth*, que les sirvió por 30 años **sin sueldo**, recibiendo sólo casa y comida. Tuvo amores con ella en su propia casa.
- No permitió que su hijo bastardo se mezclara con sus siete hijos legítimos y solo podía visitar a su madre entrando por la puerta de servicio. A ese hijo **nunca le permitió** jugar con los otros.
- **Persuadió** a Engels a declararse el padre del hijo de *Helen Demuth*.
- Se refirió a Ferdinand Lassalle, un popular socialista de su época, como *"un judío **negroide**, descendiente de la servidumbre negra que acompañó a Moisés en la huida de Egipto..."*

- Todos sus amigos decían que Marx trataba a las personas con las que no estaba de acuerdo de una manera **tosca y mezquina**, a menudo ridiculizándolas en reuniones públicas.
- **Denuncio al judaísmo** como *"una tribu cuyo Dios era el dinero..."*
- Como corresponsal Europeo del **New York Daily Tribune** entre 1852 y 1862, la mitad de sus artículos fueron escritos por Engels y firmados por Marx apócrifamente.
- Según sus amigos *"No se lavaba, ni se arreglaba, ni se cambiaba de ropa y a menudo estaba borracho...apestando a tabaco..."*

Los Culpables

Fidel Castro Ruz †
Ernesto (Ché) Guevara †
RaúL Castro Ruz
Fabio Gobart †
Carlos Baliño †
Camilo Cienfuegos Garrianrán †
Juan Almeida Bosque †
Ramiro Valdés Menéndez †
Faure Chomón Mediavilla †
José Machado Ventura

Fidel Castro

Fidel Castro ha sido toda su vida un gánster vicioso, un traidor tortuoso y engañoso, un dictador despiadado y brutal y un tirano marxista en la peor tradición de **Joseph Stalin** y **Lavrenti Beria**. Nació en 1926, en Birán, cerca de Mayarí, Oriente, el tercer hijo ilegítimo de **Lina Ruz**, una criada de **Ángel Castro**, un trabajador agrícola y miembro del ejército Español que se hizo rico a través de muchos negocios cuestionables y corruptos que incluyeron la explotación y el trato despiadado de los inmigrantes haitianos, el traslado de cercas limitantes de sus propiedades agrícolas (por lo que fue encarcelado en más de una ocasión) y la participación sin escrúpulos en muchas hazañas ilegales. Castro nunca negó la corrupción de su padre, particularmente por sus sobornos, la compra de votos o el chantaje de políticos y jueces para asegurar ventajas comerciales deshonestas.

En 1946, siendo estudiante universitario, el joven Fidel Castro debutó en la vida política de Cuba como un posible líder estudiantil dentro de la cultura del gansterismo violento de la Universidad de La Habana. Castro fue recibido por grupos estudiantiles armados (sobre todo la **Unión Insurreccional Revolucionaria (UIR),** con la que pasó gran parte de su tiempo luchando y dirigiendo empresas criminales. Estuvo involucrado en manifestaciones viciosas en las que los manifestantes se enfrentaron con la policía antidisturbios y fue acusado de asesinar a un líder rival en la **Federación de Estudiantes Universitarios de la Universidad (FEU).** Su ambición lo llevó en 1948 a Bogotá, Colombia, donde los estudiantes protestaban por el asesinato del líder socialista **Jorge Eliézer Gaitán**, ex Alcalde de Bogotá y presidente de la *Universidad Libre de Colombia*.

Sin embargo, sus muchas hazañas brutales en la Universidad palidecen en comparación con su ataque siniestro el 26 de Julio de 1953, al *Cuartel Moncada* del ejército Cubano en Santiago de Cuba. Ese día alistó a 160 jóvenes (sólo 4 eran compañeros universitarios, todos los demás solo tenían educación primaria). La edad promedio de los 160 insurgentes era de 26 años, con 9 de ellos en la adolescencia; la mayoría de ellos blancos, excepto dos negros y 12 mulatos. Sus armas fueron suministradas por el *Partido Comunista de Cuba*. Esto nunca fue confirmado. El ataque tuvo lugar a las 5:15 a.m. El resultado final del ataque del 26 de Julio fue: Quince soldados y tres policías fueron asesinados, y 23 soldados y cinco policías resultaron heridos. Nueve rebeldes murieron en combate y

11 resultaron heridos, cuatro de ellos por fuego amigo. El relato de Castro sobre el ataque fue diferente.

> «... cinco insurgentes muertos en la lucha, y 56 fueron ejecutados más tarde por el régimen de Batista. Dieciocho de los rebeldes capturados fueron ejecutados en el campo de tiro de armas pequeñas Moncada dentro de las dos horas posteriores al ataque. Sus cadáveres estaban esparcidos por toda la guarnición para simular la muerte en combate. Treinta y cuatro rebeldes que huyeron capturados durante los siguientes tres días fueron asesinados después de admitir su participación ... »

El verdadero costo humano del ataque nunca se aclaró. Lo que se confirmó fue que Castro no había disparado ni un solo tiro y escapó al campo cercano. Pidió la ayuda de Mons. Enrique Pérez Serantes, Arzobispo de Santiago de Cuba y, a través de su intervención, Castro salvó su vida al rendirse en manos de su Eminencia poco después.

Fidel Castro salió de Cuba el 5 de Julio de 1955 y se fue a México. Mientras estuvo allí, leyó muchos artículos hostiles que aparecían en los medios cubanos, particularmente la revista **Bohemia**. Su director, **Miguel Ángel Quevedo**, atacó la suposición arrogante de Castro de que solo él sabía lo que era bueno para Cuba. Además, acusó a Castro de hipocresía y doble trato, sugiriendo que sus recaudaciones de fondos en Nueva York habían sido solo un medio para llenarse los bolsillos. Castro estaba furioso. No había gastado sus fondos en indulgencia personal, sino para comprar armas. Obtuvo millones para armas de muchos exiliados, incluido el ex presidente **Carlos Prío**, quien acordó dar a Castro 50,000 dólares casi de inmediato, en 1956, con otros 50,000 dólares a seguir.

Como todos sabemos, Castro, a bordo del **Yate Granma**, desembarcó en Oriente Cuba, el 2 de Diciembre de 1957, en lo que fue más un naufragio que una invasión. Finalmente, su aventura en la Sierra Maestra dio sus frutos y el 9 de Enero de 1959, después de derrotar el ejército desmoralizado de Batista entró en La Habana. Fue recibido con campanas de iglesia, silbatos de fábrica, sirenas de barcos y saludos de armas navales. Fue al Palacio Presidencial y se dirigió brevemente al público desde el balcón, pero mantuvo su gran discurso para el Campamento Militar de Columbia.

Hasta la semana anterior, diciembre de 1958, el acceso a la gran base militar había sido estrictamente controlado. Ahora, el 9 de Enero, en un gesto muy dramático y simbólico, miles de civiles ingresaron a la base para escuchar el discurso de Castro. En un truco preparado, mientras hablaba, se soltaron palomas blancas que simbolizaban la paz, y una de ellas se acomodó en su hombro. Convenció a muchos cubanos de que Castro era un hombre favorecido por Dios, o los santos, o los espíritus afro-caribeños tan populares en Cuba. Su discurso fue más templado que triunfal.

> «... el futuro no será fácil. El peligro vendrá de las divisiones dentro de la Revolución. Nuestros líderes no son genios, pero somos honestos y ha

remos nuestro mejor esfuerzo ... "

Una promesa que no tenía intención de respetar. Para empezar, sin nombrar a ningún miembro del Directorio Estudiantil, Castro comenzó a azotar a la multitud contra ellos.

> «... algunas personas han incautado armas de una base militar que está bajo el mando del Ejército Rebelde. Las armas deberían devolverse a los cuarteles donde pertenecían. ¿Por qué se han tomado estas armas? ¿Para qué se necesitan? ¿Contra quién van a ser utilizados? ... »

Por medio de la presión de la opinión pública, Castro pudo echar a un lado al **Directorio Estudiantil** sin recurrir a la fuerza abierta. Fue su único intento de persuasión. A partir de ahí, durante los siguientes 50 años, cuando las masas se rebelaron como lo hicieron, recurriría a la violencia, las ejecuciones, los encarcelamientos y los ataques físicos, a cualquiera que se atreviera a desafiar o contradecir cualquiera de sus demandas.

El 26 de noviembre de 2016, en un artículo sobre la muerte de Castro, *The Boston Globe* denunció la historia criminal de la toma de posesión de Cuba por parte de Castro:

> «... Recomendó que la Unión Soviética lanzara un ataque de armas nucleares con el primer ataque contra los Estados Unidos ... envió tropas de tanques para pelear una guerra en el lado de Argelia contra Marruecos ... envió a Ernesto" Che "Guevara a pelear guerras insurreccionales infructuosas en el Congo en 1965 y en Bolivia en 1967 ... desplegó 300,000 tropas cubanas en guerras en Angola y Etiopía ...»

Pero eso no fue nada comparado con lo que les hizo a los cubanos.

> «Castro fue un dictador que abusó de su poder y cometió crímenes en nombre de la revolución, la patria, la soberanía nacional y el socialismo ... durante la década de 1960, encarceló a decenas de miles de prisioneros políticos y los mantuvo en la cárcel bajo condiciones espantosas durante más tiempo. que los dictadores militares sudamericanos más represivos ... sus políticas económicas llevaron a la bancarrota a la economía cubana ... envió a más de dos millones de cubanos al exilio a los Estados Unidos y a casi todos los países del planeta ... sus esfuerzos no condujeron a nada más que muerte y crueldad sin sentido ...
>
> Durante el medio siglo que lideró la Revolución Cubana, 3,166 personas fueron asesinadas y otras 1,166 fueron ejecutadas extrajudicialmente ... más de 2,000 presos de conciencia cubanos murieron en sus cárceles ... en total, enjauló a 20.000 personas por expresar su desacuerdo con el comunismo ... en el momento de su muerte en 2016 fue el déspota que ha pasado más tiempo en el poder... sin embargo, todo esto fue solo el tope del iceberg ... más de 77, 000 cubanos perdieron la vida tratando de escapar del régimen de Castro y llegar a las costas de los Estados Unidos ... »

La historia de delincuencia de Fidel Castro en fotografías.

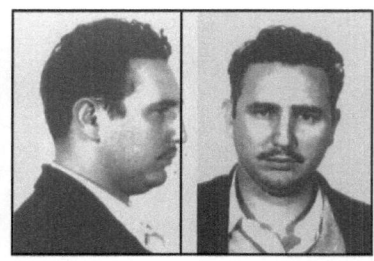

La primera foto es la ficha policíaca de **Fidel Castro**, acusado del asesinato de **Manolo Castro** (no estaba emparentado con Fidel Castro), el Domingo 22 de Febrero de 1948 cerca de la medianoche, en la esquina de las calles San Rafael y Consulado, en la Habana, a la salida del cine conocido con el nombre de *Cinecito*. **Manolo Castro** se desempeñaba como Director del Instituto de Deportes del *Ministerio de Educación de Cuba*. Según Fidel Castro, lo mataron miembros de la *Unión Insurreccional Revolucionaria (UIR)*, pandilla a la que pertenecía Fidel Castro, en represalia por la masacre de Orfila en la que resultó asesinado el líder de la UIR, **Emilio Tró**. Durante el entierro de Manolo Castro, los oradores **Alfredo Yabur Maluff** y **Eduardo Mariano Corona** Zayas acusaron de asesino a **Fidel Castro**.

La segunda foto, es la ficha policíaca de **Fidel Castro** cuando fue hecho prisionero tras su organización del asalto al **Cuartel Moncada**, sede del regimiento número 1 «Antonio Maceo,» en la ciudad de Santiago de Cuba. Castro no participó en el ataque ni disparó un solo tiro. Huyó a las montañas de la Sierra Maestra, de donde fue rescatado por **Mons. Enrique Pérez Serantes**, Arzobispo de Santiago de Cuba.

Las dos siguientes fotos son fichas policíacas de Fidel Castro cuando fue arrestado en la esquina de las calles Emparan y Puente de Alvarado, en Ciudad México por las autoridades Mexicanas. Castro le ofreció US $50,000 al policía que lo detuvo, **Fausto Max Morales,** tratando de sobornarlo. Max Morales lo condujo a la oficina de la Dirección Federal de Seguridad (DFS), la temida policía política mexicana organizada por el presidente **Adolfo Ruiz Cortines** en la segunda mitad del siglo XX. Al ser interrogado por la policía Castro reveló el escondite donde se amparaban **Ernesto (Ché) Guevara** y **Alberto Bayo,** el ex militar Español que entrenaba a guerrilleros en México en una vieja hacienda conocida como **Rancho Santa Rosa** en el municipio de **Chalco**, al este de Ciudad México.

Las dos fotos inferiores muestran a Fidel Castro durante su detención en la **Dirección Federal de Seguridad (DFS),** de Ciudad México en 1956.

Fotos adicionales de arrestos de Castro en Cuba y Colombia.
Castro detenido por el Jefe de la Policía Cubana, **General Quirino Uría** por organizar desórdenes, asaltos y agresiones en la *Universidad de La Habana*; dos fotos del interrogatorio en los cuarteles del Ejército Cubano en 1953, tras el asalto al **Cuartel Moncada** en Santiago de Cuba; una foto en las calles de Bogotá al ser parte de los disturbios del 9 de Abril de 1948 (el **Bogotazo**); la portada de la Revista Parisina **Paris Match** mostrando a **Castro** ejecutando un prisionero en la *Sierra Maestra*, en 1958; finalmente, **Castro** detenido en **Cienfuegos**, Cuba, por alteraciones al orden público el 13 de Noviembre de 1950.

Ernesto Guevara

No puede hacerse un relato sobre los **Villanos, Marxistas y Marrulleros** que destrozaron la República de Cuba en 1959, sin mencionar la siniestra figura de Ernesto (Ché) Guevara.

Ernesto Rafael Guevara de la Serna (1928-1967), nació en Santa Fe, Argentina, el 14 de Junio de 1928. En su juventud, sus amigos lo conocieron como *"el Chancho"*, por su falta de interés en la higiene personal. Fue el mayor de cinco hijos de *Ernesto Guevara Lynch* y *Celia de la Serna*, ambos de familias de la aristocracia Argentina; su bisabuelo paterno, *Patricio Julián Lynch*, fue considerado en su época como el hombre más rico de América del Sur. Guevara comenzó sus estudios de Odontología en la *Universidad de Buenos Aires*, pero en su cuarto año decidió viajar por el mundo, por lo que no hay constancia de que Guevara se haya graduado como médico, aunque siempre lo afirmó.

En uno de sus viajes, Ernesto Guevara llegó a Guatemala donde se identificó con el gobierno pro Marxista de **Jacobo Arbenz** y conoció a un grupo de exiliados Cubanos que habían participado en el ataque al *Cuartel Moncada*, entre los cuales estaba **Antonio Ñico López**, quien le dio el apodo del **Ché**. Los jefes del ejército Guatemalteco se opusieron a la autoridad de Arbenz y lo derrocaron, por lo que Ché tuvo que huir y establecerse en México, donde conoció a **Fidel Castro** y, ya como miembro del **Movimiento 26 de Julio** comenzó a entrenarse para una invasión de Cuba.

Su personalidad psicótica, sus prejuicios racistas y su intensa ira le ganaron el apodo de **saca-muelas**, una designación que lo acompañó por el resto de sus días y que él llegó a odiar. El 2 de Diciembre de 1956, Ché y sus amistades Cubanas desembarcaron en la playa de **Las Coloradas**, al sur de la provincia de Oriente, cerca de la Sierra Maestra. El aterrizaje fue un desastre, pero el pequeño grupo logró sobrevivir y penetrar las montañas donde se reagruparon y comenzaron a hacerle frente al gobierno de Fulgencio Batista.

En la Sierra Maestra, Ché comenzó a destacarse en tres áreas: sus constantes **ataques de asma**, su **temperamento hosco y huraño**, y su absoluta y total **subordinación a Fidel Castro**, que lo promovió a Comandante sobre otros con más méritos. Ché no soportaba a ningún compañero revolucionario con tendencias democráticas; tuvo numerosos debates acalorados con otros como **Huber Matos**, **Frank País**, **Nino Díaz**, **René Ramos** y **Jorge Sotu**, pero por sus ideas radicales, fue él quien ganó la confianza absoluta de Castro.

El 30 de Julio de 1957, **Frank País**, líder del Movimiento 26 de Julio en Santiago de Cuba, fue muerto por la policía en una manifestación; según rumores su identificación fue posible gracias a una delación de **Vilma Espín Guillois**, cumpliendo las órdenes del propio Castro. Después de esa traición, los revolucionarios de Santiago tuvieron que abandonar su lucha clandestina, huir de la ciudad, e integrarse a la guerrilla de la *Sierra Maestra* controlada por Castro.

Muy pronto en la Sierra Maestra, surgieron fuertes enfrentamientos ideológicos entre los combatientes, siendo el encuentro más destacado el de **Ché Guevara** y **Rene Ramos Latour (1932-1958)**, el popular Comandante *"Daniel"*, segundo al mando de **Frank País**. Latour creía firmemente que la ideología detrás del **Movimiento 26 de Julio** debía inspirarse en la filosofía política de **José Martí**, que consistía en hacer de Cuba un país democrático y próspero, con justicia social, guiado por el principio de *"con todos y para el bien de todos..."* Castro y Guevara no compartían esas ideas y muy pronto René Ramos Latour cayó muerto en un combate frente a las tropas gubernamentales del general *Ángel Sánchez Mosquera*.

Después del triunfo de la revolución, Guevara fue nombrado Jefe Militar de la *Fortaleza de La Cabaña*, en La Habana, donde se destacó por su inmensa crueldad contra políticos, policías, soldados, simpatizantes o miembros del régimen vencido. Guevara personalmente asesinó o dio la orden de matar a cualquiera que se opusiera al nuevo régimen, incluidos varios de sus antiguos camaradas de armas, que no estaban a favor de la agenda Comunista que Castro y Ché querían imponer. Guevara presidió numerosas ejecuciones y con insolencia alardeaba de su ferocidad revolucionaria. Ver Apéndice 8, página 211 de este libro. Para poder claramente establecer la personalidad y el estilo de Ché Guevara es interesante recurrir a sus palabras.

En 1954 Guevara le escribió a su madre desde Guatemala diciéndole:

«... *Fue muy divertido, con todas aquellas bombas, discursos y otras distracciones que rompían la monotonía en la que estaba viviendo...* »

Entre las muchas manifestaciones de la brutalidad de Ché, hay que añadir una carta que escribió a su padre en los días del triunfo de la revolución diciéndole:

«... *tengo que confesarte, papá, que en este momento he descubierto que realmente me gusta matar...* »

De hecho, en una aparición en el Canal 6 de la televisión Cubana en Febrero de 1959, Ché le dijo al periodista Pardo Llada ...

«... *en La Cabaña, todas las ejecuciones se realizan por órdenes expresas mías... para enviar hombres al pelotón de fusilamiento, la prueba judicial es innecesaria. Estos procedimientos son un detalle arcaico burgués. ¡Esto es una revolución! Un revolucionario debe convertirse en una máquina de matar fría, motivada por el odio puro y nada más...* »

Ché Guevara, un racista furioso, siempre mostró y practicó el odio como factor de lucha. Un ejemplo de sus declaraciones prejuiciosas, con gentes de color o nativos del continente sudamericano son:

«... *Los negros, esos magníficos ejemplares de la raza africana que han mantenido su pureza racial gracias al poco apego que tienen al baño... el* negro indolente y soñador, se gasta sus pesitos en cualquier frivolidad o en 'pegar unos palos' (emborracharse), mientras el Europeo tiene una tradición de trabajo y de ahorro que lo persigue hasta este rincón de América y lo impulsa a progresar, aun independientemente de sus propias aspiraciones individuales... »

«... en Perú y Bolivia usaremos a los indios para promover la revolución, de ellos, hay miles y son fácilmente reemplazables. Los mexicanos, por otra parte, siempre han sido una banda de indios ignorantes... »

En uno de los escritos de **Guevara**, fechada el 18 de Febrero de 1957, hizo la siguiente confesión, sobre la ejecución del guía campesino **Eutimio Guerra**, uno de sus compañeros alzados en la Sierra Maestra, acusado de pasar información al enemigo y en proceso de decidir si era condenado a muerte:

«... Cuando me preguntan si es culpable o inocente, tuve que declarar que, ante la duda, mátenlo... »

«... sus compañeros no querían pasarlo por las armas, pero cansado de tanta discusión, acabé el problema dándole sorpresivamente en la sien derecha un tiro de pistola .32 con orificio de salida en el temporal derecho. Boqueó un rato y aun no quedó muerto. Al proceder a requisarle las pertenencias no podía sacarle el reloj, amarrado con una cadena al cinturón. Entonces él me dijo con una voz sin temblar muy lejos del miedo: Arráncala, chico, total... eso hice, y sus pertenencias pasaron a mi poder... »

En otra carta a su madre en Julio de 1959:

«... Soy el mismo solitario que era, buscando mi camino sin ayuda personal, pero tengo el sentido del deber histórico. No tengo casa, ni mujer, ni hijos, ni padres, ni hermanos, mis amigos son mis amigos mientras piensen políticamente como yo... »

En sus memorias en la Sierra Maestra escribió:

«... Aquí, desde la manigua Cubana, vivo y sediento de sangre... »

En un discurso en la *Asamblea General de las Naciones Unidas*, desde el podio, declaró ante los representantes del mundo:

«... nosotros tenemos que decir aquí lo que es una verdad conocida, que la hemos expresado siempre ante el mundo. Fusilamientos, sí, hemos fusilado, fusilamos y seguiremos fusilando... nuestra lucha es una lucha a muerte... »

También es bien conocida su declaración a **Mario Vargas Llosa**:

«...El odio es el factor central de lucha; el odio intransigente al enemigo, que impulsa más allá de las limitaciones naturales al ser humano y lo convierte en una efectiva, violenta, selectiva y fría máquina de matar... »

«... un revolucionario debe convertirse en una fría máquina de matar motivado por odio puro... »

En medio de la crisis de los cohetes y las conversaciones de **Kennedy** con **Jrushchov**:

«... Si los cohetes hubiesen permanecido, los hubiésemos utilizado contra el mismo corazón de los Estados Unidos incluyendo a Nueva York. Nunca debemos establecer la coexistencia pacífica. En esta lucha a muerte entre dos sistemas tenemos que ganar la victoria final. Debemos andar el sendero de la liberación incluso si cuesta millones de víctimas atómicas... »

En las palabras de Fray Javier Arsuaga, OFM, Capellán Vasco de La Cabaña durante el período que Guevara fue el Jefe Militar:

«... había alrededor de 800 prisioneros en un espacio donde no cabían más de 300... antiguos militares y policías de Batista, algunos periodistas, unos pocos hombres de negocios y comerciantes... el tribunal revolucionario estaba compuesto por milicianos. Guevara presidía el tribunal de apelaciones. Nunca anuló ninguna condena. Después de que yo (Fray Arsuaga) me fuera, en mayo, ejecutaron a muchos más, pero yo personalmente fui testigo de 55 ejecuciones... ejecuciones de lunes a viernes, especialmente de madrugada. En una sola noche se fusiló a siete personas. Se cifran los muertos entre 200 y 500. Aunque algunas cifras llegan a los 2.000... »

En la CMQ TV, el 21 de Diciembre de 1962, en Cuba, cuando era ya Ministro de Industria:

«... Los trabajadores Cubanos tienen que irse acostumbrando a vivir en un régimen de colectivismo y de ninguna manera pueden ir a la huelga... »

En 1967, en un mensaje a la **Tricontinental** el 16 de Abril de 1967, estando ya Guevara secretamente en Bolivia:

«... No podemos eludir el llamado de la hora. Nos lo enseña Vietnam con su permanente lección de heroísmo, su trágica y cotidiana lección de lucha y de muerte para lograr la victoria final. ¡Cómo podríamos mirar el futuro de luminoso y cercano, **si dos, tres, muchos Vietnam florecieran en la superficie del globo**, con su cuota de muerte y sus tragedias inmensas, con su heroísmo cotidiano, con sus golpes repetidos al imperialismo, con la obligación que entraña para éste de dispersar sus fuerzas, ¡bajo el embate del odio creciente de los pueblos del mundo! »

La Revista Verde Olivo publicó en 1968 estas palabras de Ché:

«... El camino pacífico está eliminado y la violencia es inevitable. Para lograr regímenes socialistas habrán de correr ríos de sangre y debe continuarse la ruta de la liberación, aunque sea a costa de millones de víctimas... »

Los días finales de Ché no fueron nada agradables.

En Bolivia, los Comunistas locales le dieron la espalda, sus tácticas guerrilleras no ayudaron porque era simplemente un asesino, no un estratega, por lo tanto, todo se convirtió en un desastre total. No pudo sobornar a los militares, los campesinos lo ignoraron y Fidel Castro lo abandonó a su suerte. Con sus tropas diezmadas, cayó herido gritando como el cobarde que era:

«... No me maten.. ¡Soy el Che Guevara y valgo más vivo que muerto! »

Fue hecho prisionero y trasladado a *La Higuera*, donde, por orden expresa del general **René Barrientos**, Presidente de Bolivia, llegó una orden de matarlo. No hubo palabras. Según testigos, Ché cayó al suelo, se contorsionó y comenzó a sangrar. Su verdugo volvió a disparar y Ché dejó de moverse. Ese fue el final de Guevara.

Fidel, como una forma de tratar de salvar el mito de *"la heroica guerrilla"*, montó un espectáculo digno de Hollywood con todo, incluida una supuesta *"carta de despedida"* que años más tarde se descubrió que fue escrita por el propio Fidel Castro. En esa *"Carta de despedida de Guevara"*, uno lee más el falso reconocimiento de la superioridad de Fidel sobre Ché que cualquier último pensamiento de un líder mundial revolucionario. Mentirle al mundo simulando que **Ché Guevara**, en sus propias palabras, lo reconocía como su jefe e inspiración, fue la venganza final de Castro contra un hombre que había alcanzado un prestigio más revolucionario que él mismo. Etas fueron, según Castro, las últimas palabras del Ché Guevara a los revolucionarios Cubanos y al mundo:

«Mi único fracaso grave fue no haber tenido más confianza en ti desde los primeros momentos en la Sierra Maestra, y no haber entendido lo suficientemente rápido tus cualidades como líder y revolucionario. Rara vez un estadista ha sido más brillante que tú en esos días... Llevo a nuevos frentes de batalla la fe que me enseñaste ... si mi hora final me encuentra bajo otros cielos, mi último pensamiento será sobre Cuba y especialmente sobre ti. Estoy agradecido por tu enseñanza y tu ejemplo... »

Es increíble que un hombre de la bajeza moral de Ernesto Guevara se haya convertido para las mentes ignorantes de las izquierdas, en el mejor modelo que pueden presentar. Catedráticos, estudiantes, poetas y artistas, e inclusive un presidente de los Estados Unidos, contribuyen ciegamente a hacer de Guevara un héroe y modelo social. Basta mencionar a Nicolás Guillén, un poeta Cubano contemporáneo, que lo había conocido directamente y hasta aceptó una invitación a La Cabaña para contemplar los fusilamientos. Con voz grave y entrecortada por la emoción, Guillén declamó en unos versos dedicados a la memoria del Ché:

«... No por ya callado eres silencio. Y no porque te quemen, porque te disimulen bajo tierra, porque te escondan en cementerios, bosques, páramos, van a impedir que te encontremos... »

Citation d'Ernesto "Che" Guevara, dans son livre "Voyage à Motocyclette en Mille et Une Nuits".
Les insoumis savent choisir leurs références!

La imagen y el mito de **Ernesto Guevara** como el héroe y defensor de los desposeídos en el mundo entero ha sido tan popular y explotada que legó a despertar unos celos criminales en el propio Castro, que después de haberlo lisonjeado se aseguró de abandonarlo a su suerte y convertirlo en un mártir inofensivo pero valioso para la revolución Cubana. Las imágenes de estas páginas muestran la universalidad de ese culto y el valor propagandístico que ha tenido por más de medio siglo. Ha sido insólito, pero desde la UNESCO hasta la presidencia de los Estados Unidos, la figura del **Ché** ha fascinado al mundo, que ha echado a un lado los crímenes y la enfermiza barbarie y salvajismo de ese hombre para inmortalizarlo y presentarlo como modelo de generosidad y nobleza social.

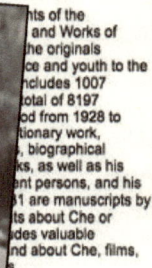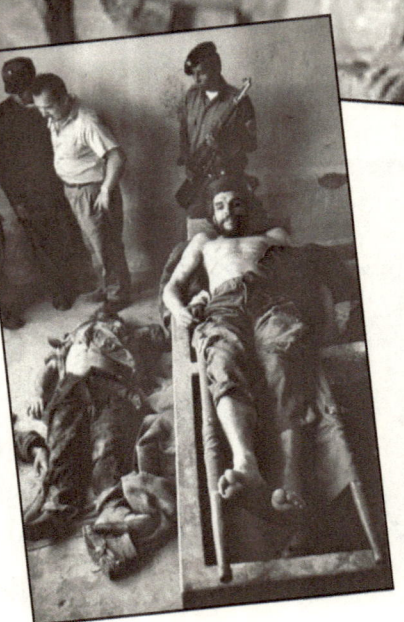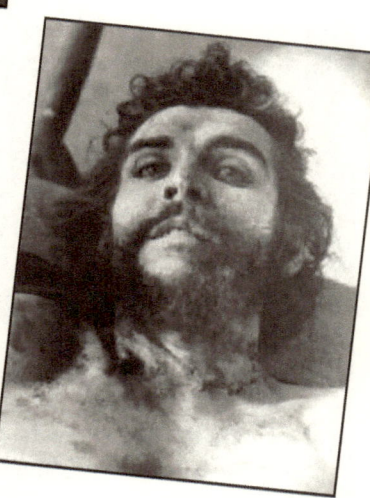

Raúl Modesto Castro Ruz (1931-), es posiblemente la figura revolucionaria Cubana que más ha recibido el beneficio de encubrimientos y ajustes a su verdadera identidad. En los días de su nacimiento, Junio 3, 1931, los rumores en los alrededores de Birán, Oriente, la cuna de los Castro, eran que Raúl fue fruto de un desliz ocasional de su madre, **Lina Ruz**, con **Felipe Mirabal**, Jefe de la Guardia Rural de la zona, conocido como el *Chino Mirabal*.[13] Esmirriado y achinado desde su nacimiento, Raúl no guarda parecido alguno con sus hermanos mayores, Ramón y Fidel, mucho

Raúl Castro

más altos y robustos. Lina Ruz era una sirvienta en las propiedades de **Ángel Castro**, un terrateniente Español, padre de **Fidel Castro**, con el cual Lina mantenía relaciones íntimas.

Desde entonces han ocurrido numerosas gestiones para *"normalizar"* la vida y personalidad de Raúl Castro. El propio Fidel corroboró en 1960 la validez de una foto de los años 1930s, mostrando al niño Raúl Castro, en brazos del Fulgencio Batista, en un evento militar de la época al cual asistieron los Castro. Años después, en su adolescencia, Raúl, padeciendo de un semblante feminoide y con voz de soprano, fue enviado a la Unión Soviética para entrenamientos que acentuaran su hombría. Su imagen de alfeñique y debilucho se hizo pública al aceptar, cuando fue hecho preso tras el ataque al **Cuartel Moncada** en 1953, que no había disparado su arma, lo cual ya había sido establecido con las pruebas usuales de parafina. Durante su estancia en el exilio de México, fue conocido su desinterés por la misión revolucionaria en Cuba, cuando pasó buena parte de su tiempo "**leyendo**." En Febrero de 1958, ya en la Sierra Maestra, Fidel Castro lo nombró Jefe del *Frente Frank País*, al noreste de Oriente, cuando la verdadera dirigencia estuvo siempre en manos de **Ciro Frías** y **Félix Pena**, ambos más tarde *"desaparecidos,"* **Frías** combatiendo en Abril de 1958 y **Pena** suicidándose en 1959. El 26 de Enero de 1959, Raúl contrajo matrimonio con **Vilma Espín** (1930-2007), una rica aristócrata Santiaguera emparentada con los Bacardí. La prensa destacó innecesariamente que Raúl era *"… un hombre ejecutivo, resuelto, afincado a firmes convicciones ideológicas; en una palabra, un hombre que sabe a dónde va…"* Para testificar, sirvió de testigo nupcial el afamado **Manuel Piñeiro (Barbarroja, 1933-1998)**, combatiente en el *Frente Frank País* y futuro *Jefe de Seguridad e Inteligencia* de la revolución, cuyo machismo, según la historia, fue augurado al nacer en medio de un ciclón sobre el mostra-

---

[13] **Felipe (el Chino) Mirabal** fue condenado a muerte después de la Revolución por su pertenencia al SIM, el *Servicio de Inteligencia Militar* del dictador Fulgencio Batista, pero se salvó del paredón milagrosamente, al parecer por una apurada intercesión de Raúl Castro.

dor de un bar propiedad de su familia en Matanzas. Días después, la revista **LIFE** reportó la boda con socarronería diciendo: *"... ahí estaban Raúl Castro, el lampiño pero despiadado hermano del heroico Fidel, y Vilma Espín, hija de uno de los destiladores de ron en Cuba... que lo conminó a secuestrar Norteamericanos el pasado verano... Raúl avergonzado por su peinado de cola de caballo que las jóvenes asistentes acariciaban con envidia..."*

Aparte de esos antecedentes, como parte importante del régimen Comunista de Cuba durante más de medio siglo, **Raúl Castro** participó en incontables atrocidades contra el pueblo cubano que incluyeron asesinatos, masacres, deshumanización, exterminio, experimentación humana, castigos extrajudiciales, escuadrones de la muerte, desapariciones forzadas, uso militar de niños, secuestros, encarcelamiento injusto, esclavitud, tortura, violación, encarcelamiento político, y otros actos inhumanos que exceden o alcanzan el umbral de los crímenes de lesa humanidad, parte ya de una práctica generalizada o sistemática del gobierno Comunista Cubano.

Como antiguo miembro del Consejo de Estado de Cuba, **Raúl Castro** firmó innumerables órdenes de ejecución; su carrera asesina comenzó temprano. En 1956, mientras estaba en el exilio en México, hay evidencia de haber asesinado a un ex camarada. Durante la lucha revolucionaria en las montañas, ejecutó a desertores e informantes.

En los primeros días de la Revolución, cuando estaba a cargo de la provincia de Oriente, ejecutó a cientos de hombres. En un solo día, ordenó el fusilamiento de 73 hombres sin juicio en la ciudad de Santiago. (Ver Apéndice 9 en la página 214) Durante toda la noche del 12 de Enero de 1959 y hasta el día siguiente, grupos sucesivos de hombres se alinearon frente a zanjas en San Juan Hill y fueron victimados por pelotones de fusilamiento al mando de Raúl Castro. Raúl dio alegremente el golpe de gracia a unos pocos. En 1966, Raúl exhumó los cuerpos, los enfundó en concreto y los arrojó a aguas profundas frente a las costas de Cuba.

La prensa Norteamericana ha documentado que docenas de personas, incluidos muchos niños, han sido asesinados al intentar escapar de Cuba; Raúl jugó un papel principal en esos homicidios. Su fuerza aérea llevó a cabo la **masacre del río Canimar** del 6 de Julio de 1980, cuando decenas de víctimas fueron asesinadas. Es bien conocido que muchos más civiles desarmados han sufrido un destino similar de la mano de unidades especiales de la Fuerza Aérea dedicadas a detectar y hundir balsas de Cubanos huyendo de la isla. Igualmente, en tierra. El 19 de Enero de 1994, por ejemplo, dos jóvenes Iskander Maleras y Luis Ángel Valverde, fueron asesinados por guardias fronterizos Cubanos estacionados alrededor de la Base Naval de los Estados Unidos en Guantánamo. Los fratricidas fueron hombres que operaban bajo las órdenes directas de Raúl de disparar a los que se acercasen a la base. Ese cobarde acto fue recompensado con medallas y promociones por el ejército bajo el mando de Raúl Castro.

Como Ministro de Defensa, Raúl Castro ha sido responsable de crímenes de guerra dentro y fuera de Cuba. Durante un **levantamiento rural** en los años 1960s, sus fuerzas armadas prendieron fuego y ejecutaron a cientos de prisioneros en el campo Cubano. Durante la invasión de **Bahía de Cochinos** en 1961, Raúl Castro se convirtió en un encarnizado vengador: cinco prisioneros fueron ejecutados poco después de su captura; nueve fueron deliberadamente asfixiados en un camión de remolque; más de una veintena de enfermos fueron masacrados en un hospital militar. El número de sus víctimas se ha multiplicado a lo largo de décadas con las incursiones militares internacionales de Cuba en América Latina, África y Oriente Medio. Los ataques intencionales contra poblaciones civiles en Angola son parte de su legado.

Uno de los crímenes más notables del Comunismo en Cuba tuvo lugar el 24 de Febrero de 1996. Ese día decenas de miembros de la oposición pacífica de Cuba fueron detenidos después que los MIG Cubanos, por órdenes expresas de **Raúl Castro**, habían derribado dos aviones civiles desarmados en el espacio aéreo internacional entre Cuba y la Florida. Esos aviones formaban parte de una misión humanitaria de búsqueda y rescate en alta mar del grupo sin fines de lucro **Hermanos al Rescate**. Tres ciudadanos estadounidenses, incluido un veterano de la Guerra de Vietnam, y un joven rescatado por el grupo, perdieron la vida. El incidente fue condenado por la *Organización de Aviación Civil Internacional* en Montreal cuando determinó que el gobierno Cubano había cometido un asesinato premeditado. Raúl Castro, como Ministro de las Fuerzas Armadas, entregó medallas y promociones a los pilotos de la Fuerza Aérea Cubana que ametrallaron a los Estadounidenses, uno de los cuales, hijo de exiliados Cubanos, había nacido en Nueva Jersey y nunca había estado en Cuba.

A pesar de estas informaciones, lo peor está aún por esclarecerse y tomarse en cuenta. Son los soldados Cubanos muertos sin razón alguna durante las **aventuras militares** de los hermanos Castro en África durante los 1970s y los 1980s. La cifra oficial de soldados Cubanos muertos es de 4,000; un general de la Fuerza Aérea Cubana que desertó en 1987, sin embargo, calculó que el número de muertos, en Angola solamente, fue de 10,000. A eso hay que añadir los 1,500 Cubanos que desesperados y desalentados por la calidad de vida que ha impuesto el régimen Castrista se **suicidan** cada año y los que mueren por **negligencia médica**, o por las condiciones en las **prisiones** Castristas.

Todo eso sin contar los muertos en el mar que intentan escapar de Cuba en balsas improvisadas. Un estimado elaborado por el economista **Armando Lago**, de la facultad de Harvard, indicó en 2003, que alrededor de 77,000 Cubanos habían muerto en el Golfo de México desde el cierre de las salidas legales permitidas por los Castro en 1962, 1965, 1980 y 1994. Otros 5,300 fallecieron en luchas contra el Marxismo Castrista en las montañas del **Escambray**, en Las Villas y en el esfuerzo de la **Brigada 2506** en **Bahía de Cochinos**.

Cuando se cuenta en fríos términos económicos el tiempo desviado del trabajo productivo por las imposiciones ideológicas de la revolución, y cuando se consideran las pérdidas afectivas no cuantificables de momentos alejados de amigos, familiares y seres queridos, y los innumerables años que los Cubanos han pasado en las cárceles por delitos políticos, o buscando con dificultades un sustento diario debido a la escasez arbitrariamente impuesta por las estrategias Marxistas... son ciertamente enormes las pérdidas que los Cubanos han sufrido debido a una revolución que nunca esperaban en 1959. Ha sido incalculable la carga humana que ha costado esta Revolución. Una pérdida cuyo valor ha sido inestimable, y de la cual **Raúl Castro** ha sido uno de los principales causantes.

Fotos del Álbum de Raúl Castro: su madre **Lina Ruz** y su supuesto padre, **Ángel Castro**; en manos de **Fulgencio Batista**; una foto de su verdadero padre, el **Chino Mirabal**, Jefe de la Guardia Rural; la boda de **Raúl con Vilma Espín** en 1959; los tres **hermanos Castro** vestidos de marineros.

Villanos, Marxistas y Marrulleros

Varias fotos que reflejan el carácter de **Raúl Castro**, en la **Sierra Maestra**, a la salida del **Presidio Modelo,** amnistiado por Fulgencio Batista por los sucesos del **Moncada** en 1953, en la USSR con **Khrushchev** y en sus días de descanso.

3 de junio, 1931
Nace en el poblado de Birán, Holguín

26 de julio, 1953
Participa en el asalto al Cuartel Moncada

Oct. 1959 - Feb. 2008
Ministro de las Fuerzas Armadas

Dic. 1976 - Feb. 2008
Primer vicepresidente de los Consejos de Estado y de Ministros

24 de febrero, 2018
Fin de su 2º mandato. Raúl debe dejar el poder, pero continuar al frente del Partido Comunista

Raúl Modesto Castro Ruz

31 de julio, 2006
Fidel Castro le delega el poder

25 de nov. 2016
Muere Fidel Castro

Febrero, 2008
Investido como presidente

Marzo, 2016
Barack Obama realiza una visita histórica a La Habana, la primera de un presidente de EEUU desde 1959

Abril, 2008
Asume todo el poder tras la renuncia de Fidel a la dirección del Partido Comunista

Julio, 2015
Cuba y EEUU restablecen relaciones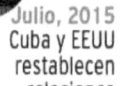

Febrero, 2013
Reelegido para un segundo y último mandato

Abril, 2011
Primer secretario del Partido Comunista

La biografía sintética de Raúl Castro según presentada por el periódico **Granma**, Raúl con Fidel y **Brezhnev** en aguas Cubanas, Raúl Castro con **Barack Obama** en 2016 y Una foto del periódico en **1953**.

Fabio Grobart

Fabio Grobart (1905- 1994), también conocido como *Antonio Blanco, Abraham Grobart y Abraham Simjovitch*, nació en Białystok, Polonia, el 30 de Agosto de 1905. Siguiendo órdenes del **Comintern** (la Internacional Comunista), viajó y se estableció en Cuba a mediados de la década de 1920 y fue miembro fundador del **Partido Comunista de Cuba** en 1925, donde sus camaradas lo bautizaron con el sobrenombre el **Polaquito**.

Años después jugó un papel importante como consejero y mentor en la comunización del liderazgo político de a **Revolución Cubana de 1959**. Durante décadas sirvió como ideólogo del **Partido Comunista Cubano** y, como miembro del *Comité Central del Partido Comunista de Cuba* y miembro del *Parlamento,* fue el hombre que representó a Castro en las reuniones del **Comintern**.

Por más de medio siglo Grobart fue un eficiente colaborador del Comunismo internacional, pero algunos de sus errores fueron costosos. Muchos analistas aseguran que Grobart fue responsable de la ilegalización del Partido Comunista de Cuba en 1948, motivo por el cual fue deportado por el gobierno de Grau. De vuelta en Cuba, en la década de 1960, dirigió la revista **Cuba Socialista** y fue el principal planificador de la ideología del PSP. Con el tiempo fue considerado el historiador del partido. Murió en Cuba el 22 de Octubre de 1994.

Sin lugar a duda, Grobart fue la gran eminencia gris del Comunismo Cubano. Se vanagloriaba de haber sido conocido como **"Fabio"** por sus seguidores, en una clara referencia al cónsul *Romano Quintus Fabius Maximus*. Era un hombre rústico y brusco, con muy pocos amigos cercanos. Vivió modestamente y amonestaba a los Comunistas del patio que vestían bien y se movían en *"automóviles de lujo americano."*

Los antecedentes reales de Grobart no se conocen con claridad y están sujetos a controversia. Por ejemplo, durante el frustrado llamado complot de la **microfracción**, en el que los *"viejos"* Comunistas intentaron "controlar" a Castro, Grobart aparentemente estuvo a favor de Castro mientras conspiraba y aconsejaba a Blas Roca y Juan Marinello. Cuando **Aníbal Escalante**, hijo de un veterano luchador independentista Cubano que luchó bajo el mando de Calixto García, fue acusado de conspirar contra Castro, Grobart reprendió a Escalante y logró que lo desterraran a Praga en lugar de fusilarlo. Moscú aceptó la sugerencia de Grobart de cambiar al Embajador Soviético **Kondriatsev**, lo cual indica la confianza de la USSR en su buen juicio y la astucia con que manejó al temido jefe de seguridad de Castro, Manuel Piñeiro (Barbarroja), que comenzó a encarcelar a todos los complicados en la microfracción.

Hay suficiente evidencia para asegurar que Grobart, como el representante de más alto rango de la Tercera Internacional en Cuba en ese momento, fue el agente Soviético que reclutó y apadrinó a Fidel Castro para unirse al partido. Castro lo ha reconocido y lo han verificado los investigadores de la Rand Corporation.[14]

Fabio Grobart tuvo un hijo **Fabio Grobart Sunshine**, nacido en 1943, graduado de la Universidad de Praga donde obtuvo una maestría en Ingeniería Química y un doctorado en Economía Internacional. De regreso a Cuba, se convirtió en una importante figura científica y económica como miembro del *Centro de Investigaciones de la Economía Internacional* de la Universidad de La Habana

Fabio Grobart, *el Polaquito*, reunido con **Mario Morales, Víctor Pina** y **Ramón Nicolau**, viejos fundadores del primer Partido Comunista Cubano en la década de los 1920s. **Gobart** presentando a **Fidel Castro** como Secretario del Comité Central del **Partido Comunista Cubano (PCC)**.

---

[14] El primer Comunista Cubano conocido fue el Santiaguero **Pablo Lafargue (1847-1911)**. Lafargue, de una familia adinerada, cursaba estudios de medicina en Paris cuando se convirtió en discípulo de **Karl Marx**. Visitando la casa del maestro conoció a **Laura**, una de sus hijas. En pocos meses se casó con ella y se convirtió en un miembro muy importante de la Internacional Socialista. Su más destacadas labores fueron la fundación del *Partido de los Trabajadores Franceses* en 1882 y los pasos iniciales del *PSOE Español*. Lafargue y Laura tuvieron una vida difícil, atravesando etapas de depresión debido a la muerte temprana de sus tres hijos. Acuciados por la pobreza, Laura trabajó de profesora de idiomas y acompañó a Pablo por varios países huyendo de la policía y ayudando a los movimientos socialistas. Pablo y Laura se suicidaron el 26 de Noviembre de 1911 inyectándose acido cianhídrico, lo cual criticó severamente Lenin. El Partido Comunista Cubano original parece haber surgido a principios del siglo XX en la ciudad oriental de Manzanillo.

Éxito en los esfuerzos de Fabio Grobart de reunir a Raúl Castro en 1953, y Fidel Castro en 1963, con la plana mayor de la Nomenclatura Soviética.

Foto superior izquierda: **Joel Domenench**, agente y amigo personal de **Grobart**, **Alexei Leonov** General de División de la KGB y **Raúl Castro** a bordo del *Vapor Andrea Gritti* en Mayo de 1953, en un viaje de preparación para la infiltración Soviética en Cuba; **Fidel** y **Raúl Castro** en Cojímar con **Leonov** en 1960; **Fidel Castro** haciendo entrada en Moscú en su viaje de 36 días en Abril de 1963. En el auto, **Khruschev** con **Leonov** como intérprete; Reunión de **Fidel Castro** con **Leónidas Brezhnev** y **Nikita Khruschev** en la finca de este último, de nuevo con **Leonov** como intérprete.

Villanos, Marxistas y Marrulleros

Carlos Benigno Baliño y López (1848-1926), nació en **Guanajay**, Provincia de Pinar del Río. Estudió Teneduría, Arquitectura e ingresó en 1868 a la *Academia de Pintura San Alejandro,* pero no terminó ninguno de estos estudios. Aun con menos de 18 años, colaboró con artículos y poemas en los periódicos *El Fénix, El Alacrán* y *La Crítica,* de Guanajay. Después de fracasar en sus intentos de encontrar trabajo en La Habana, se mudó a New Orleans, en los Estados Unidos, y luego vivió en Cayo Hueso, **Tampa,** y Nueva York, escribiendo y trabajando en el sector del Tabaco. En esas ciudades, por largos años, se identificó con importantes figuras de la emigración Cubana.

Carlos Baliño

Entre 1868 y 1869 desarrolló una periódica actividad revolucionaria. En Cayo Hueso fue vocal del *Gremio de Escogedores,* participó en el movimiento obrero y colaboró en el periódico **Yara**. En **Tampa** fue uno de los primeros vecinos de **Ibor City**, fue cofundador, con Ramón Rivero, del primer gremio obrero, Caballeros del Trabajo, y perteneció a dos logias masónicas.

En Cayo Hueso, fue redactor del periódico **La Tribuna del Pueblo**, donde hizo propaganda por la libertad de Cuba y por la clase obrera. Fue allí, siendo Presidente del **Club Francisco Vicente Aguilera**, que en 1892 se inscribió en el **Partido Revolucionario Cubano**, de **Martí**.

En Tampa, fundó la logia **Unión y Fraternidad** y tomó parte activa en el **Club Enrique Roig** y el **Club 10 de Abril**, ambos fundados en Enero de 1893. Por varios años fue recaudador de fondos para varias fábricas de tabaco de Jacksonville.

En 1898, al finalizar la guerra contra **España** retornó a Cuba. En 1902 publicó artículos en la prensa y continuó su actividad política, sobre todo en la organización del **Partido Obrero** (1904), transformado a instancias suyas en **Partido Obrero Socialista** y con sus trabajos en **La Voz Obrera**, órgano del partido, donde publicó artículos en apoyo a la Revolución Rusa de 1905.

En 1906, participó en la formación del **Partido Socialista de Cuba**, surgido de la unión del **Partido Obrero Socialista** y de la **Agrupación Socialista Internacional**, de la cual fue presidente en 1910 en sustitución de Ramón Belmonte, cuando fueron expulsados de Cuba los obreros que organizaron la **Huelga del Alcantarillado de La Habana**.

Durante varios años colaboró con las revistas **El Socialista**, **El Productor**, **El Obrero Cigarrero**, **Justicia** y **Lucha de Clases**. A partir de 1919 se dedicó activamente a formalizar varios pequeños grupos socialistas en agrupaciones Comunistas.

En 1922 comenzó a acercarse al mundo universitario habanero ocupando la dirección de **Espartaco**, y el cargo de corrector de pruebas del

Boletín del Torcedor y de la revista **Juventud**, fundada y dirigida por **Julio Antonio Mella**. Junto a Mella organizó en 1925 el **Partido Comunista de Cuba**.

Durante toda su época de residente y escritor en los Estados Unidos, **Carlos Baliño** se identificó como activista Socialista, Marxista y Comunista, más que como militante de la lucha por la independencia de Cuba. Martí lo mencionó solamente una vez en sus Obras Completas.[15]

> «... Sus amigos consideraban que fue por su claridad ideológica y política, y su estilo intuitivo y autodidáctico, que supo entender e integrarse a la gesta independentista Cubana, la cual veía como una etapa indispensable para la futura redención de la clase trabajadora... »

Carlos Baliño falleció en 1926 por muerte natural a la edad de 78 años. El periódico *El Boletín del Cigarrero,* en honor a su muerte, dejó como epitafio para la tumba del desaparecido combatiente un artículo titulado "**La Caída del Roble**", que en uno de sus párrafos sentenció:

> «... El proletariado Cubano siempre recordará a Carlos Baliño...los trabajadores de Cuba y especialmente los Comunistas, han perdido a uno de sus mejores militantes... »

En todo ese póstumo honor del *Boletín del Cigarrero*, se rindió honor a "*... la revolucionaria figura del camarada Baliño, cuya austeridad, por sesenta años, fue dedicada al servicio del proletariado...»* y no aparece una sola mención de Cuba.

---

[15] José Martí, **Obras Completas**, Editorial de Ciencias Sociales, La Habana, 1991, Volumen 2, Cuba Política y Revolución II, 1892-1893 Página 71. Con posterioridad al sistema Comunista implantado en Cuba en 1959, las Obras Completas de Martí ahora incluyen referencias a Baliño en Enero, Abril 10, Noviembre 7, de 1892 y Enero 14 y Abril 10 de 1895. De igual forma se incluyen ahora cartas a **Rafael Serra**, un periodista negro Cubano, gran amigo de **Martín Morúa Delgado**, denunciando el Imperialismo Americano en 1894 y 1896. Estas adiciones a las **Obras Completas** carecen de documentación que acredite su legitimidad y procedencia.

Camilo Cienfuegos Gorriarán (1932-1959), fue uno de los pilares fundamentales de la gesta armada que derrocó al dictador Fulgencio Batista el 1 de Enero de 1959. Nació en la barriada habanera de Lawton, La Habana, hijo de padres Españoles de humilde extracción social. Ramón Cienfuegos, su padre, sastre de profesión y anarquista de pensamiento, estaba exiliado en Cuba como muchos republicanos al terminar la *Guerra Civil Española*. En 1939, Camilo comenzó sus estudios en la escuela pública Cubana, donde se destacó por su afición y habilidad en el baseball. Al terminar su bachillerato se inscribió en la *Academia Nacional de Bellas Artes San Alejandro*, donde por problemas económicos de la familia tuvo que retirarse para ayudar a su padre en el oficio de sastrería. Debido a su militancia anti-Batistiana, en 1956 marchó a México donde conoció al grupo de los Castro.

Camilo Cienfuegos

El 2 de Diciembre de 1956 Camilo desembarcó en *Las Coloradas*, Oriente con el grupo del **Granma**. Allí se destacó en el ataque al cuartel *La Plata* y otros encuentros con el Ejército Nacional, sirviendo bajo la dirección de **Juan Almeida**, **Jorge Sotús** y **Ché Guevara**. En meses sucesivos fue designado a las zonas del rio Cauto, Bayamo, Manzanillo, Las Tunas, Jibacoa y Las Mercedes. Finalmente fue comisionado para dirigir una columna invasora hacia Las Villas.

Cienfuegos, ya como Comandante, entró en el Campamento de Columbia el 2 de Enero de 1959 y fue designado Jefe de todas las *Fuerzas de Tierra, Mar y Aire* radicadas en la provincia de La Habana. El 20 de Octubre de 1959, **Celia Sánchez** le llevó un mensaje a Camilo comunicándole la *"traición de Huber Matos,"* entonces jefe militar de la provincia de Camagüey. Al día siguiente, 21 de Octubre de 1959, temprano en la mañana, Camilo se trasladó a Camagüey con una pequeña comitiva.

Camilo y Matos tenían estrechos lazos de amistad, fortalecidos por compartir una visión adversa al Comunismo. Camilo conversó con Matos al llegar al Cuartel Agramonte y los dos decidieron que Matos se entregara y fuera escoltado hasta Columbia en La Habana.[16]

---

[16] Las órdenes de Castro eran diferentes, e incluían explícitamente que se enfrentara a Matos con estas palabras: **«Hubert, yo como Jefe del Estado Mayor del Ejército Rebelde, asumo el mando de Camagüey y te detengo por alta traición. ¡Tienes que acompañarnos!»** Fidel Castro se trasladó también a Camagüey ese día, y se guareció en el edificio del **INRA** de la ciudad de Camagüey. Desconfiado tanto de Matos como de Camilo, Castro esperaba que ocurriera una confrontación armada entre los dos, resolviendo así la amenaza que representaban dos jefes populares rebeldes que no compartían su ideología Marxista. Al no ocurrir violencia alguna en el *Cuartel Agramonte*, Castro decidió irse por su cuenta, como había llegado, hacia La Habana y replantearse cómo resolver la situación de desacato a la que se enfrentaba. La solución que encontró fue muy simple: encarcelar a **Hubert Matos** y liquidar a **Camilo Cienfuegos**.

El 26 de Octubre Castro organizó un gran acto en el parque de Zayas, con la presidencia y los micrófonos en la terraza sur del Palacio Presidencial. Miles de personas fueron convocadas y llenaron a capacidad la zona entre Palacio y el Museo Nacional de Bellas Artes. Cuatro discursos entretuvieron a la multitud reunida: **Osvaldo Dorticós**, Presidente, **Juan Almeida Bosque**, leal Comandante del Ejército Rebelde, **Camilo Cienfuegos** y, finalmente Castro, que, en un largo y poco oportuno discurso, con exagerado apasionamiento y vehemencia mencionó a Camilo tres veces, todas ensalzándolo como un baluarte de la revolución, y situándolo al mismo nivel que **Almeida** (mencionado 4 veces), **Guevara** (3 veces), **Raúl** (3 veces) y **Almejeiras** (1 vez).

Dos días después, el 28 de Octubre de 1959, al mediodía, Camilo abordó su *Cessna 310* en ruta a Camagüey junto a **Luciano Fariñas**, su piloto, el Capitán **Senén Casas** y el escolta **Félix Rodríguez**. A las 6:00 PM, el avión, con Camilo, Fariñas y Rodríguez, partió de regreso a La Habana. El avión desapareció en un vuelo que solo llevaría dos horas. El viernes 30, Castro ordenó oficialmente la búsqueda de la nave por toda la costa sur, desde Camagüey hasta La Habana. Doce días después Castro informó al pueblo sobre la infructuosa gestión.

Ché Guevara proclamó en esa ocasión:

> «*Camilo fue el compañero de cien batallas, el hombre de confianza de Fidel en los momentos difíciles de la guerra y el luchador abnegado que hizo siempre del sacrificio un instrumento para templar su carácter y forjar el de la tropa...*»

Las palabras de **Fidel Castro** fueron:

> «*... hombres como Camilo Cienfuegos surgieron del pueblo y vivieron para el pueblo. Nuestra única compensación ante la pérdida de un compañero tan allegado a nosotros es saber que el pueblo de Cuba produce hombres como él. Camilo vive y vivirá en el pueblo.*»

Años después se rubricó el "*dolor*" ante la pérdida de Camilo con una estatua de 18 pies de altura en el nuevo *Museo Nacional Camilo Cienfuegos*, inaugurado en 1989 en Yaguajay, Sancti Spíritus, la creación de la *Universidad Camilo Cienfuegos* de Matanzas, la designación del antiguo Central Hersey como el *Central Camilo Cienfuegos* y el retrato de Camilo en los billetes de 20 pesos Cubanos convertibles.

Fotos, arriba, izquierda, **Camilo** a los 12 años con sus padres; *derecha*, a los 16 con su hermano el Arquitecto **Osmany Cienfuegos**; en las calles de **Yaguajay** durante la guerra; con Castro y Matos, entrando en La Habana en Enero de 1959; su último discurso desde la terraza sur del **Palacio Presidencial**.

Villanos, Marxistas y Marrulleros

Fotos: **Camilo** tranquilamente camina al frente de **Huber Matos**, que no está maniatado, cuando lo hizo preso por órdenes de **Fidel Castro**; el avión **Cessna** de Camilo; una de las numerosas imágenes de Castro en sus *"esfuerzos"* por encontrar a **Camilo**; la imagen de **Camilo Cienfuegos** en el billete de $20 pesos Cubanos convertibles (PCC).

Hay muchas conjeturas con relación a la desaparición de Camilo Cienfuegos:

- Según el notable periodista **Agustín Tamargo**... *«Fue liquidado para evitar incompatibilidades con los actuales jefes de la revolución...»*
- **Philip Bonsal**, Embajador Americano en Cuba, comentó que... *«Cienfuegos, disfrutó de la vida nocturna de La Habana y puede haber tenido una inclinación por las amistades y asociaciones consideradas indeseables por algunos de sus camaradas revolucionarios más austeros...»*
- **Huber Matos** señaló que... *«Fidel fue el responsable, estoy seguro de que ese fue el caso...»*
- **Hugh Thomas** comentó... *«A pesar de la lealtad evidentemente excepcional de Cienfuegos hacia Castro, apoyó vacilante el arresto de su amigo Matos sólo unos días antes y Fidel, el hombre de la lealtad ciega, no se lo perdonó...»*
- Autoridades de la FAA Americana opinaron que... *«Pudo ser que un avión de combate de la fuerza aérea Cubana confundió el avión de Cienfuegos con un intruso hostil y lo derribó...»*

La prensa el exilio Cubano ha ofrecido una evidencia difícil de comprobar:

« El piloto **Blas Domínguez**, en un avión de caza *Sea Fury*, siguió unos minutos después el avión de Camilo cuando partió de Camagüey. Al volver a Camagüey, uno de sus cañones de 22 mm no tenía la capucha de protección y estaba descargado. Domínguez desapareció esa misma noche... »

Juan Almeida

Juan Almeida Bosque (1927- 2009), nació en La Habana, en el reparto *Los Pinos*, hijo de una familia numerosa y humilde; su padre era periodista y su madre ama de casa. Juan solo había alcanzado el octavo grado y su mayor experiencia de trabajo era en el ramo de la construcción como albañil y ocasionalmente como peón de Obras Públicas pavimentando calles. Siempre le gustó leer y se interesaba vivamente por el acontecer político del país. Fue cuando comenzó a trabajar en el *Balneario Universitario* que, por el trato diario con estudiantes, pudo tener un mayor contacto con las actividades culturales. Almeida trabajó varios meses en el Balneario como taquillero, mozo de limpieza y albañil. Allí su mejor amigo, Armando Mestre, también albañil y vecino como él del capitalino reparto *Los Pinos,* lo vinculó a la *Generación del Centenario* y le presentó al estudiante Fidel Castro, frecuente usuario del Balneario.

En 1953, Almeida fue parte del grupo que asaltó el **Cuartel Moncada** en Santiago de Cuba el 26 de Julio, y sirvió presidio en el **Reclusorio Nacional de la Isla de Pinos**. Cuando el 6 de Mayo de 1955 el presidente **Fulgencio Batista** firmó una *Ley de Amnistía* que cubría a todos los presos políticos, **Almeida** salió en libertad junto a sus compañeros. El 9 de Febrero de 1956 viajó en barco a Veracruz, llegó a Ciudad México y se entrenó con otros exiliados en la *Hacienda San Miguel*, en la zona del Chalco, al este de Ciudad México. El 25 de Noviembre partió hacia Cuba en el yate **Granma**.

Cuéntase que, en los primeros encuentros con el ejército, Almeida le salvó la vida a **Ernesto Guevara**, gesto que el Ché siempre recordó. Al triunfo de la revolución recibió la jefatura del *Estado Mayor del Ejército Rebelde* al desaparecer físicamente el comandante **Camilo Cienfuegos**. Entre sus frecuentes compañeros en la Sierra Maestra estaban **Ramiro Valdés, Camilo Cienfuegos** y el propio **Fidel Castro**. Cuando en Marzo de 1957 llegó a la Sierra un gran envío de armas enviadas por **Frank País**, uno de los pelotones que recibieron la entrega fue liderado por Almeida.

La mayor parte de su tiempo en la Sierra, Almeida lo dedicó a hostigar al ejército y llevar a cabo sabotajes. Con ello, ayudó al fracaso de la **Ofensiva de Verano** organizada por el ejército de Batista bajo el nombre **Plan FF** (Fin de Fidel).

Al triunfo de la revolución Almeida recibió la Jefatura de la *Fuerza Aérea Rebelde*, sustituyendo a **Pedro Luis Díaz Lanz**, que se rebeló ante la influencia Comunista de la revolución y se fue a los Estados Unidos. En 1962, junto a **Sergio del Valle, Manuel Piñeiro (Barbarroja)** y **Augusto Martínez Sáenz**, Almeida fue miembro del tribunal que enjuició a los participantes de **Playa Girón**.

A pesar de su **bajo perfil como Marxista**, Almeida fue integrante del *Comité Central y del Buró Político del PCC* desde 1965 hasta su muerte. También a pesar de su **falta de escuela**, Almeida escribió a lo largo de los años más de 300 canciones[17] y una docena de libros. Almeida murió en el 2009, a la edad de 82 años, de un fulminante paro cardíaco.

Juan Almeida Bosque nunca fue proselitista activo del Marxismo, ni penalizó o abusó de alguien que no se dejara abusar por el gobierno Castrista. No se conoce ni se le atribuye ningún crimen. Sin embargo, **José Martí** lo hubiera detestado porque **«...*ver en calma un crimen es cometerlo...*»** Es por eso por lo que **Juan Almeida Bosque**, que desde el poder disfrutó por muchos años en silencio los patrocinios y privilegios de la terrible revolución Cubana, tiene que ser catalogado como uno de los **responsables** del mundo Comunista Cubano.

---

[17] Entre las canciones de **Almeida**, que interpretó **La Lupe**, se destacaron *Este Camino Largo, Elegía, Evocación Dame un Traguito y Déjala que Baile Sola*, con lo cual se le considera como un importante compositor de música popular Cubana. Entre sus libros, *Contra el Agua y el Viento*, que narra los hechos acontecidos tras el paso del ciclón Flora por la Isla en Octubre de 1963 y que obtuvo el premio **Casa de las Américas** en 1985.

Fotos, arriba: **Juan Almeida** en presidio por el atentado al **Cuartel Moncada**, junto a Castro y su **ficha policíaca**; **Juan Juan Almeida**, su madre **Consuelo** y su hija **Indira**, exiliadas en Miami; tres álbumes de **música** de Juan Almeida.

Ramiro Valdés Menéndez (1932-), Artemiseño, ha sido por muchos años uno de los más fieles seguidores de Fidel Castro. En 1953, a los 21 años de edad, participó en el *Asalto al Cuartel Moncada* y, luego de permanecer un tiempo en la cárcel de Boniato, fue trasladado hacia el *Reclusorio Nacional de Isla de Pinos* junto a los hermanos Castro. En 1956 fue uno de los 82 expedicionarios del yate *Granma*. Ha llegado a ostentar las distinciones de Héroe de la República de Cuba, Comandante de la Revolución, Miembro del Buró Político del Partido Comunista de Cuba, Vicepresidente de los Consejos de Estado y de Ministros, Vice Primer Ministro de la República de Cuba, destacado miembro permanente la Asamblea Nacional del Poder

Ramiro Valdés

Popular y, desde 1965, miembro del Politburó Cubano. Gracias a la amnistía dictada por Batista el 15 de Mayo de 1955, salió en libertad junto a sus compañeros de presidio político, viajó a México, y se unió a la expedición organizada por Castro para entrar en Cuba.

En la Sierra Maestra, ascendido a teniente, hizo gran amistad con los hermanos Castro, Ernesto Guevara, Camilo Cienfuegos inicialmente y luego con Jorge Sotús y Frank País. Al crearse la Columna Invasora 8 Ciro Redondo, al mando de Ernesto Ché Guevara, fue designado su segundo jefe. Meses después participó en la marcha hacia el occidente Cubano y una vez en el territorio de Las Villas, participó en las acciones del Escambray y la toma de Santa Clara, entrando en La Habana en Enero de 1959 con el grado de Comandante.

Al triunfo de la revolución fue designado primero como jefe militar en la región central, y más tarde como *Ministro del Interior* y *Jefe de los Órganos de la Seguridad del Estado*. Desde Agosto de 2006 ocupó el cargo de Ministro de la Informática y las Comunicaciones, siendo relevado del cargo en Enero de 2011 para atender los sectores de la Construcción, la Industria Básica y la Informática y las Comunicaciones. En Febrero de 2011 Valdés, fue enviado a Venezuela para *"ayudar a Venezuela a reducir el consumo de energía."* [18]

---

[18] **Ramiro Valdés** fue a Venezuela como consultor para la crisis energética de ese país. Venezuela enfrentaba en 2010 una frecuente escasez de electricidad que creaba apagones en muchas áreas. El gobierno de **Hugo Chávez** culpó a una larga sequía que estaba reduciendo la producción de energía en la presa hidroeléctrica principal del país, mientras que otros decían que el verdadero problema es la falta de inversión en infraestructura energética. El problema se convirtió en un debate político, pero independientemente de la razón de la escasez de electricidad, los expertos advirtieron que Venezuela enfrentaría un colapso eléctrico completo si no se hacía algo pronto. Ahí es donde encajaba Valdés... «*Su reputación es de ser un despiadado hijo de mala madre que le gusta cortar por lo sano... particularmente las cabezas de los apáticos y los indisciplinados...*» reportó la prensa de Caracas.

Junto con Raúl Castro, Ramiro Valdés es el último *barbudo* superviviente de la lucha antibatistiana que continúa en los más altos escalafones del régimen Comunista Cubano. A pesar de haber estado siempre plenamente identificado con el Marxismo prosoviético y haber mantenido siempre estrechas relaciones con el KGB, su trayectoria política en esos 60 años, sin embargo, no ha sido uniforme.[19] Lo que ha sido indudable es que, como Ministro del Interior, Valdés se ganó la reputación de ser despiadado cuando se trataba de reprimir a los disidentes.

Desde 1959, Ramiro Valdés ha jugado un papel importante en la organización del aparato de seguridad y espionaje del Gobierno revolucionario. Ha sido el artífice del *Departamento de Seguridad del Estado (DSE)* y de la *Dirección General de Inteligencia (DGI)*, involucrado a fondo en la eliminación de las operaciones anticastristas, la persecución de sospechosos, de contrarrevolucionarios y la vigilancia política interna.

La crueldad que se atribuye a Ramiro Valdés proviene de amigos y enemigos que lo conocen bien. Estos son algunos de los comentarios:

« *Combina la casi perfección, paciencia y persistencia, con una envidiable fuerza de voluntad. Rígido, obsesivo, hermético e inflexible, se muestra reacio a los cambios. Es terco rayano con la enajenación, de hablar bajito y pausado, donde todos tienen que callar; y los que no, son silenciados. La causa siempre sobrepasa el valor de la vida humana.*»

« *Más que ilustre figura, parece un satánico y tenebroso personaje de thriller. Los culpables salen de prisión, las víctimas no escapan del cementerio. Quizás algunos desconozcan que después del ataque al Moncada, y durante el Presidio Modelo en Isla de Pinos, Ramiro fue diagnosticado como psicópata y confinado al pabellón de enfermos mentales.* »

« *Cuestiona con candidez, respira fuego y no siente dolor ajeno; propaga el poder con la fuerza aterradora que algunos encuentran atractiva. Viaja en clase ejecutiva y adora el encanto del lujo; no es hombre que se deja arrastrar fácilmente por diversiones afiebradas o indiscreciones vistosas. Únicamente pregunta cuando sabe las respuestas.*»

«*Para Ramiro el poder es pasión, drama y diversión, es presagio de aventuras, templo único donde pocos merecen entrar. Por ello comparte el mismo código, arquetipo del crimen organizado... Adversario que no se rinde, debe ser exterminado. De cuerpo atlético, lo ejercita con disciplina prusiana pese a su avanzada edad. No se le conocen adicciones, no bebe más de dos co-*

---

[19] Su atribuido **fidelismo de línea dura** no le libró, en el contexto de una pugna entre los dos hermanos Castro, de una suerte de degradación en 1986, cuando quedó *"liberado"* de sus puestos más prominentes en el Partido y el Gobierno. Entre 1994 y 1997 fue apartado también de todas sus funciones en el Consejo de Estado y el Consejo de Ministros. Valdés permaneció en la sombra una larga temporada, pilotando las empresas tecnológicas y electrónicas del Estado. En 2001 se recuperó sorprendentemente con la concesión de la *Orden de Héroe de la República de Cuba*, que aparentemente presagió su retorno al primer círculo del poder. En 2003 regresó al *Consejo de Estado*, en 2005 fue nombrado Ministro de Informática y Comunicaciones, en 2008 volvió a sentarse en el *Buró Político* y en 2009, por último, Raúl Castro le restituyó la Vicepresidencia del Consejo de Estado que había perdido 23 años atrás, ocupando el lugar dejado por el fallecido **Juan Almeida**. En 2011 el VI Congreso le definió como número **tres del PCC** y en 2016 el VII Congreso le revalidó en el *Buró Político*, listándole ahora en la posición **cinco del PCC**.

pas de un vino tinto que no es caro ni exclusivo, sí famoso y francés. La lista de las personas en quien confía es exigua...»

«Como Fidel Castro, muestra sus filosos dientes para desgarrar y sonreír. Se dice que, como consanguinidad revolucionaria, ambos comparten la existencia del cromosoma 47 XYY, que según algunos estudios genéticos le atribuyen el origen de conductas criminales...»

La capacidad de sobrevivencia de Valdés es impresionante. Ha sido expulsado del Gobierno y de la dirección política, sin embargo, cuando está casi olvidado hasta por sus enemigos, resurge con más poder y control. Documentos archivados en la *Stassi*, policía política de la **RDA** (Alemania del Este), testimonian la estrecha cooperación entre las fuerzas represivas y los suministros de diferentes clases que los Alemanes enviaban a sus homólogos de La Habana. Igual relación existía con la **KGB**, Soviética. Valdés instituyó en Cuba la vigilancia contra el ciudadano común, pero también contra los altos jerarcas del régimen. No había diplomático, funcionario, empresario o personalidad extranjera, que no fuera espiado en la isla. Otro aspecto importante de la conducta de Valdés cuando dirigió el **MININT**, fue la corrupción en la que el Ministro se llevaba la palma, pues disponía de un cocinero particular, entre otra infinidad de detalles millonarios que caracterizan la vida de los grandes jerarcas Cubanos.

Las incursiones de los sicarios de la revolución Cubana en Venezuela, Bolivia, Colombia y el resto de los países del continente, contaron con la asesoría de Valdés.

A las pocas semanas del triunfo de la insurrección y después de haber ejercido como Jefe Militar de la provincia de Las Villas, Ramiro Valdés asumió la dirección del *Departamento de Investigaciones del Ejército Rebelde* (**DIER**), una fuerza policial que se especializó en reprimir brutalmente a las organizaciones clandestinas y guerrilleras que confrontaron al nuevo régimen desde el propio año 1959. El "**Departamento**", como se conoció, fue una especie de embrión de lo que sería el *Departamento de Seguridad del Estado*, un organismo que llevó a prisión a más de medio millón de hombres y mujeres, y ejecutó acerca de seis mil personas. A excepción de **Valeriano Weyler**, ningún otro individuo en la historia de Cuba ha sido responsable directo de tantos actos de maldad y crímenes como "*Ramirito*".

Ramiro Valdés Menéndez, conocido como el *Carnicero de Artemisa*, el *Gaddafi Antillano*, el *Príncipe Cubano del Terror*; rígido, obsesivo, que habla despacio y en voz baja, haciendo pausas cuando los demás deben callar, el satánico y obscuro personaje de un libro de terror, confirmado psicópata y enviado al pabellón de pacientes mentales en la cárcel modelo de Isla de Pinos...

... así es como lo caracterizan los que le han conocido...

Ramiro Valdés Menéndez, desde la Sierra Maestra hasta las más altos niveles de poder y crueldad en Cuba y en Venezuela.

Villanos, Marxistas y Marrulleros

Faure Chomón Mediavilla (1929-2019), fue un dirigente estudiantil reformista, revolucionario, militar y político Cubano que tuvo una actuación destacada en la Revolución Cubana como fundador y dirigente del **Directorio Revolucionario** en los años 1950s. El 13 de Marzo de 1957, durante la dictadura de Fulgencio Batista, dirigió junto con **Carlos Gutiérrez Menoyo** el grupo que realizó el ataque al Palacio Presidencial de Cuba, donde resultó gravemente herido.[20]

Faure Chomón

En 1958 dirigió el grupo guerrillero que desembarcó una expedición por Nuevitas, uniéndose al grupo organizado por Eloy Gutiérrez Menoyo bajo el nombre del **Segundo Frente Nacional del Escambray**, un frente de oposición armada que el Directorio Revolucionario estableció unas semanas antes en las montañas del **Escambray**. Ambos grupos trataron infructuosamente de coordinar sus acciones con las columnas guerrilleras del *Movimiento 26 de Julio* que llegaron a la zona en Octubre de 1958 al mando del **Che Guevara** y **Camilo Cienfuegos**, lo cual estableció una rivalidad entre ambos grupos que duró muchos años.

Una vez triunfante la revolución, **Chomón** fue reconocido en el grado de Comandante de las Fuerzas Armadas.[21] Después fue Ministro de Comunicaciones y de Transporte; Primer Secretario del Partido en la provincia de Las Tunas; Embajador de Cuba en la Unión Soviética, Vietnam, Bulgaria y Ecuador; miembro del Comité Central; Secretario del Partido Comunista de Cuba (PCC); y diputado de la Asamblea Nacional del Poder Popular por la provincia de Camagüey.

Faure Chomón falleció el 5 de Diciembre de 2019 en La Habana, Cuba a causa de un síndrome de disfunción multiorgánica.

Chomón tuvo muchos conflictos con Fidel Castro y la dirigencia del Movimiento 26 de Julio.[22] Ha sido, sin lugar a duda, la única persona a la

---

[20] Como **represalia** por el asalto a Palacio, escuadrones de la policía, por su propia iniciativa, fueron tras los líderes de la oposición, hubieran o no participado en el ataque. **Carlos Márquez-Sterling**, líder del *Partido del Pueblo Libre*, fue hecho prisionero. **Pelayo Cuervo Navarro**, líder del *Partido Ortodoxo*, fue asesinado por la policía la noche del 13 de Marzo. 42 hombres participaron en el ataque, 34 eran del **Partido Auténtico**, bajo la dirección de **Menelao Mora Morales**, y 8 del **Directorio Estudiantil**, dirigidos por **Faure Chomón**. Ver Apéndice 11 en la página 218 de este libro.

[21] Ver Apéndice 12 en la página 219 de este libro.

[22] Los enemigos de **Chomón** han llegado a aseverar que el **Segundo Frente Nacional del Escambray** nunca luchó en una sola batalla. «*Todo lo que hicieron fue comer las vacas de los campesinos, perseguir a las campesinas y engordar...*» Cuando **Faure Chomón** llegó al Escambray, según esos relatos, se dio cuenta de inmediato de que Menoyo y sus compañeros eran traidores o agentes de los imperialistas. Los denunció y los expulsó del DRE. En realidad, casi todas las victorias

cual Fidel Castro ha enviado a postas, cargos, y embajadas en el exterior, con el deliberado propósito de mantenerlo lejos del poder. Según una anécdota atribuida a Gutiérrez Menoyo

«Faure siempre ha regresado a Cuba como una golondrina tullida... »

Menoyo lo atribuye a Faure quedándose demasiado tiempo en el Palacio Presidencial junto a **Rolando Cubelas** y la gente del **Directorio** en Enero de 1959. Hasta ese instante el Directorio tenía más moral combativa que el Movimiento 26 de Julio, pero cuando Castro les preguntó: *"Armas ¿para qué?"* Faure inmediatamente se retiró sumiso ante la determinación de Castro de liquidarlo. Esas mismas fuentes opinan que Faure se ha

> *«...conformado con poderse poner su uniforme verde olivo, tener una estrellita en el hombro y que la gente crea que él es alguien en Cuba... abrigado en los equilibrios de poder; aunque despreciado por Fidel y vigilado por Raúl, conocedores de sus veleidades y traiciones....»*

Su intento de agraciarse con Castro fue evidente en su papel como testigo en el juicio a **Marcos Rodríguez**, que en el fondo fue un juicio a los Comunistas tradicionales que no se doblegaron a Castro. Según narró el detestable coronel de la policía batistiano **Esteban Ventura Novo** en sus *Memorias*:

> *«... Chomón, fue el delator del escondite de **José Machado Rodríguez, Juan Pedro Carbó Serviá, Fructuoso Rodríguez Pérez y Joe Westbrook Rosales**, las víctimas del Directorio en la masacre de Humboldt 7... »*

Con la muerte de Faure Chomón desapareció la última figura del **Directorio Revolucionario**, una de las tres fuerzas que luego constituyeron los gérmenes del **Partido Comunista de Cuba (PCC)**, traicionando la ideología anticomunista y católica de su principal dirigente, **José Antonio Echeverría Bianchi**. Quedó entonces sólo una alianza siniestra entre el **Movimiento 26 de Julio** y el **PSP** tradicional, que luego fue desmantelado con sendas acometidas de **Raúl Castro** y **Ramiro Valdés**, en lo que se conoce como la **Microfracción**.[23]

---

rebeldes en el Escambray tuvieron como líderes a **Gutiérrez Menoyo** o a **William Morgan**: *La Diana, Charco Azul, Michilena, Linares, Hanabanilla, Río Negro.*

[23] Del antiguo Directorio solo quedan semiactivos en 2020, **Guillermo Jiménez**, autor de *Los Propietarios de Cuba*, **José Luis Padrón**, autor de **Los últimos días de Batista** (ambos doblegados a la avalancha propagandística del *Instituto Cubano del Libro*) y el **Dr. Héctor Terry Molinet**, que cayó en desgracia al contradecir a Castro cuando declaró que la epidemia de **neuritis óptica** no era una plaga introducida por el imperialismo sino debida a la pobre alimentación de la sociedad Cubana.

Faure Chomón, guerrillero. *Arriba,* el grupo del Directorio con **Ché Guevara**, Chomón en un círculo; con **Fidel** y **Cubela**, resolviendo el dilema del Escambray; con **Fructuoso**, **Westbrook** y **Juan Nuity** en Ciudad México; en su discurso final; en la ceremonia donde Raúl lo asciende a Comandante de la revolución.

Villanos, Marxistas y Marrulleros

Aunque las estrategias de guerrilla urbana del **DR** y rural del **MR-26-7** contra la dictadura de Batista habían confluido en la llamada *Carta de México*, firmada el 29 de Agosto de 1956 por **Fidel Castro**, líder del 26 de Julio y **José Antonio Echeverría**, presidente de la FEU y líder del DR, ni Echeverría apoyó el desembarco del *Granma* ni Fidel Castro respaldó el ataque al Palacio Presidencial. Al llegar los militantes del Directorio a la **Sierra del Escambray** el 8 de Febrero de 1958, lejos de ser recibidos como hermanos que venían con armas y hombres a reforzar la guerrilla, la bienvenida resultó fría y hostil, y todo debido a la rivalidad de Chomón con **Eloy Gutiérrez Menoyo**.

El 1 de Enero de 1959, con la revolución ya victoriosa, Castro, en camino a La Habana, censuró al Directorio y a Faure Chomón por adelantarse a la capital, ocupar Palacio y haber tomado todas las armas que encontró a su paso en la Base Aérea de San Antonio de los Baños.

La respuesta de **Faure Chomón** a **Fidel Castro** en esta ocasión fue conciliatoria, en un tono muy diferente al que utilizó el 14 de Diciembre de 1957, cuando Castro lo amonestó, a él y a muchos otros, por haber firmado el **Pacto de Miami**. Esa respuesta se presenta aquí:

> «...*Debía el doctor Castro ser más prudente y responsable al hablar. Debía el doctor Castro recordar que aquí estamos los hombres del* **Directorio Revolucionario [DR]** *y que a ninguno nos puede dar lecciones de civismo, sacrificio, patriotismo, valentía ni desprendimiento. Debía el doctor Castro recordar que, mientras él estaba en México y los Estados Unidos, nosotros librábamos nuestra lucha con* **José Antonio Echevarría** *siempre al frente, en las calles de La Habana; que aún él no había arribado a playas Cubanas y ya nuestro* **Rubén Aldama** *caía asesinado, en el mes de Mayo de 1956, trabajando con el* **Directorio Revolucionario**. *Debía el doctor Castro recordar que todavía no había llegado él a Oriente y ya el* **Directorio Revolucionario** *atentaba contra los coroneles* **Blanco Rico** *y* **Tabernilla**, *mientras él desde México lamentaba la muerte del primero. Debía recordar el doctor Castro que mientras él estaba en las empinadas sierras orientales, nosotros en La Habana tiroteábamos el* **Castillo del Príncipe**, *propiciando la fuga de varios compañeros; le tirábamos al coronel* **Orlando Piedra**, *quemábamos 15 perseguidoras en Ambar Motors, y a pecho descubierto fuimos en plena capital a ajusticiar al déspota en su propia madriguera...* »

José Ramón Machado Ventura (1930-   ), militar, político y médico revolucionario Cubano, nacido en San Antonio de las Vueltas, Las Villas, que al triunfar la revolución ha ocupado varios cargos en el gobierno Cubano, llegando a ser electo Primer Vicepresidente de los *Consejos de Estado* y de *Ministros de Cuba* en el 2008. En el VI Congreso del Partido Comunista de Cuba, Abril de 2011, fue electo *Segundo Secretario del Comité Central*. Ha recibido numerosas condecoraciones estatales, entre ellas el Título Honorífico de *Héroe de la República de Cuba* y la *Orden Playa Girón*. En 2018 fue electo Diputado a la *Asamblea Nacional del Poder Popular*.

José Ramón Machado Ventura

Machado Ventura inició sus actividades revolucionarias siendo estudiante de Medicina de la Universidad de La Habana, como militante de la *Federación Estudiantil Universitaria (FEU)*. Al graduarse de Médico, continuó sus vínculos y compromisos revolucionarios y se afilió al *Movimiento 26 de Julio*. Se incorporó a la guerrilla en la Sierra Maestra, primero en la Columna #4 bajo las órdenes de **Ernesto Ché Guevara** y posteriormente la Columna #1 al mando de **Fidel Castro**. En Marzo de 1958 pasó a formar parte de la Columna dirigida por **Raúl Castro** y fue parte del *Segundo Frente Oriental Frank País* al norte de la Sierra Maestra en la provincia de Oriente, donde fue ascendido al grado de Capitán; allí organizó un *Departamento de Sanidad Militar*, que duró hasta el final de 1958. Como médico y combatiente, participó en varios combates y escaramuzas. Desde entonces ha cumplido distintas posiciones como *Ayudante del Presidente* y *Jefe de la Casa Militar*, *Jefe de los Servicios Médicos de la Ciudad de La Habana*, *Jefe de los Servicios Médicos de las FAR* y Ministro de Salud Pública, cargo este que desempeñó durante más de siete años.

Al constituirse el *Comité Central del Partido Comunista de Cuba* en 1965, formó parte del mismo. En Enero de 1968 fue designado delegado del *Buró Político* en la provincia de Matanzas y en Junio de 1971 pasó a ocupar el cargo de *Primer Secretario del Comité Provincial del Partido* en La Habana. En Diciembre de 1976, fue electo miembro del Secretariado del *Comité Central del Partido*.

Ese año fue electo miembro del *Consejo de Estado* y *Diputado* por el municipio de Guantánamo. Por varios años ha sido miembro del *Consejo de Estado de Cuba* en la *Asamblea Nacional del Poder Popular*. En 2008, pasó a ocupar el cargo de *Primer Vicepresidente de los Consejos de Estado* y de Consejo de Ministros de Cuba; en 2011 fue electo para el cargo de *Segundo Secretario del Comité Central* y en 2013 como uno de los cinco Vicepresidentes del *Consejo de Estado*, posición que mantuvo hasta el 19 de abril de 2018.

Entre las numerosas condecoraciones estatales que ha recibido figuran el Título Honorífico de *Héroe de la República de Cuba* y la *Orden Playa*

Girón, otorgados en 2013, el 55ᵃᵛᵒ aniversario de la fundación del *II Frente Oriental Frank País*.

En 2017 recibió la *Orden Carlos J. Finlay* por su labor de muchos años en el gobierno y el Partido.

Quienes lo conocen lo caracterizan como «*Un ideólogo Comunista de línea dura de la vieja guardia revolucionaria...* »

En efecto, por muchos años, Machado Ventura ha «*... advertido de los peligros del acercamiento con los Estados Unidos y de la necesidad de mantener una perspectiva crítica sobre el sistema capitalista, sin dejarse deslumbrar por el consumerismo y las "cosas bonitas" de las cuales hablan los que quieren irse a los Estados Unidos o por lo menos mejorar las relaciones entre Washington y La Habana...*»

Machado Ventura ha sido el líder revolucionario que más ha insistido en «*... incrementar al máximo la educación política e ideológica de la juventud en los centros universitarios, con especial énfasis en la historia y el Marxismo-Leninismo. Es la única forma de producir el tipo de graduados que el país necesita, graduados con una formación cívica, patriótica y ética y comprometidos con la revolución...* »

Ha sido también el máximo simpatizante y promotor de Vietnam en Cuba; fanático de **Ho Chi Minh**, del cual señala que «*... supo imprimirle contenido al proceso revolucionario bajo las ideas de Marx y Engels y que fundó el extraordinario Partido Comunista de Vietnam (PCV), para que fuera la vanguardia de la lucha...* »

A Machado Ventura no se le achacan crímenes ni abusos, pero definitivamente ha sido más que un simple burócrata en el mundo Comunista Cubano. Al igual que con **Juan Almeida**, es necesario catalogarlo como un **Villano, Marxista y Marrullero** por haber por tantos años presenciado en silencio el crimen de Cuba...

Machado Ventura con Fidel y Raúl Castro en la apertura del 6to Congreso del Partido Comunista Cubano en Abril 19, 2011.

Machado Ventura con el Secretario General del *Partido Comunista* de Vietnam **Nong Duc Manh** en Cuba; con **Hugo Chávez** en el aeropuerto José Martí en 2007; con el Secretario General de Naciones Unidas **Ban Ki-Moon** durante la *Asamblea General* de Septiembre 22, 2008.

Miguel Díaz Canel

Miguel Mario Díaz-Canel Bermúdez (1960-), fue nombrado presidente de Cuba el 10 de Octubre de 2019. Antes había sido presidente del *Consejo de Estado* Cubano, Primer Vicepresidente del *Consejo de Estado* y del *Consejo de Ministros* y miembro del Politburó del Partido Comunista de Cuba. Fue también *Ministro de Educación Superior* y *Vicepresidente del Consejo de Ministros Viceprimer Ministro)*, así como *Primer Vicepresidente del Consejo de Estado*.

Díaz-Canel siempre fue cercano a Raúl Castro y muchos sabían que cuando Castro se retirara (Abril de 2018), Díaz-Canel sería su sucesor. En efecto, fue jurado como presidente un día antes de cumplir 58 años. Para el mundo exterior, incluyendo el exilio Cubano, ha sido un desconocido que obviamente transitaba los corredores del poder en Cuba manteniendo un perfil público muy bajo. Sólo se sabía que había nacido en Las Villas en 1960 y que había dirigido la delegación cubana a los Juegos Olímpicos de Londres en el verano de 2012.

A pesar de ser el primer presidente de Cuba que no se apellida Castro en los últimos 60 años, Díaz-Canel no representa nada en términos de cambios en Cuba. A pesar de su nuevo título, el mismo día que Díaz-Canel recibió su promoción a Presidente, enfatizó el papel de liderazgo continuo que Raúl Castro jugará para el país.

> «*Raúl Castro, como primer secretario del Partido Comunista de Cuba, seguirá liderando las decisiones de mayor trascendencia para el presente y el futuro de Cuba... para mantener el camino abierto... y seguirá siendo miembro de la Asamblea Nacional e, incluso si ya no es presidente, seguirá siendo la figura pública más poderosa de Cuba... Nadie debilitará la revolución ni derrotará al pueblo cubano... Cuba no hace concesiones contra su soberanía o independencia...* »

Una declaración rotunda, de boca de un hombre que -según dicen sus allegados- *"generalmente es cauteloso en los pronunciamientos públicos sobre asuntos internos y asuntos exteriores."*

Diaz-Canel ha sido toda su vida un Comunista comprometido con el ala dura del partido, un hombre de sólida firmeza ideológica y esencialmente un burócrata profesional que ahora se presenta como un posible reformador liberal. Hábil y escurridizo, por cierto, que ascendió a través de las filas del ala juvenil del partido para convertirse, a los 43 años, en el miembro más joven del Politburó.

No es conocido ni como líder carismático ni como orador entusiasta, sino como un militante leal, ingenioso y relajado cuando trata en privado con pequeños grupos. Fue fanático de los Beatles, montaba bicicleta y se dejó crecer el pelo en los días en que la música pop occidental se consideraba decadente, estudió Ingeniería Eléctrica, y en la Universidad de Villa

Clara mientras forjaba su carrera política, que comenzó a despuntar a los 33 años.[24]

Por lo general, muchos observadores se hacen demasiadas ilusiones sobre un posible cambio en Cuba. Es cierto que Diaz-Canel se viste con jeans y guayaberas, no con uniforme militar, le gusta el rock and roll, lleva una tableta de Apple encima y tiene una cuenta de Facebook. Por otra parte, Díaz-Canel no tiene tanques ni tropas y los recalcitrantes Comunistas Cubanos desconfían de cualquiera que no sea uno de los revolucionarios originales. Díaz-Canel está comenzando su mediana edad, pero tiene que enfrentarse a un liderazgo de ancianos octogenarios que insisten en mantener las manos en el timón. ¿Podrá Diaz-Canel lograr lo que no pudieron Carlos Lage, Felipe Pérez Roque y Roberto Robaina? El argumento de los viejos ha sido decisivo en los últimos 20 años: "descartables por mostrar signos de ambición indecorosa…"

Desde su nombramiento como Presidente de la República, Diaz-Canel ha redoblado sus viajes de visitas a figuras internacionales y sus discursos cargados de jerga Marxista, elogios a los Castro y consignas revolucionarias. Internacionalmente ha apoyado las ideas radicales sobre calentamiento terrestre con el mismo entusiasmo con que ha acusado a los Estados Unidos del embargo y "el bloqueo" de Cuba. No es lógico pensar -como lo hacen algunos opositores optimistas en Cuba- que Díaz-Canel "puede ser el Gorbachov Cubano…"

¿Desmantelará el sistema de partido único? Difícilmente. Sería un suicidio político en el contexto actual. Las Fuerzas Armadas Cubanas están bajo absoluto control de la vieja guardia, tienen todos los tanques, soldados y aviones de la isla, y gran parte del capital nacional; manejan grandes sectores del turismo, y toda la economía, desde bancos y bienes raíces hasta restaurantes y estaciones de servicio. Díaz-Canel, bisoño y sin haber estado en la Sierra, no tiene posibilidades de apaciguar la casta militar. Sus contemporáneos de apellido Castro tampoco se lo permitirían.

Es lógico incluir a Diaz-Canel entre los **Villanos, Marxistas y Marrulleros** porque siempre ha aspirado a serlo, lo ha sido y está determinado a seguirlo siendo.

---

[24] Algunos estudiosos del **fenómeno Diaz-Canel** atribuyen su buena estrella al hecho de salir en una foto del periódico **Granma** en un día de las elecciones a la Asamblea del Poder Popular en Santa Clara, haciendo cola con su esposa **Liz Cuesta Peraza**, mientras la mayoría de los funcionarios Cubanos de alto rango ingresaban y salían de los lugares de votación sin hacer fila.

Díaz-Canel en sus días de militante en la Juventud Comunista en Las Villas; con **Castro** en 1992; en una recepción con **De Niro**; Diaz-Canel con **Premier Putin** en 2009.

Díaz-Canel con su esposa **Liz Cuesta Peraza**, haciendo fila para *"votar"* en la Cuba Comunista; con **Raúl Castro, Barack** y **Michelle Obama** en 2016; en un acto en la China Comunista con el Premier Rojo **Xi Jinping**; en una asamblea obrera en Caracas con **Nicolás Maduro**.

Manuel Piñeiro (Barbarroja)

Manuel Piñeiro Losada (Barbarroja, 1933-1998), el fundador del espionaje Cubano, fue un militar y comandante del Ejército Rebelde, ex *Ortodoxo*, integrado desde muy joven a la lucha contra la dictadura de Fulgencio Batista. Como miembro del *II Frente Oriental Frank País* alcanzó el grado de Comandante. En 1959, fue uno de los encargados de la formación de los *Órganos de la Seguridad del Estado* y el encargado de coordinar la ayuda a los revolucionarios que en América Latina luchaban contra las dictaduras. Fue fundador del *Partido Comunista de Cuba*, y miembro de su *Comité Central* desde 1965 hasta 1997, en que se retiró a la vida privada. Falleció en un accidente automovilístico al estrellarse contra un árbol.

A los 18 años de edad, Piñeiro participó en las protestas estudiantiles en rechazo del golpe de Estado del 10 de Marzo de 1952 que llevó el poder al dictador Fulgencio Batista, por lo que en septiembre de 1953, su familia lo envió a Nueva York a estudiar en la *Universidad de Columbia*. Vuelto a Cuba en 1955, fue uno de los fundadores del *Movimiento 26 de Julio* y en 1957 llevó las armas abandonadas en un camión en el malecón habanero tras el asalto a Palacio a la Sierra Maestra. Ese año se incorporó la lucha guerrillera en la Sierra Maestra en la *Columna #1 José Martí*. Comandada por Fidel Castro.

Durante los combates por la toma de Santiago de Cuba, Piñeiro fue ascendido a Comandante y al capitular Santiago fue nombrado Jefe de la Plaza Militar. En 1959 participó en el infausto y célebre *Juicio a los Aviadores*, donde 43 pilotos y técnicos de la Fuerza Aérea de Batista fueron acusados por su participación contra las guerrillas de Fidel.[25] El 6 de Junio de 1961, por recomendación del Ministro **Ramiro Valdés**, fue nombrado Viceministro en el *Ministerio del Interior (MININT)*, encargado de coordinar la cooperación con las fuerzas revolucionarias en América Latina.[26]

---

[25] Fue en ese escandaloso juicio que el tribunal presidido por el Comandante rebelde **Félix Pena**, dictaminó la inocencia de los aviadores, y los absolvió. Fue en ese juicio que Fidel Castro, enfurecido, anuló la sentencia y criticó fuertemente a los miembros del tribunal. Félix Pena se suicidó agobiado por los ataques de Castro, y otro miembro del tribunal el Comandante **Antonio Michel Yabor**, se exilió.

[26] **Valdés** tenía 30 años, **Piñeiro** 28. **Fidel Castro** 36, **Raúl**, 31 y **ChéGuevara**, 34. Según **Jorge Castañeda**, Ministro de Relaciones Exteriores Mexicano, «... *los muchachos del MININT eran generalmente jóvenes, de clase media baja o bastante pobres, toscos pero brillantes...* » Poco después de incorporarse Piñeiro al MININT, su grupo se separó y comenzó a funcionar bajo Piñeiro como el *Departamento América*. En 1992, después de 17 años, al llegar **Mijail Gorbachov** al poder en la USSR, les retiró su apoyo a las guerrillas de América Latina y **Piñeiro**, ya cansado, inefectivo, diabético e hipoglicémico, perdió todos sus puestos y membresías en el gobierno y el Partido.

Meses después formó parte del *Tribunal Revolucionario* que se encargó de juzgar a los exiliados combatientes en la invasión por Playa Girón. En 1965 fue designado miembro *Comité Central del Partido Comunista de Cuba*, responsabilidad que desempeñó hasta 1997, pasó a dirigir el *Departamento Américas* del *Partido Comunista de Cuba*.

En 1997, lo retiraron (*siquitrillaron*) de todos sus cargos. Se dedicó entonces a escribir. El 11 de marzo de 1998, en la Embajada de México en La Habana, luego de recibir un homenaje por los 40 años de la creación del *II Frente Oriental*, perdió la vida en un accidente al estrellarse borracho en Miramar contra un árbol mientras conducía hacia su casa.[27]

A lo largo de su carrera revolucionaria dirigió operaciones en Argentina, Venezuela, Nicaragua, Bolivia, Chile, Perú, Brasil y África

Manuel Piñeiro (Barbarroja) con Nino Díaz y William Morgan en la Sierra Maestra en 1958.

---

[27] Según una versión circulada por periodistas Mexicanos, Piñeiro sufrió en el accidente sólo heridas leves, pero luego sorpresivamente murió de un infarto en el hospital. Su esposa **Marta Harnecker** afirmó que los que conversaron con él ese día en la *Embajada de México* no podían creerlo, pues: *"Se veía tan vital, tan contento, de tan buen humor"*. Su chofer, de vacaciones desde el día anterior, declaró: *"Ellos sabían. Ellos sabían..."* La casa de Piñeiro fue registrada por agentes de seguridad tras su muerte, y confiscaron numerosos documentos confidenciales. La muerte de Piñeiro fue muy oportuna, desapareciendo rápido tras su retiro sin poder divulgar nada, llevándose a la tumba los secretos más delicados de los casi 40 años de sus misiones personales ordenadas por el propio Fidel Castro. El citado coronel Nelson Domínguez comentó: **"Fidel le había encomendado personalmente, el cumplimiento de serias, complejas, compartimentadas y sumamente difíciles tareas, al extremo que algunas sólo fueron del conocimiento de él y de Piñeiro. Barbarroja se las llevó con él a la tumba."**

Fotos, arriba, la llegada de **Ché** a La Habana, regresando de Buenos aires, disfrazado, en un viaje organizado por el *Departamento de América* dirigido por **Manuel Piñeiro**; **Manuel Piñeiro** y **Ché Guevara** en la Sierra; una reunión importante de **Fidel Castro** con el *Departamento de América*, En la foto, **Castro** con **Barbarroja** y otros agentes.

Villanos, Marxistas y Marrulleros

Tres viejos Comunistas Cubanos que le costaron trabajo a Fidel echarlos a un lado: Marinello, Blas Roca y Lázaro Peña.

Juan Marinello Vidaurreta (1898-1977), nació en el poblado de Jicotea, en los alrededores de Santa Clara, Las Villas, pasó su niñez en un típico ingenio de la época y en su juventud estudió y se graduó de Derecho en 1921 en la Universidad de La Habana. Allí hizo amistad con **Rubén Martínez Villena** y con **Julio Antonio Mella**, participó en la **Protesta de los 13** contra el gobierno de **Alfredo Zayas** y por primera vez conoció la cárcel. Mella lo incorporó como profesor a la *Universidad Popular José Martí*. Fue miembro prominente del **grupo Minorista**, y junto con algunos de ellos fundó la *Revista de Avance*. En la

Juan Marinello

década del 1940, sus poemas y artículos comenzaron a aparecer con frecuencia en las principales publicaciones Cubanas y se hizo famoso en el patio.

Marinello fue militante del primer **Partido Comunista de Cuba (PC)**, del cual asumió más tarde la presidencia; fue electo delegado a la *Asamblea Constituyente* de 1940, Representante en 1942 y Senador en 1944. Ya sexagenario, se unió al triunfo del socialismo en Cuba y se desempeñó como Rector de la **Universidad de La Habana**, Embajador y Delegado Permanente de Cuba ante la *UNESCO* y diputado a la *Asamblea Nacional*, entre otras tareas. Falleció el 27 de marzo de 1977.

Durante toda su vida, **Marinello**, activo militante y defensor del Marxismo-Leninismo, fue el mayor propulsor de estratégicamente incorporar maestros de escuela y catedráticos universitarios izquierdistas en todos los centros docentes de Cuba, empezando por su esposa Pepilla en la dirección de la **Escuela Normal para Maestros** de Santa Clara.

No cabe duda de que **Juan Marinello** fue un reconocido crítico de arte y literatura, un afamado poeta y ensayista y un ameno conferencista. También es cierto que solapadamente contribuyó a la destrucción de la República, se plegó incondicionalmente a los caprichos de **Fidel Castro** e hipócritamente se refugió bajo el manto *Martiano*, a pesar de haber abiertamente criticado al Apóstol por haber sido un severo oponente a el socialismo predicado por Marx.

Después de haber sido históricamente **el gran padrino del Comunismo en Cuba** por muchos años, Marinello aceptó la ignominia de ser echado a un lado por el advenedizo **Fidel Castro** al nombrar presidente de Cuba primero a **Urrutia**, la negación del Marxismo, y después a **Osvaldo Dorticós**, el *bon vivant* Comodoro del *Cienfuegos Yatch Club*, otra negación en vida del ideario Marxista.

Por otra parte, no fue nunca fácil para Marinello explicar su sentimiento anti-Martiano y pro-Leninista al escribir estas líneas sobre José Martí en su ensayo **"Martí y Lenin."**

> «... Martí es un gran **fracasado**, porque, en efecto, su sermón idealista y democrático no ha podido tener vigencia, debido a causas situadas sobre su voluntad y sus fuerzas... la República "con todos y para el bien de todos" que quería Martí **no ha podido integrarse**, no sólo porque es imposible persistiendo la economía capitalista sino porque – terrible sino el del gran romántico – en el instante en que desencadena la última guerra contra España cambió la intimidad de esa economía y comenzó a vivir su momento culminante, el imperialista... Martí fue sin saberlo y sin quererlo, **abogado de los poderosos**... ¿No hemos visto a mercachifles grotescos como Horacio Rubens [un gran y generoso amigo del Apóstol] trabajar con Martí en la última guerra separatista con vistas a sus inversiones futuras y explotar después en plena "República democrática" su amistad con el apóstol?... Martí **carecía** de la herramienta Marxista y tenía fe encendida e **ingenua** en el poder del espíritu... Martí **no supo señalar**, como único remedio eficaz para invalidar la invasión económica, la destrucción del sistema que la producía, **ni propugnar** la Revolución dirigida y realizada por los que, al sufrir permanentemente los efectos de la invasión, son los llamados históricamente a vencerla: los obreros y los campesinos... el ideario Martiano es no sólo **insuficiente** para resolver la actual cuestión Cubana sino que significa, caso de ser embrazado por nuestras masas, el **retraso** más lamentable de la solución verdadera... las ideas de Martí, bien los saben los hábiles líderes, son ya **"ideas vencidas"**...las ideas revolucionarias andan mientras tienen algo que hacer en el mundo; las de Martí **nada tienen que realizar** ni pueden servir más que como **trampolín** de oportunistas. Las ideas de Lenin, como aún no tienen realidad, poseen genuino impulso revolucionario. »

Es por eso por lo que, independientemente de su valor literario e intelectual, **Juan Marinello**, uno de los más serios responsables de la sumisión de Cuba al Marxismo-Leninismo, tiene que considerarse como uno de los **Villanos, Marxistas y Marrulleros**, cómplice de los fusilamientos, el despotismo y la destrucción de la República por el Comunismo que a lo largo de su vida defendió y por el que siempre abogó. **Juan Marinello**, por cierto, fue miembro del gabinete de **Fulgencio Batista** entre 1940 y 1944.

Marinello en 1927 y con Castro en 1975.

Marinello en México en 1941 con **Caridad Mercader**, la madre del asesino de **Trotsky**; en Cuba, 1972, con **Alejo Carpentier** y **Fernández Retamar**; Con **Ché Guevara** en la inauguración de **Marinello** como Presidente de la Universidad de La Habana; en 1965, inaugurando el busto de **Mella** en la antigua Manzana de Gómez, hoy **Hotel Kempinski**.

Francisco Wilfredo Calderío (Blas Roca 1908-1987), Nació en Manzanillo, Oriente, en el seno de una familia humilde. Con una educación casi autodidacta, aprobó los exámenes que lo habilitaban para el magisterio y ejerció como maestro varios años. A la edad de 21 años ingresó en el **Partido Comunista** y fue elegido miembro de su Comité Central. En esos años escribió en *Voz Proletaria* y *El Comunista*. Después de la caída de Gerardo Machado se trasladó a La Habana, donde conoció a **Rubén Martínez Villena** y viajó a Moscú como delegado de Cuba al VII Congreso de la Internacional Comunista. Fue electo delegado a la **Asamblea Constituyente de 1940** y Secretario General y Primer Vicepresidente del **Partido Socialista Popular**. Junto a Lázaro Peña y Jesús Menéndez, construyó una Central Sindical que trató de unir a todas las corrientes de la clase obrera. Se opuso al golpe del 10 de Marzo de 1952 y trabajó contra la dictadura Batistiana desde la clandestinidad. Fue siempre un *ad-latere* de **Juan Marinello**, menos intelectual pero más arriesgado a la violencia. Murió a causa de una prolongada enfermedad a los 78 años. Por decisión de la dirección de la Revolución fue sepultado en *El Cacahual,* cerca de Antonio Maceo, con honores de General muerto en campaña. Al igual que Marinello y Lázaro Peña, se subordinó dócilmente al mandato de Castro, a pesar de haber sido más importante para el Comunismo Cubano que los jerarcas Comunistas de los 1960s.

Blas Roca   Lázaro Peña

Lázaro Peña González (1911-1974), nació en un modesto hogar en el barrio habanero de Los Sitios. A los 10 años abandonó la escuela para trabajar como ayudante de carpintero y albañil. En 1927 ingresó en el Partido Comunista de Cuba, e infiltrado en las filas obreras, llegó a ser Secretario General de la *Confederación de Trabajadores de Cuba (CTC)*. Sufrió prisión en varias ocasiones por su actividad contra la tiranía de Gerardo Machado. En 1934 fue elegido miembro del Comité Ejecutivo de la *Confederación Nacional Obrera de Cuba (CNOC)*. Fue delegado a la **Asamblea Constituyente de 1940** y miembro fundador de la *Federación Sindical Mundial* en la cual desempeñó funciones como secretario y vicepresidente de su Comité Ejecutivo. En 1965, tras el triunfo de la revolución, fue electo miembro del Comité Central del *Partido Comunista de Cuba (PCC)*, cargo que mantuvo hasta su muerte. Fue toda su vida política apoyado por Juan Marinello, que en una ocasión lo describió diciendo... «Pobre y negro, es decir, en la base doliente de una pirámide de opresiones.»

Fidel Castro, que lo ignoró y desdeñó durante muchos años, curiosamente expresó en su sepelio: «... *este militante modesto, dócil y disciplinado, supo trabajar incansablemente desatendiendo las costumbres de sus compañeros y las exhortaciones de su Partido...*»

Lázaro Peña al lado de **Grau San Martín** en la terraza sur del Palacio Presidencial en 1945; **Blas Roca** en su oficina mostrando su lealtad y aprecio por los hermanos Castro; el trio inseparable, **Lázaro Peña**, **Blas Roca** y **Juan Marinello** en 1953.

Los Cómplices

Buró Político del Comité Central del Partido Comunista Cubano

Fotos, de arriba a debajo, izquierda a derecha:
Primera Fila: **Raúl Castro Ruz, José Ramón Machado Ventura**
Segunda Fila: **Miguel Díaz-Canel Bermúdez, Esteban Lazo Hernández, Ramiro Valdés Menéndez, Salvador Valdés Mesa, Leopoldo Cintra Frías.**
Tercera Fila: **Bruno Rodríguez Parrilla, Marino Murillo Jorge, Mercedes López Acea, Álvaro López Miera, Ramón Espinosa Martín.**
Cuarta Fila: **Ulises Guilarte de Nacimiento, Roberto Morales Ojeda, Miriam Ricardo García, Teresa Amarelle Bobé, Marta Ayala Ávila.**

Ocho hombres del PSP, el Partido Comunista Cubano tradicional, que se incorporaron al aparato Castrista.

1

Carlos Rafael Rodríguez

Carlos Rafael Rodríguez (1913-1997), Cienfueguero, exalumno del colegio Jesuita **Monserrat** y del Colegio **Champagnat** de los Hermanos Maristas, graduado de Derecho de la Universidad de La Habana en 1939 con el primer expediente de su clase, lo cual le valió recibir el **Premio González Lanuza**. Fue miembro de la Comisión de Estudios Constitucionales de la Dirección Nacional del **Partido Comunista**. Fundó con Juan Marinello y Ángel Augier la editorial *"Páginas"*. En 1940 tuvo a su cargo la dirección del *Partido Unión Revolucionaria Comunista*, que posteriormente se transformó en **Partido Socialista Popular**. Fue miembro del **PSP** hasta su desaparición en 1960. En Junio de 1958 fue designado representante del **PSP** ante Fidel Castro Ruz, en la Sierra Maestra.

A partir del triunfo de la Revolución fue Director del Periódico **Hoy**, miembro de la Dirección Nacional del **Partido Unido de la Revolución Socialista de Cuba**, Presidente del **Instituto Nacional de la Reforma Agraria**, miembro del Comité Central del nuevo **Partido Comunista de Cuba**, diputado a la **Asamblea Nacional del Poder Popular**, vicepresidente del **Consejo de Estado** y vicepresidente del **Consejo de Ministros**.

Fue un extraordinario aliado de los Castro, siempre plegado a la voluntad de la revolución, inclusive cuando todos los viejos camaradas fueron descartados por la nueva ola; para esa decisión recibió, según fuentes fidedignas, órdenes expresas del Kremlin. Falleció en Cuba a los 84 años; la despedida del duelo durante su sepelio estuvo a cargo del propio **Fidel Castro**.

Dolores Ibarruri, la famosa **Pasionaria** de la Guerra Civil Española, reunida con **Ché Guevara, Raúl Castro, Blas Roca, Raúl Roa** y <u>**Carlos Rafael Rodríguez**</u>, escuchando a **Fidel Castro** en La Habana, en 1963.

2  Aníbal Escalante

Aníbal Escalante (1909-1977), hijo de un veterano de la Guerra de Independencia de 1895 que sirvió bajo las órdenes de Calixto García, fue un organizador Comunista y político Cubano; uno de los primeros líderes dentro del **Partido Socialista Popular (PSP)**. Ocupó brevemente altos cargos en Cuba al principio de la revolución Cubana, pero fue purgado debido, en parte, a su ortodoxia marxista de la "vieja línea." Fue encarcelado por acusaciones que estaba conspirando con la **Unión Soviética** para orquestar el derrocamiento del gobierno Cubano liderado por Fidel Castro y retornar la isla al Comunismo tradicional.

Escalante fue director del periódico **HOY** en la época que el Partido era aliado de **Fulgencio Batista** en 1938, con el cual Escalante simpatizó hasta el final de los 1950s. Después de **Bahía de Cochinos**, Escalante se unió a las **Organizaciones Revolucionarias Integradas (ORI)**, que incluyeron al **PSP**, el **Movimiento 26 de Julio** y el **Directorio Revolucionario**. Según Juanita Castro, esos años fueron bautizados como el "Anibalato," que gozó de las bendiciones de Moscú; años en que la imagen de Escalante aparecía en los periódicos Cubanos más frecuentemente que la imagen de Fidel Castro.

Escalante fue *"purgado"* en 1962 a instancias de Castro, bajo la acusación de *"desconectar al pueblo Cubano del Partido Comunista y, cegado por su ambición personal, haber promovido un espíritu de sectarismo para beneficio propio..."* En esos días **Ché Guevara** declaró que *"...Escalante estaba usando su oficina para llenar las filas del gobierno de sus amigos, ofreciéndoles privilegios tales como automóviles, hermosas secretarias, aire acondicionado, etc."*

La salida de Escalante del gobierno Comunista significó el declive del *Estalinismo* dentro del gobierno Comunista Cubano. Muchos historiadores han señalado que la decisión de **Khrushchev** de situar cohetes nucleares en Cuba fue el precio que Castro tuvo que pagar para que Moscú aceptara el despido de Escalante.

Escalante se exilió en Czechoslovakia y regresó a Cuba antes de fallecer en 1977. Su eliminación significó el final del **pluralismo político** dentro del Partido Comunista en Cuba.

Fiel Castro en una comparecencia en TV denunciando a **Aníbal Escalante** como divisionista e impulsador de la **microfracción** en 1962.

3

Salvador García Agüero

Salvador García Agüero (1907-1965), Habanero, exalumno del **Colegio La Luz** (Evangélico Bautista), fundador y dirigente del **Partido Unión Revolucionaria** (antecesor del PSP) y del **Partido Socialista Popular (PSP)**. Resultó electo delegado a la *Asamblea Constituyente de 1940*, Representante y senador de la República. En 1923 había conocido a **Julio Antonio Mella**, uno de sus mentores dentro y fuera del Partido Comunista. Fue tesorero en la *Sociedad de Estudios Afrocubanos*, presidida por **Fernando Ortiz** y fundador y vicepresidente de la *Hermandad de los Jóvenes Cubanos* y de su órgano *Juventud*.

En los 1930s, García Agüero se opuso a la dictadura del general **Gerardo Machado** y participó en la huelga general de Marzo de 1935. En 1937, el Partido Comunista y el **Bloque Revolucionario Popular** (organismo unificador de las fuerzas revolucionarias del país), que encabezaba García Agüero, sostuvieron una fuerte campaña por la amnistía de los presos políticos que abarrotaban las cárceles. En 1938, junto a **Lázaro Peña** desfiló frente al Palacio Presidencial el 1ro de Mayo de ese año y al finalizar pronunció un discurso en el Cementerio de Colón frente a la tumba de **Rubén Martínez Villena**.

En Junio y Agosto de 1952, su oposición a Batista le costó ser procesado con otros líderes del **Partido Socialista Popular** por desorden público. En 1954 fue enviado a prisión bajo el cargo de conspiración. Resultó beneficiado por la Ley de Amnistía Política de Abril de 1955 y a partir de ese momento se mantuvo en la clandestinidad.

Al triunfo de la Revolución Cubana integró la directiva del Comité Nacional del **Movimiento de Orientación e Integración Nacional**, como responsable de la comisión de lucha contra la discriminación racial y fue embajador del gobierno revolucionario en Guinea y luego en Bulgaria, donde murió en Febrero de 1965.

La revolución Cubana utilizó a Salvador García Agüero más que por ser un Comunista acreditado, como ejemplo del respaldo que le daba a las filas revolucionarias un militante negro, civil, no militar, con credenciales intelectuales. Por su falta de agresividad, los Castro nunca lo promovieron a posiciones ejecutivas en el gobierno, limitándolo un puesto diplomático estrictamente ceremonial.

Una foto de **Salvador García Agüero** en 1935 (en un círculo), en compañía de **W.E.B. Du Bois** (el líder obrero Americano, al frente con una corbata de lazo) y **Fernando Ortiz**, el famoso etnólogo Cubano) (frente a García Agüero), en una recepción en el **Ateneo de La Habana**.

Ramón Nicolau

Ramón Nicolau González (1905-1981), Habanero, militante obrero desde 1925, cuando participó en el movimiento sindical como delegado de fábrica, Secretario General en la industria del calzado, y miembro de la **Confederación Nacional Obrera de Cuba (CNOC)**. Ingresó en el primer **Partido Comunista**, en 1926 y en 1930 fue elegido miembro del *Comité Central*, participando en la insurrección contra el régimen Machadista. Fue detenido en 1931. Al salir en libertad, marchó a la **Unión Soviética**, para estudiar en la escuela Leninista de la *Internacional Comunista* y en la *Escuela Militar Frunze*. En Marzo de 1933, después de tres meses de vida ilegal en Alemania, recién tomado el poder por Adolfo Hitler, regresó a Cuba. Allí el Comité Central del Partido lo envió a la provincia de Oriente, para dirigir allí el movimiento revolucionario.

En 1936 el Partido lo responsabilizó con el reclutamiento de voluntarios Cubanos para pelear en defensa de la República en la **Guerra Civil Española.** Formó parte de la dirección de las **Brigadas Internacionales**, y en 1938 regresó a Cuba, donde fue elevado al Comité Central y designado miembro del Buró Político. En 1946 fue electo Concejal del Ayuntamiento de La Habana, junto con César Escalante.

Cuando se produjo la victoria revolucionaria en 1959, **Ramón Nicolau** pasó a trabajar con **Ché Guevara** en la Cabaña dirigiendo la propaganda revolucionaria, la capacitación política y, más tarde, la sección política. Al reorganizarse las FAR, fue promovido a la sección de personal del Estado Mayor General, y después dirigió la sección de Relaciones Exteriores del MINFAR y a la sección de Técnicos Extranjeros asesores de las FAR. En1965 pasó a ocupar el cargo de Jefe de la Sección de Retaguardia, con el grado de capitán del Ejército Rebelde. En todas esas posiciones fue uno de los burócratas más atareados de la revolución Cubana. Murió, sin retirarse, en 1981 a los 76 años.

Intelectuales Hispanoamericanos en un acto en apoyo de los Republicanos en la **Guerra Civil Española** en el **Congreso de Escritores Antifascistas,** en Valencia. en 1937, entre ellos Juan Marinello, Nicolás Guillén, Cesar Vallejo, Pablo de la Torriente Brau y **Ramón Nicolau** (en un círculo).

5
Isidoro Malmierca

Isidoro Malmierca Peoli (1930-2001), hijo de un pequeño comerciante habanero, se hizo de una preparación inicial autodidacta, basada, como su padre, en principios masónicos. Nunca en su juventud, a pesar de ser mimbro del **Partido Socialista Popular**, sospechó que estaba llamado a ser uno de los principales fundadores de los **Órganos de la Seguridad del Estado** y luego fundador y Viceministro del recién creado **Ministerio del Interior** bajo la dirección del Comandante **Ramiro Valdés**.

Entre otras posiciones propagandísticas notables, Malmierca fue director de la revista **Mella**, director fundador del periódico **Granma** y durante más de 15 años **Ministro de Relaciones Exteriores**. En esa capacidad pudo desplegar también una gran labor dentro del movimiento Comunista internacional, participando en numerosos eventos en el extranjero y teniendo participación activa en la solución de conflictos armados en África, América Central y el Medio Oriente. Con exceso de arrogancia reclamó años después haber sido

«... *un personaje crítico combatiendo el apartheid en África del Sur, el sionismo en el Medio Oriente y el imperialismo Americano en América Central, e interviniendo exitosamente en contener la arrogancia típicamente colonial de Gran Bretaña y los Estados Unidos en el momento del conflicto de las Malvinas con Argentina...*»

Malmierca fue uno de los principales personajes clave en la construcción del **Partido Comunista de Cuba**, del cual llegó ser miembro del Secretariado del Comité Central. Fue considerado el jefe coordinador en el proceso de fusión de las tres principales organizaciones políticas que habían intervenido en la lucha armada, el **Partido Socialista Popular**, el **Movimiento 26 de Julio** y el **Directorio Revolucionario 13 de Marzo**, cuando comenzaron a funcionar como el **Partido Comunista de Cuba**. Malmierca pasó a ser Presidente de la Comisión que elaboró el proyecto de Estatutos del Partido.

Falleció en La Habana, a los 70 años, víctima de un cáncer de pulmón

Isidoro Malmierca en los talleres del periódico Granma cuando era su director.

6

Osmany Cienfuegos Gorriarán

Osmany Cienfuegos Gorriarán (1931-), Habanero, hijo de padres Asturianos, hermano mayor del futuro Comandante y probable *"accidentado"* del Ejército Rebelde **Camilo Cienfuegos**. En los años 1950s se opuso a la dictadura de **Fulgencio Batista** y desde México proyectó una expedición armada para auxiliar a las fuerzas del Ejército Rebelde en el occidente de Cuba que debía desembarcar por Pinar del Río. La misma no se concretó al desplomarse la dictadura a finales de 1958.

De profesión arquitecto, Osmany, tras el triunfo de la Revolución en 1959, desempeñó varias Carteras Ministeriales y fue diputado a la **Asamblea Nacional del Poder Popular**, sirviendo también como vicepresidente del **Consejo de Ministros**, así como miembro del **Partido Comunista de Cuba** a cuyo **Comité Central** perteneció. Nunca se ha sabido su rechazo a las explicaciones del gobierno de los Castro con relación a la misteriosa desaparición de su hermano **Camilo**.

Visita de **Salvador Allende** a Cuba en 1966. En la foto, con **Osvaldo Dorticós** y **Osmany Cienfuegos** (en un círculo).

7

Arnaldo Milián Castro

Arnaldo Milián Castro (1913- 1983), nacido en Jagüey Grande, Matanzas, militante Comunista desde su juventud. En 1932 ingresó en el **Primer Partido Comunista de Cuba** y desarrolló una tenaz actividad revolucionaria dentro del movimiento obrero, las organizaciones revolucionarias y el Partido, por lo que sufrió persecuciones y encarcelamiento reiteradamente. Fue un gran aficionado al béisbol, y jugó varios años en las ligas azucareras.

Comenzando en 1957 desempeñó importantes responsabilidades en la provincia de Las Villas y mantuvo una estrecha colaboración con las columnas invasoras comandadas por **Camilo**, **Ché**, **el Directorio** y el **Segundo Frente**. Después del triunfo de la revolución y hasta 1975 fue Primer Secretario del Comité Provincial del Partido en Las Villas, lo que le ha valido que el hospital universitario de Santa Clara, fuera honrado con su nombre.

Sus trabajos iniciales para la revolución fueron en el área de producción de azúcar, tabaco, café, viandas, vegetales y frutas, así como del ganado vacuno, porcino y la avicultura. En el **Primer Congreso del Partido Comunista de Cuba (1975)**, fue electo miembro del **Buró Político**, cargo ratificado en el Segundo Congreso. En 1976 resultó electo diputado a la **Asamblea Nacional del Poder Popular** y designado miembro del **Consejo de Estado**. En 1980 ocupó los cargos de Vicepresidente del **Consejo de Ministros** y **Ministro de la Agricultura**.

Milián Casto fue en vida uno de los más valiosos y fieles burócratas del gobierno Comunista Cubano. Falleció en La Habana tras una difícil enfermedad.

En la foto, **Fidel Castro** con <u>**Arnaldo Milián Castro**</u>; según muchos líderes revolucionarios del Movimiento 26 de Julio, Milián fue el único miembro del **PSP** en el cual Fidel Castro creía que podía confiar. Fue el único Comunista de viejo perfil que sobrevivió todas las *purgas* organizadas por los Castro.

8

Abelardo Colomé Ibarra

Abelardo Colomé Ibarra (1939-), conocido como **Furry**, Santiaguero, nacido en el seno de una familia humilde, estudió en la **escuela pública**, en la **academia privada Juan Bautista Sagarra**, en la **escuela Romeu** y en la **Escuela de Artes y Oficios** de Santiago de Cuba, donde no concluyó sus estudios para técnico electricista. Según sus propias palabras

«...me metí a revolucionario para librarme de asistir a clases...y desfilé en cuanta manifestación de protesta se realizaba en Santiago...»

Participó en la sublevación del 30 de Noviembre de 1956, bajo las órdenes de Frank País y formó parte del primer grupo de jóvenes santiagueros que Frank País envió de refuerzo a la Sierra Maestra en 1957, incorporándose desde entonces al Ejército Rebelde y fue parte de la escolta de entonces Comandante Raúl Castro Ruz. Después del asalto al **Cuartel Moncada**, en el cual no estuvo involucrado, se fue introduciendo en la lucha revolucionaria, cumpliendo tareas de traslado de armas y posteriormente en otras más complejas, como la quema de ómnibus, colocación de bombas y otras acciones terroristas.

Al triunfo de la revolución formó parte de la vanguardia de la **Caravana de la Libertad**, que encabezada por Fidel Castro se desplazó desde Oriente hasta La Habana. A los pocos días de arribar a La Habana fue designado segundo jefe del **Campamento de Managua** y jefe de una compañía de *tanques Cometa*. Poco después ocupó el cargo de Jefe del Departamento de Investigaciones del Ejército Rebelde (DIER). En Marzo de 1960 fue designado al frente de la **Seguridad del Estado**. Posteriormente pasó a ser jefe de la **Policía Nacional Revolucionaria**.

Entre 1962 y 1964, estuvo en Argentina, preparando las condiciones para el alzamiento guerrillero que estaría encabezado por el periodista argentino **Jorge Ricardo Masetti**. En 1970 fue designado como jefe de la **Dirección de Contrainteligencia Militar** y en 1972 **Viceministro de las Fuerzas Armadas Revolucionarias (FAR)**. En 1975 fue designado como Jefe de la Misión Militar de Cuba en la **República Popular de Angola** y en 1976 fue ascendido al grado de **General de División**.

En 2014, renunció a todas sus posiciones en el gobierno revolucionario. Según Raúl Castro

«...ha sido una demostración concreta de su genuina fibra revolucionaria, en la que no hay cabida a la vanidad y el interés personal, ni mucho menos el aferramiento a cargo alguno...»

La realidad fue distinta. Furry había sido acusado de **"corrupción, desvío de recursos del estado, blanqueo de capital y fuga de información..."**

Inesperada y sorpresivamente, tres de sus hijos y su hija Gabriela, se exiliaron en Miami y Naples, habiendo viajado a los Estados Unidos bajo el pretexto de asistir a un festival de caballos en Georgetown, Kentucky.

La octogenaria plana mayor del MININT recibiendo noticias, pero no explicaciones, sobre la renuncia de **Abelardo Colomé Ibarra** como Ministro del Interior. El Ministerio fue creado en 1961, sustituyendo el hasta entonces **Ministerio de Gobernación.** El MININT está encargado de seguridad, el orden interior y la detección de conspiraciones o deslealtades. Colomé Ibarra asumió el cargo cuando el incumbente **José Abrantes**, fue procesado por narcotráfico y corrupción tras el fusilamiento del general **Arnaldo Ochoa**.

Tres que se unieron a los Comunistas Cubanos creyendo poder mantener su alianza al Movimiento 26 de Julio.

1 Faustino Pérez

Faustino Pérez Hernández (1920-1992), Espirituano, de procedencia muy humilde, estudio Medicina en la Universidad de La Habana graduándose en 1951, y en 1955 formó parte de la dirección nacional del **Movimiento 26 de Julio.** Con el grado de Capitán, participó la expedición del yate **Granma** y a él se atribuye haberle salvado la vida a Ché Guevara cuando en Alegría de Pío este recibió una bala en el cuello. Fue designado por Fidel Castro a bajar al llano y organizar a los militantes del Movimiento.

A la llegada de Frank País a la capital Cubana, Faustino lo acompañó en las gestiones del traslado del periodista norteamericano **Herbert Matthews** hasta la Sierra Maestra. Faustino también dirigió el secuestro del campeón mundial de automovilismo **Juan Manuel Fangio**, la **noche de las cien bombas** en La Habana y la **huelga del 9 de Abril** de 1958. Esta última fracasó por la falta de apoyo de Castro a otras organizaciones revolucionarias y Castro le ordenó a Faustino reintegrarse al grupo de la Sierra. Allí participó en la célebre reunión de **Altos de Mompié**.

Al triunfo de la revolución Faustino fue nombrado al frente del *Ministerio de Recuperación de Bienes Malversados* y se desempeñó posteriormente como jefe de **Sanidad Militar.** Se dijo en Cuba que con el tiempo Faustino fue cada vez menos entusiasta con el curso de la revolución en el poder y fue de menos utilidad para Castro; terminó sus días como organizador del trabajo en la Ciénaga de Zapata, secretario del Partido en Sancti Spíritus, Jefe de Oficina del Poder Popular y Embajador en Bulgaria. Murió en el olvido, pero fue ensalzado después de muerto con numerosas menciones, halagos y el estampado de su nombre en varias instituciones como la **Escuela de Medicina de Sancti Spíritus**.

Reunión de médicos guerrilleros que sirvieron en la Sierra, de izquierda a derecha, **René Vallejo, Oscar Fernández Mel, Sergio del Valle, Faustino Pérez** (en un círculo) y **José Ramón Machado Ventura**.

2
Eloy Gutiérrez Menoyo

Eloy Gutiérrez Menoyo (1934-2012), Madrileño, fue hermano de **Carlos**, uno de los atacantes muerto en Palacio el 13 de Marzo de 1957. Ambos nacieron en el seno de una familia con extensa involucración del lado Republicano en la Guerra Civil Española, lo cual les causó la emigración a Cuba.

En su carrera militante e intranquila, **Eloy** fue agente de la **CIA**, dirigió el frente de Acción del **Directorio Revolucionario** en La Habana, fue Comandante del **Segundo Frente guerrillero del Escambray**, se alió con **William Morgan** (fusilado por Castro por traición), fue enemigo de **Rolando Cubela** (que también terminó trabajando para el **CIA**), acusado de **oportunista** por Castro cuando se le adelantó a la hora de entrada en La Habana en Enero de 1959, desobedeció a **Ernesto Ché Guevara**, su jefe designado por Castro, fue detenido por 6 meses en **McAllen, Texas** por incurrir con armas en territorio Americano, fundador y director de **Alpha-66**, brevemente aliado de oficiales Dominicanos para una **invasión a Cuba por Baracoa**, fue capturado por fuerzas Castristas en 1965 y condenado a 30 años, de los cuales sirvió 19 en **La Cabaña, El Príncipe, Boniato** e **Isla de Pinos**, fue primero amigo, luego enemigo y finalmente amigo de nuevo (pero descorazonado) de los Castro, organizador de **Cambio Cubano** en su exilio anti-Castrista en 1993, acusado por **dialoguero** y **traidor** por humildemente pedirle y aceptar de Castro la **residencia** en Cuba en 2003, amonestado por los EEUU por violar las leyes del embargo, etc. etc.,etc.

Quizás un tanto exageradamente, su trayectoria fue representativa del ejemplar de militantes que atrajo la revolución Cubana a todo lo largo de su historia.

Eloy Gutiérrez Menoyo a su llegada a Madrid, procedente de Cuba el 20 de Diciembre de 1986. El gobierno de **Castro** lo puso en libertad gracias a Las gestiones del entonces presidente Español **Felipe González**.

3
Rolando Cubela

Rolando Cubela Secades (1932-   ), Cienfueguero, fundador del **Directorio Revolucionario Estudiantil (DRE)** y líder de los alzados del DRE en las montañas del Escambray. Anteriormente, en 1956, fue el organizador del ataque a **Santiago Rey**, Ministro de Batista, que resultó en la muerte de **Antonio Blanco Rico**, jefe de inteligencia militar de Batista, en el cabaret **Montmarte**, en La Habana. Al triunfo de la revolución fue el enviado de Cuba a la UNESCO y agregado militar de la Embajada de Cuba en Madrid. Desencantado con Castro, subrepticiamente, con el criptónimo AM/LASH, se convirtió en agente de la CIA y ejecutor de planes de asesinar a Castro. Debido a uno de esos planes (la **Operación Mangosta** en 1963 conocido como *la pluma de escribir envenenada,* un bolígrafo *Paper Mate* modificado en jeringuilla), el complot fue descubierto y Cubela recibió en 1966 una condena de 25 años de prisión en lugar de la pena de muerte, gracias a una carta de Castro al tribunal. Cuando fue perdonado por Castro y puesto en libertad en 1979, Cubela marchó a España, donde terminó sus estudios de Medicina y ejerció esa profesión.

Nunca se ha confirmado si **Rolando Cubela** fue sólo un agente de la CIA o un doble agente. Cubela nunca accedió a tomar el examen poligráfico que la CIA demandaba de sus agentes; muy temprano la agencia determinó *"no asignar a Cubela ninguna misión de eliminación física,"* de acuerdo con los récords oficiales. El mismo reporte señaló que Cubela era *"un sujeto errático y desconfiable que bebía en exceso..."*

Guerrillas del **26 de Julio** y del **Directorio** en **Dos Arroyos**, en las montañas de Trinidad en 1958, cuando se llevaban bien. *De pie, izquierda a derecha,* **Jorge Marín,** Humberto Castello, Fraure Chomón, René Rodríguez, Rolando Cubela (en un círculo), Ché Guevara y Ramiro Valdés. De rodillas, **José Moleón y Raúl Nieves.**

Cinco izquierdistas que se unieron al Partido Comunista Cubano, entusiasmados sólo por "pertenecer."

1

Raúl Roa

Raúl Roa García (1907-1982), Habanero, escritor, polemista, profesor, historiador, político y diplomático Cubano, nacido en el seno de una familia acomodada, nieto de Ramón Roa, estudió su enseñanza pree-Universitaria en el Colegio **Champagnat** de los Hermanos Maristas, en La Víbora. En 1925 ingresó en la Facultad de Derecho de la Universidad de la Habana, donde conoció a **Julio Antonio Mella.** Fue un participante activo en la lucha contra la dictadura de **Gerardo Machado** y ya en 1923 se había vinculado con el Movimiento Revolucionario Estudiantil de Mella. En 1927 se hizo amigo de **Rubén Martínez Villena**, participó como profesor en la Universidad Popular José Martí y comenzó a escribir en la revista **Avance**. Como miembro fundador del Directorio Estudiantil Universitario de 1930, escribió el Manifiesto distribuido en la Jornada Revolucionaria del 30 de Septiembre de ese año.

En 1931, con **Pablo de la Torriente Brau** y otros, fundó el **Ala Izquierda Estudiantil**. Exiliado en Nueva York en 1935, cursó estudios en **Columbia University** y en **The New School for Social Research** y fue becado de la **John Simon Guggenheim Foundation**. Nuevamenrte exiliado en 1952, marchó a México donde fue profesor extraordinario de la **Universidad de Nuevo León** y director de la revista **"Humanismo"**.

Fue miembro del **Comité Central del Partido Comunista de Cuba**, y representó a Cuba como Embajador ante la **Organización de Estados Americanos (OEA)**. En 1966, presidió la Conferencia Tricontinental en La Habana.

Fue sin lugar a dida, un hombre culto que, desafortunadamente, se cegó por la agitación política estudiantil de los años 1930s y nunca rebasó el estilo de barricada estudiantil que no dejó de utilizar en sus años de madurez intelectual. Murió en 1982, rodeado de aduladores que aclamaban incesantemente su contribución a sumir a Cuba en un infierno de divisiones, abusos e injusticias.

Raúl Roa García con **Antonio Nuñez Jiménez** y **Juan Almeida**.

Osvaldo Dorticós Torrado

Osvaldo Dorticós Torrado (1919-1983), Cienfueguero, competente abogado, nacido en el seno de una familia de sólida posición económica, conocedor y consumidor de buenos gustos en el vestir, la abundancia y la vida social, ambiente que le acercó toda su vida hacia el hedonismo revolucionario. Luego de la promulgación de la **Constitución Socialista de 1976** cesó en el cargo inicial de **Ministro de Ponencias y Leyes Revo-**

lucionarias y fue nombrado **Vicepresidente del Consejo de Ministros**, responsabilidad que ocupó hasta el momento de su muerte.

Con apenas 14 años, Dorticós formó parte del **Ala Izquierda Estudiantil** que se enfrentó a la tiranía de Gerardo Machado. Como estudiante de Derecho en la Universidad de La Habana se opuso a Fulgencio Batista, a pesar de haber compartido con él la indisciplina y los peligros y altercados de la década de 1930s. Su pertenencia al Partido Comunista se remonta a 1948 y Dorticós fue un ejemplo viviente y criollo de lo que más tarde comenzó a llamarse *"las izquierdas de terciopelo."*

A partir de 1957, Dorticós fue coordinador del Movimiento 26 de Julio en Cienfuegos y participó desde lejos en la insurrección de las fuerzas navales de esa ciudad. A nivel nacional, fue parte de la Dirección Nacional de las Organizaciones Revolucionarias Integradas (ORI) desde su creación hasta su disolución y al margen de sus obligaciones presidenciales, desde julio de 1964 pasó a dirigir la Junta Central de Planificación. En 1976 la **Asamblea Nacional del Poder Popular** lo designó vicepresidente del **Consejo de Ministros** y miembro del **Consejo de Estado**.

Posiblemente decepcionado al enfrentarse a la discrepancia entre lo que la revolución predicaba y lo que lograba, acostumbrado a un mundo muy distinto al ambiente donde nació y se hizo hombre, el 23 de Junio de 1983 se privó de la vida de un disparo.

Osvaldo Dorticós Torrado, 2nd from left, with President **Ahmed Ben Bella**, center, during his official visit in **Algeria**; and Colonel **Houari Boumediene**, Minister of Defense, on November 12, 1964

3 Antonio Nuñez Jiménez

Antonio Núñez Jiménez (1923-1998), Habanero, científico, geógrafo, arqueólogo y espeleólogo Cubano, miembro de la **Sociedad Espeleológica de Cuba** y de la **Sociedad Cubana de Geografía**, ambas fundadas en los 1940s y de las cuales la revolución Castrista reclama su establecimiento.

Núñez Jiménez se graduó en 1946 de la Universidad de La Habana, donde fue alumno de **Levi Marrero** (que por haberse exiliado ha sido borrado de todos los libros de Cuba) y **Salvador Massip**, los más grandes geógrafos Cubanos. Fue allí donde Nuñez Jiménez comenzó a aprender y entusiasmarse por la naturaleza y su historia. Nuñez Jiménez se destacó en la primera ascensión a la cima del **Pico Suecia** y al **Pico Turquino**, la exploración del **Río Toa**, y nuevos estudios en la **Cueva de Seboruco**, donde años atrás se habían encontrado los restos arqueológicos de una cultura pre-Colombina que data de más de seis mil años de antigüedad. A mediados de la década del 50 participó en el descubrimiento, en la Sierra de los Órganos, cercana de Viñales, de la **Gran Caverna de Santo Tomás**, la mayor caverna de Cuba, con más de 50 km de galerías cartografiadas.

En la etapa prerrevolucionaria, auspiciado por el gobierno de la República, Nuñez Jiménez fue parte de un grupo de espeleólogos que encontraron y estudiaron el mayor monumento arqueológico de Cuba, en la loma de **Guaney**, provincia de Camagüey: un montículo que, con tierra, piedras y fragmentos de cerámica, levantaron los Taínos a *murciélago*, uno de sus más populares y poderosos dioses.

Como conocedor de la geografía de Cuba, no como insurrecto, Nuñez Jiménez participó en los avances de la guerrilla de Guevara en las zonas de Fomento, Cabaiguán, Placetas, Remedios, Caibarién y Santa Clara. Al triunfo de la revolución, fue designado como Embajador Extraordinario y Plenipotenciario en la primera delegación oficial de Cuba a la **URSS**, al igual que como Embajador en **Perú** y delegado ante la **FAO** y representante de Cuba en las festividades de los primeros aniversarios de la Independencia de **Argelia** y **Kampuchea**.

Nuñez Jiménez no sirvió nunca en el ejército Cubano, a pesar de vestir en numerosas ocasiones el uniforme, ya que siempre consideró su obra como la de un hombre de ciencias Cubano y no un político, militar o proselitista revolucionario. La revolución insiste en reclamarlo como uno de sus grandes científicos, pero en realidad su educación fue alcanzada en los años republicanos en los 1940s y 1950s. Después de numerosas expediciones, estudios e investigaciones por su dedicación a las ciencias naturales, así como autor de una Geografía de Cuba y una Enciclopedia de Cuba, falleció en La Habana en 1998, a la edad de 75 años.

Antonio **Nuñez Jiménez** con **Fidel Castro** y **Nikita Khrushchev** en Moscú en Abril de 1963. En la extrema derecha, debajo, **Ché Guevara**.

4

Nicolás Guillén

Nicolás Cristóbal Guillén Batista (1902-1989), Camagüeyano, tipógrafo de profesión, poeta, periodista, político, conferencista y escritor, exalumno (sin graduarse) de la Universidad de La Habana. Comenzó a publicar sus versos en 1930, y con ellos se inició su carrera política. Se unió al Partido Comunista después de haber sido encarcelado en los años difíciles del post-Machadato y de haber cubierto la Guerra Civil Española del lado de los anarquistas, con lo cual fue castigado por los EEUU negándole la visas para visitar el país del norte. Comenzó a visitar la América del Sur, China y Europa, y ganó el Premio Lenin de la Paz en 1954, que, interesantemente, le costó que Batista le negaran la visa de retorno a Cuba; sólo pudo regresar en 1959, con el triunfo de la revolución.

Nadie puede dudar de la genialidad de Guillén en su obra literaria y musical, sus cantos para soldados y sus sones para turistas. Su uso de elementos onomatopéyicos no ha tenido rival en las letras mundiales, i.e., **"Sóngoro Cosongo","Mayombe-bombe,"** etc. Él, más que nadie, ha sido el creador que identificó el **"son"** como una rítmica fusión de las culturas negra y blanca Cubanas. En una ocasión relató que se dio cuenta de esa "conexión, al oír ritmos populares mientras caminaba por una calle del reparto Pogolotti en Marianao, en los años 1940s.

En las elecciones de 1940 votó por Batista porque estaba apoyado por el Partido Comunista. "... Ya para entonces yo no era militante Comunista... pero siempre pensé que había sido un error ciego de mis hermanos y mio propio."

En 1989, a la edad de 87 años, murió de Parkinson y fue enterrado en el Cementerio de Colón Habanero.

Lezama Lima, Rafael Alberti y Nicolás Guillén en el patio central del Museo de Bellas Artes en La Habana.

5

Flavio Bravo Pardo

Flavio Bravo Pardo (1921-1988), Habanero, político y militar, hijo de un humilde obrero linotipista. A los 13 años tuvo que cortar sus estudios en la **Escuela de Arte y Oficios** de La Habana para ayudar a su familia vendiendo billetes de lotería y haciendo trabajos de pintor, mensajero y limpiador. En 1936 se afilió a la **Hermandad de Jóvenes Cubanos**, una organización creada por los Comunistas para adoctrinamiento de la juventud. Al crearse la Central de Trabajadores de Cuba, en Enero de 1939, fue admitido como miembro de la sección juvenil.

En Junio de 1941 participó en diferentes actos de apoyo a la Unión Soviética tras haber sido invadida por la Alemania de Hitler. En 1942 el **Partido Comunista de Cuba** decidió que ocupara el cargo de responsable de Organización del Comité Nacional de la Juventud Revolucionaria Cubana. El 18 de Noviembre de 1944 fue fundador de la **Juventud Socialista** y lanzó el periódico **Mella**. En 1945 fue electo miembro del Comité Central del **Partido Socialista Popular (PSP)**, el nuevo nombre del Partido Comunista. Al llegar Batista al poder con el golpe del 10 de Marzo, Flavio sufrió persecución, y en varias ocasiones fue detenido al enfrentarse a las fuerzas de la dictadura.

Su conexión con Castro fue resultado de una gestión en nombre del Partido de entrevistarlo en México. Flavio ofreció apoyar las fuerzas del 26 de Julio desde el momento que desembarcaran en Cuba. Al triunfar la revolución en 1959, Flavio Bravo comenzó a laborar en la Comisión Militar del **Partido Socialista Popular**, que se ocupaba de las relaciones con el **Ejército Rebelde**. Pronto ayudó en la organización de las **Milicias Nacionales Revolucionarias** y en Octubre de 1959 fue ascendido al grado de **Capitán del Ejército Rebelde**.

En Playa Girón Flavio Bravo se destacó en el rechazo de los invasores y resultó herido. Al crearse las Organizaciones Revolucionarias Integradas (ORI), Flavio Bravo pasó a formar parte de la Dirección Nacional, y, más tarde, en 1965, se integró al Comité Central del nuevo **Partido Comunista de Cuba.**

Flavio Bravo fue un ardiente Comunista con poca preparación ideológica pero una lealtad ciega tanto a Castro como al viejo PSP. Al morir en 1988, recibió los honores de **General Muerto en Campaña**. No ha sido abiertamente involucrado en crímenes, pero vio en silencio numerosos abusos, como los vieron casi todos sus camaradas que sirvieron en el PSP y en el Ejercito Comunista Cubano.

Flavio Bravo (centro) dirigiendo una delegación Cubana en la República Democrática Alemana.

Dos que pensaron que podían disfrutar del Castrismo y seguir como Comunistas de la vieja guardia.

1 Joaquín Ordoqui

2 Edith García Buchaca

Joaquín Ordoqui Mesa (1901-1973) y **Edith García Buchaca (1916-2015)**, fueron interpretes en 1965 de uno de los episodios más ilustrativos de la calidad humana de los Comunistas que ocuparon Cuba en 1959.

Ambos estuvieron involucrados en la **Masacre de Humboldt 7**, donde, gracias a un delator, la policía de Fulgencio Batista asesinó a cuatro supervivientes del malogrado magnicidio en el Palacio Presidencial el 13 de Marzo de 1957. De la acción armada en Palacio, que buscaba la muerte de Fulgencio Batista, habían podido escapar con vida **Fructuoso Rodríguez, José Machado, Joe Westbrook** y **Juan Pedro Carbó Serviá**, las que luego fueron víctimas de Humboldt 7. La delación fue obra del estudiante Comunista **Marcos Rodríguez**, alias *Marquitos*. La masacre tuvo lugar el 20 de Abril de 1957 a las 5:55 PM por el coronel **Esteban Ventura Novo** y sus hombres. Semanas después **Marcos Rodríguez** inició un extravagante periplo internacional que concluyó en México, sufragado por la Cancillería Cubana.

En aquellos tiempos **Joaquín Ordoqui**, uno de los principales dirigentes del **Partido Socialista Popular (PSP)**, y su mujer **Edith García Buchaca**, que había abandonado a su primer esposo **Carlos Rafael Rodríguez**,[28] vivían exiliados en México y recibían un sueldo de la CIA que oscilaba entre $2,000 y $3,000 mensuales. **Teté Casuso**, una Cubana radicada en México y con amplias relaciones en el mundo diplomático, les hacía llegar el dinero. El pago tenía el propósito de asegurar que los Ordoqui informaran de las interioridades del **PSP** y de la **Confederación Latinoamericana de Trabajadores**, una organización sindical Mexicana, controlada por el **PRI**. Según el periódico *Ovaciones* de Ciudad México, el elevado tren de vida de **Joaquín Ordoqui** le permitía mantener dos y tres amantes a la vez en la capital Mexicana. Los Ordoqui recibieron a Marcos Rodríguez y le ofrecieron cobijo, alimento y amistad. Marcos vivió y compartió estrechamente con el matrimonio durante meses en 1955.

---

[28] El divorcio de **Edith García Buchaca y Carlos Rafael Rodríguez** dio lugar a una célebre reunión de la plana mayor del **PSP**, presidida por Blas Roca como Secretario General, para analizar si se permitía ese divorcio o no. Edith fue reprochada por «... *enamorarse como una colegiala de Ordoqui, sin importarle su posición en el partido, su pensamiento político, su esposo, sus hijas...* » En la reunión, que duró toda la mañana, estaban presentes **Juan Marinello, Nicolás Guillén, Flavio Bravo, Manuel Luzardo, Salvador García Agüero, Lázaro Peña, Aníbal Escalante, César Escalante,** que según reportes «... *escuchaban en silencio, fumando con vehemencia...* » La reunión concluyó con **Carlos Rafael** exclamando con los ojos hinchados de dolor: «... *¡He sido burlado en mi honor de hombre por dos miembros de la dirección! ¡Exijo que ambos sean expulsados del Partido! ...* » Los dos rivales, a punto de empuñar sus pistolas, fueron sujetados, según la versión del mozo encargado de refrigerios, que en ese momento entraba al salón con una bandeja de tazas con café. Cuando salió, exclamó preocupado a un chofer que esperaba en la puerta: «... *los patrones tienen problemas...* »

Edith García Buchaca, condenada a prisión domiciliaria por los sucesos de **Humboldt 7** en 1965, había sabido sacar buen provecho de sus matrimonios en la alta jerarquía Comunista Cubana logrando que, al triunfo de la revolución en 1959, se le nombrara Presidenta del *Consejo Nacional de Cultura*. Desde esta posición fue que ella pudo conceder una beca para hacer estudios culturales en Praga a **Marcos Rodríguez**. El funcionario encargado de gestionar la beca fue **Alfredo Guevara Valdés**, fundador del **Instituto de Cine (ICAIC)** e íntimo amigo de Fidel Castro, al cual había acompañado durante el *Bogotazo* en 1948.

Fidel Castro convirtió el juicio sobre la masacre de **Humboldt 7** en un circo público televisado en 1964. El Tribunal Revolucionario decretó el fusilamiento de *Marquitos* e inmediatamente después Ordoqui fue condenado a 30 años de prisión.

El pueblo Cubano no supo que la *"cárcel"* donde sirvió su prisión **Joaquín Ordoqui** era una hermosa finca, llena de árboles frutales y animales para la alimentación de este reo de lujo, en las afueras de La Habana, y con un auto y chofer de las **FAR**, en compañía, por supuesto, de **Edith García Buchaca**, ya destituida y no apresada gracias a la defensa y alegatos que su ex **Carlos Rafael Rodríguez** hizo de ella. Edith acompañaba a Joaquín, le cocinaba para que viviera a su gusto; ella alternando entre la finca y su espléndida casa en el Nuevo Vedado.

Con frecuencia, la García Buchaca viajaba a Madrid para encontrarse con su hija **Annabelle Rodríguez**, quien también recibía la visita regular de Carlos Rafael Rodríguez, entonces Vicepresidente del Consejo de Estado y Ministro en Cuba, cuarto hombre en Jerarquía, pero tercero en poder político, detrás de **Fidel**, **Raúl** y el siempre ya ausente **Ché Guevara**. A propósito, **Dania Rodríguez**, la otra hija de Edith García Buchaca y Carlos Rafael Rodríguez, se casó con el General **Julio Casas Regueiro**, potentado militar, originalmente contador de un almacén de víveres en Santiago de Cuba, en 1965 *Héroe de la República* y miembro del *Buró Político* del *Partido Comunista de Cuba*, cuya fortuna en esos tiempos ya se calculaba en US $ 20 Millones de dólares.[29]

Fidelistas y viejos comunistas se enfrentaron en el juicio de **Marcos Rodríguez**. **Ordoqui** y **Buchaca** quedaron vulnerables a los cargos de deslealtad al régimen. Buchaca fue expulsada de su cargo de directora del *Instituto Cultural*. Ordoqui perdió su puesto en las Fuerzas Armadas y fue amenazado con un juicio público por traición. Castro asumió el cargo personal del INRA, y todo quedó en familia.

Joaquín Ordoqui y Edith García Buchaca nunca fueron rehabilitados. Al morir, fueron incinerados y las cenizas desaparecidas. **Marquitos**, que era menor de edad en 1965, fue drogado durante su juicio por **Raúl Vallejo Ortiz**, médico personal de Fidel Castro, torturado psicológicamente

---

[29] Toda esta información proviene del *CIA, Office of National Estimates, report dated February 17, 1965, Memo # 9-65, SECRET*, titulado *"Old line growing thinner in Havana."*

durante meses, en una casa especial del reparto Siboney, custodiada por miembros de la escolta personal de los Castro, resignado a ser el instrumento de Fidel Castro para *"pasarle la cuenta"* a los viejos Comunistas, convertido en un guiñapo humano, fue rematado ante un pelotón de fusilamiento el 19 de Abril de 1966.

Foto de arriba, de izquierda a derecha: **Joe Westbrook** y **Juan Pedro Carbó Serviá**; *debajo*, **Fructuoso Rodríguez** y **José Machado** (*Machadito*), miembros del **Directorio Revolucionario** asesinados en Humboldt 7.
Foto de debajo, derecha: **Edith García Buchaca** y **Joaquín Ordoqui**, del **PSP**.

Ocho mujeres de la revolución Cubana, Castristas, pero de diferentes niveles de compromiso con el Comunismo.

1. Celia Sánchez Manduley

Celia Sánchez Manduley (1920-1980), Oriental, hija de un médico, militante en el Partido Ortodoxo. Se crió en el seno de una familia pudiente. A los 6 años quedó huérfana de madre junto a sus siete hermanos. Estudiando Bachillerato comenzó a simpatizar con Fidel Castro y se hizo miembro del **26 de Julio** en Manzanillo. Fue considerada la primera mujer guerrillera en la Sierra, llegando a ser parte del grupo principal. Con **Haydee Santamaría** y **Frank País** ayudó a facilitar el desembarco del yate Granma. Al triunfo de la revolución fue miembro del Consejo de Estado. Celia se hizo famosa como custodia de documentos en la Sierra y en los primeros días del éxito revolucionario. Según sus compañeros de la Sierra *"...guardaba todo el papeleo, incluso cuando estaban siendo bombardeados con napalm. Tenía el concepto de que incluso un pequeño trozo de papel de un soldado rebelde o un campesino medio alfabetizado tenía una importancia vital."* Nunca se molestó o preocupó, sin embargo, por los fusilamientos y los atropellos iniciales al entrar los insurrectos en La Habana, Santiago y otras ciudades de Cuba. Jamás intercedió por ninguno de los oponentes o disidentes de la revolución.

Primera foto en la que aparece **Celia Sánchez** con Fidel Castro en Febrero de 1957 en la Sierra Maestra.

2

Haydee Santamaría Cuadrado

Haydee Santamaría Cuadrado(1923-1980), Villareña, combatiente en el asalto al **Cuartel Moncada** y en el levantamiento en Santiago de Cuba el 30 de Noviembre de 1956. Miembro de la Dirección Nacional del **Movimiento 26 de Julio** (MR 26-7). Al triunfo de la revolución, fue Directora de la **Casa de las Américas**. Sus padres eran Españoles. Como jefe del taller de carpintería de la fábrica de azúcar, el padre disfrutaba de una certera estabilidad económica. Haydee trató de estudiar enfermería, pero nunca lo hizo. Ingresó muy joven en el **Partido del Pueblo Cubano (Ortodoxo)** y desde allí, participó en actividades contra el golpe de Estado del 10 de Marzo de 1952. Durante esos años conoció a los **Castro**, a **Luis Conte Agüero** y a su novio **Boris Luis Santa Coloma**. Participó en numerosas misiones revolucionarias al extranjero después del triunfo de la revolución y formó parte de los revolucionarios de alto nivel, inclusive fue electa miembro del **Consejo de Estado**. A finales de los 1970s le embargó una depresión por sus experiencias revolucionarias y su fracaso familiar; se suicidó el 28 de Julio de 1980.

Dos fotos de **Haydee Santamaría:** con sus hermanos en *Encrucijada*, Las Villas, en los días que dejó a su familia y se unió a los Castro, ella sentada a la derecha, en un círculo, y conversando con **Alicia Alonso** en **Casa de las Américas** en 1973.

Villanos, Marxistas y Marrulleros

3

Teté Casuso Morín

Teté Casuso Morín (1914-1994), escritora, poetisa, actriz, diplomática, traductora, descrita por la revolución como *"... destacada luchadora por la democracia y la libertad de Cuba.* Nació en Madruga, Provincia de la Habana el 10 de Agosto 1914. Fue bautizada con el nombre de Lorenza Teresa Inocencia, pero todos la llamaban simplemente "Teté."

Con **Pablo de la Torriente Brau**, entonces su novio, participó activamente en las reuniones y algazaras que constantemente se sucedían en la Universidad y ambos comenzaron a destacarse como líderes del estudiantado. Allí ingresó en el **Ala Izquierda Estudiantil**. Ya casada vio a su esposo partir para la guerra de España en Agosto de 1936; Pablo cayó herido de muerte en Madrid, en Diciembre de 1936. A finales de 1948. Teté, fue nombrada por **Prío Socarrás**, agregada comercial de la Embajada Cubana en México. En 1980 sufrió de Alzheimer's, y falleció, sin hijos, en 1994. Su opinión sobre Castro en uno de sus escritos fue:

«*...Fidel es un político y un agitador hambriento sólo de una cosa: poder. No tiene ni esta ni aquella ideología. Se mimetiza según le convenga para mantener el poder. Todo lo que hace es en función de agitación política. Vive para impresionar y buscar el rugido de la multitud. Comenzó tal vez con buena intención, más como no pudo sacrificar su ego ni coordinarlo con los demás, repartiendo poder y responsabilidades, ha acabado siendo un absurdo tirano...*»

Teté *Casuso*, con **Pablo de la Torriente Brau**, en New York, en 1936, antes del viaje de Pablo a luchar en la Guerra Civil Española.

4

Pastorita Nuñez

Pastorita Núñez González (1921-2010), combatiente revolucionaria Cubana. Militó en las filas del **Partido Ortodoxo** y luego se afilió al **Movimiento 26 de Julio** con el cual cumplió peligrosas misiones desde la clandestinidad. Participó activamente en la lucha clandestina, formando parte del Movimiento 26 de Julio y fue fundadora del **Frente Cívico de Mujeres Martianas**. En 1958 subió a la Sierra Maestra para incorporarse al Ejército Rebelde. En Enero de 1959 ya poseía el grado de Primer Teniente del Ejército Rebelde y formó parte del primer gobierno de la revolución. Cuando desapareció la Lotería Nacional en Febrero de 1959, Pastorita fue designada para dirigir el **Instituto Nacional de Ahorro y Viviendas** que se creó en sustitución. Desde ese cargo desarrolló una gran actividad tratando de construir edificios de apartamentos para gente humilde a todo lo largo del país, que llegaron a conocerse como *"los bloques de Pastorita."*

Al cabo de unos años, muchos de esos edificios, construidos durante la bonanza y cooperación de los países del extinto bloque socialista, fueron desatendidos y abandonados, lo cual sumió a Pastorita en una profunda depresión al ver su obra reducida a *"shantytowns."* Pastorita murió, abandonada ingratamente a su suerte, igual que sus edificios, en el antiguo **Hospital de Santovenia**, en el Cerro, quejándose porque desde la ventana de su cuarto veía un busto de **Lenin** que habían sustituido en una rotonda donde había uno de Martí.

Pastorita Nuñez observando, según la propaganda Castrista, un proyecto de edificios cerca de Línea y 12, en el Vedado, que nunca se construyó.

5

Vilma Espín

Vilma Lucila Espín Guillois (1930-2007), Santiaguera, hija de un rico abogado Cubano, estudió ballet y canto en la **Asociación Pro-Arte Cubano** durante la década de 1940 y se graduó como Ingeniera Química en la **Universidad de Oriente**, tras lo cual su padre la animó a asistir a **MIT** en Cambridge, Massachusetts, para completar sus estudios de posgrado, con la esperanza de que visitar América la disuadiera de involucrarse en actividades socialistas. Cuando finalmente accedió, terminada su breve carrera académica en el **MIT**, se unió oficialmente al **Movimiento 26 de Julio** a su regreso a Cuba. Después de subir a la Sierra Maestra, al triunfo de la revolución, se casó con **Raúl Castro**, con el cual tuvo cuatro hijos (**Deborah, Mariela, Nilsa y Alejandro Castro Espín**), todos los cuales han formado parte del gobierno revolucionario, particularmente su hija, **Mariela**, directora el *Centro Nacional Cubano de Educación Sexual*, y su hijo, **Alejandro**, Coronel en el *Ministerio del Interior*. Según militantes de la oposición en el exilio «... *con Vilma jamás se pudo contar para humanizar la revolución... vivía en el mayor de los lujos... era más sanguinaria y disfrutaba más del poder ilimitado del Marxismo que los propios hermanos Castro...* » Vilma murió de una enfermedad incurable y sus restos fueron depositados en el Mausoleo Frank País, que a propósito siempre desconfió de ella.

Vilma Espín y **Angela Davis**, la revolucionaria y delincuente Americana que solicitó y obtuvo refugio en Cuba al ser convicta en las cortes Americanas.

6

Mercedes López Acea

Lázara Mercedes López Acea (1964-). Ingeniera Forestal y política Cubana. Miembro del *Buró Político* del **Comité Central del Partido Comunista de Cuba**. Electa en 2013 como vicepresidenta del **Consejo de Estado** de la República de Cuba, cargo que ocupó hasta 2018. Diputada a la **Asamblea Nacional del Poder Popular**.

Ha ocupado, entre otros, los siguientes cargos: Ingeniera Forestal en la *Unidad Silvícola de Aguada de Pasajeros*, Jefa del Departamento de Silvicultura y Semillas de la *Empresa Forestal de Cienfuegos*, Jefa del Servicio Forestal Estatal en la Delegación Provincial del *Ministerio de la Agricultura en Cienfuegos*. En el Partido se desempeñó como Funcionaria del *Comité Provincial*, Miembro Profesional del *Buró Ejecutivo Municipal en Cruces*, Primera Secretaria del *Comité Municipal en Abreus*, Miembro Profesional del *Buró Ejecutivo* y Primera Secretaria del *Comité Provincial en Cienfuegos*.

Mercedes López ha sido una de las **figuras burocráticas** más utilizadas propagandísticamente por la revolución para destacar una diversidad (**mujer** de la raza **negra**) que no existe en los altos cuadros del Partido Comunista Cubano (PCC).

Mercedes López Acea, saludando en Pekin a **Guo Jinlong**, presidene del **Partido Comunista Chino** y junto a **Miguel Díaz Canel**, presidente de Cuba, rodeada de la plana mayor del Partido Comunista en la reunión donde fue promovida a miembro del Secretariado del **Partido Comunista de Cuba (PCC)**

7

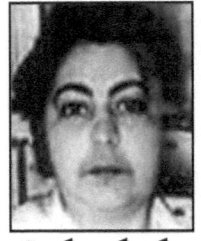

Lolo de la Torriente

Loló de la Torriente Urdinavia (1907-1985), Manzanillera, periodista, ensayista y crítica de arte Cubana. Desde los 18 años realizó labores periodísticas y ya era toda una inquieta luchadora política. Comenzó a escribir en un periódico del Instituto de la Habana, llamado **Instituto**. En esa época conoció a **Mella** y a **Rubén Martínez Villena**. Fue secretaria de la Comisión de Propaganda el Primer Congreso de Mujeres Cubanas realizado en Cuba. Se graduó de Derecho en la Universidad de La Habana y cursó tres años de Filosofía y Letras. En 1931 ingresó en el **Partido Comunista** y combatió a la dictadura de Machado. Sufrió prisión de 1935 a 1937, y al quedar en libertad viajó al México de **Lázaro Cárdenas**, y allí vivió **14 años**, adentrándose allí en el periodismo profesional.

Luego del triunfo de la Revolución decidió mudarse a Cuba —igual que Pablo de la Torriente Brau, su primo-hermano "*...para ver un pueblo en revolución, y para acompañar a Pablo...*"

En la década de los ochenta, ya residente en Cuba por largos años, según sus palabras, «*estaba algo aislada, un poco sola, (pues) algunos viejos amigos ya no la visitaban (y) ella tenía un mar de resentimientos sobre sus coetáneos...fascinados por una revolución sin sentido...*»

Dos de los libros de **Loló de la Torriente**, **Estudio de las Artes Plásticas en Cuba**, publicado en La Habana, y **Diego Rivera**, publicado en México.

8

Melba Hernández

Melba Hernández Rodríguez del Rey (1921-2014), Villareña, graduada de abogada en la Facultad de Derecho de la Universidad de La Habana en 1943. Combatiente revolucionaria, declarada Heroína de la República de Cuba, Doctora Honoris Causa, del *Instituto Superior de Relaciones Internacionales.* Participó activamente en la lucha contra la tiranía batistiana, siendo de las primeras en integrar las filas del movimiento revolucionario dirigido por Fidel Castro. Participó junto a **Haydée Santamaría** en el ataque al **Cuartel Moncada**, el 26 de Julio de 1953. Fue detenida y sancionada a cumplir prisión. Integró la Dirección Nacional del **Movimiento 26 de Julio** y en México participó en los preparativos de la expedición del **Granma**. Regresó a Cuba y se incorporó a las filas del *Tercer Frente Mario Muñoz Monroy*. Fundadora del **Partido Comunista de Cuba** y miembro de su Comité Central desde el Tercer Congreso, así como diputada a la **Asamblea Nacional** hasta su deceso por complicaciones de su diabetes.

Muchos de sus correligionarios que se defraudaron con la revolución han expresado que «*... nunca ayudó a nadie que estuviera en problemas, para mantener su fama de ser Fidelista y guardiana de la revolución Cubana...*»

Boris Luis Santa Coloma, Haydée Santamaría, Elda Pérez, <u>Melba Hernández</u> y Chucho Montané, en una foto tomada durante el Centenario Martiano, el 28 de Enero de 1953.

Cinco Marxistas de la nueva promoción, en las filas del Comunismo Cubano, pero más leales a los Castro que a nadie.

1 Abel Prieto Jiménez

Abel Prieto Jiménez (1950-), Pinareño, político, escritor, editor y profesor, hombre de confianza de **Raúl Castro**, **Ministro de Cultura de Cuba**, asesor del Presidente de los **Consejos de Estado y de Ministros**, diputado a la **Asamblea Nacional del Poder Popular** y presidente de la **Casa de las Américas**, estudió Letras Hispánicas en la **Universidad de La Habana** y allí ejerció como profesor de Literatura. Fue director de la **Editorial Letras Cubanas** y presidente de la **Unión de Escritores y Artistas de Cuba (UNEAC)**.

Abel Prieto, como discípulo de **Armando Hart Dávalos**, ha presumido por muchos años de ser *Martiano*, como miembro del *Centro de Estudios Martianos* y la *Sociedad Cultural José Martí*. Debe conoce la obra patriótica de Martí y saber de la patraña con que la revolución Cubana trata de asociar al parvo **Carlos Baliño** a la fundación del Partido Revolucionario Cubano. Nunca ha comprendido que identificarse con **José Martí** no era compatible con los fusilamientos, desmanes, injusticias y abusos de la revolución Cubana, y ha calificado a los intelectuales Cubanos exiliados como *"una fuerza de trabajo esclava..."* Con los años, se ha alejado tanto del mundo del Arte que actúa como un **Ministro del Interior** dedicado a perseguir a los que se atreven a desafiar o abandonar el redil que los Castro han construido para mantener a los intelectuales bajo control.

Abel Prieto, siempre incondicional, a la sombra y servicio de Raúl Castro.

2

Felipe Pérez Roque

Felipe Pérez Roque (1965-   ). Ingeniero electrónico graduado en el *Instituto Superior Politécnico José Antonio Echeverría*, ex Ministro Cubano de **Relaciones Exteriores** (1999–2009), miembro del Comité Central del **Partido Comunista de Cuba** (1991–2009) y miembro del **Consejo de Estado** (1993–2009). En 2009 fue depuesto de sus nombramientos en el gobierno de Cuba.

Felipe Pérez Roque nació en La Habana, y durante su etapa estudiantil fue electo Presidente Nacional de la **Federación de Estudiantes de la Enseñanza Media**, lo que le permitió en 1985 asistir al XII Festival Mundial de la Juventud en Moscú. En 1986 integró a la FEU y luego al Buró Nacional de la **Unión de Jóvenes Comunistas**. Fue electo como Diputado a la Asamblea Nacional del Poder Popular, y miembro del **Consejo de Estado** en el año 1993, así como miembro del Comité Central del **Partido Comunista de Cuba**. En Mayo de 1999, **Pérez Roque** relevó del cargo de **Ministro de Relaciones Exteriores** a **Roberto Robaina**. Pérez Roque, a su vez, en 2009, fue relevado de ese cargo por **Bruno Rodríguez Parrillar**.

Ese 3 de Marzo de 1999, dirigió una carta al presidente **Raúl Castro** en la cual aceptaba los errores cometidos y los no cometidos, renunciando a todos sus cargos, en la típica rutina del Comunismo mundial de aceptar la purga tranquilamente para evitar una inoportuna ejecución.

Foto en La Habana, año 2006: **Raúl Castro**, conversando con **Carlos Lage**, próximo a ser defenestrado, en presencia de **Felipe *Pérez* Roque**, de defenestración inmediata y **Leopoldo Cintas Frías,** entonces Ministro de las Fuerzas Armadas Cubanas y próximo a ser enviado por los Castro como Ministro de Defensa de Venezuela.

3

Carlos Lage Dávila

Carlos Lage Dávila (1951-), en 2009, fue Vicepresidente del **Consejo de Estado** de Cuba, miembro del **Buró Político** del **Partido Comunista de Cuba** y Secretario Ejecutivo del **Consejo de Ministros de Cuba**, en la práctica el Primer Ministro de facto de Cuba. Estudió para Pediatra, y a principios de la década de 1990, se convirtió en asesor de Fidel Castro como el *"reparador económico primario"* de Cuba. Coordinó los problemas de energía, comercio y divisas, y fue encargado del programa nacional de asuntos energéticos de Cuba. Durante el **Período Especial**, inició una serie de reformas económicas que permitieron la propiedad limitada de tierras y las iniciativas de pequeñas empresas, y negoció un suministro garantizado de **petróleo** subsidiado por Venezuela, a cambio de medicamentos y hasta 2,000 médicos y profesionales Cubanos de la salud, los llamados *"médicos de alquiler."*

Al retiro de Castro a principios de 2008, muchos mencionaron a **Lage** como el sucesor de Castro, pero **Raúl Castro** fue electo Presidente; Raúl, al ascender al poder, retiró a **Lage** de sus cargos y **Fidel Castro** lo comenzó a criticar, cosa que nunca había hecho antes, por haber sido influenciado por la *"miel del poder."* **Lage** anunció su renuncia a todos sus puestos e inclusive la membresía en el **Partido Comunista de Cuba.** En su carta de renuncia, aceptó las críticas de Castro y aceptó «*...que se había descuidado en su celo revolucionario y eso lo llevó a cometer errores imperdonables...*» La purga de Lage y Pérez Roque, dio lugar a un gobierno eminentemente militar.

Pérez Roque, Chávez, Maduro y **Lage**, en la época de oro de las relaciones entre Cuba Comunista y Venezuela por Comunizar.

Ricardo Alarcón Quesada

Ricardo Alarcón de Quesada (1937-   ), miembro del **Partido Comunista de Cuba** y de su **Buró Político** hasta el año 2013. Doctor en Filosofía y Letras, graduado de la Universidad de La Habana. Presidente del **Parlamento Cubano** desde 1993 hasta 2013. Se vinculó desde temprano a la lucha revolucionaria. Fue miembro de la **Federación Estudiantil Universitaria (FEU)**, participando en la mayoría de los actos de protesta organizados por ellos y miembro de la Secretaría de Cultura de la (FEU). Era también colaborador del **Directorio Revolucionario** cuando se incorporó al **Movimiento 26 de Julio** en 1955 y fue organizador del aparato estudiantil de las brigadas juveniles (FEN) de ese movimiento revolucionario. Electo Vicepresidente de la **FEU** en 1959 y Presidente de esta organización de 1961 a 1962.

Ha ocupado numerosos cargos en el gobierno revolucionario, entre ellos miembro del **Buró Nacional** del Partido Comunista, Director de países de América Latina y de América del **Ministerio de Relaciones Exteriores**, **Embajador** representante permanente de Cuba ante la Organización de Naciones Unidas (**ONU**), Embajador en Trinidad y Tobago, Viceministro y **Ministro de Relaciones Exteriores** y Presidente de la **Asamblea Nacional del Poder Popular**.

En la Asamblea ha jugado un papel importante tanto en el plano nacional como internacional, representando a Cuba país en las negociaciones con Estados Unidos. Ha sido, en la rotación reglamentaria de posiciones, **Vicepresidente de la Asamblea General de la ONU**, y presidente del **Consejo de Administración del Programa de Naciones Unidas para el Desarrollo (PNUD)**, así como Vicepresidente del **Comité de Naciones Unidas sobre los derechos del pueblo palestino**.

Ricardo Alarcón, una vez de tantas riéndole las gracias a Fidel Castro.

5

Bruno Rodríguez Parrilla

Bruno Rodríguez Parrilla (1958-   ), diplomático y político Cubano, **Ministro de Relaciones Exteriores** de Cuba desde 2009; reemplazó a **Felipe Pérez Roque,** luego de servir como Viceministro durante la reorganización y purga de 2009 por Raúl Castro. Rodríguez nació en México, de un Cubano que ocupó altos cargos en el gobierno de Castro. Se desempeñó como *Representante Permanente de Cuba ante* **las Naciones Unidas** de 1995 a 2003. El 20 de Julio de 2015, **Rodríguez** fue el presentador oficial de la reinauguración de la **Embajada de Cuba** en Washington, DC, convirtiéndose en el primer ministro Cubano de Asuntos Exteriores en visitar Estados Unidos en una misión diplomática desde 1958.

El 22 de Febrero de 2020, el Secretario de Estado Americano, **Mike Pompeo**, envió una carta a Rodríguez Parrilla con relación al tercer encarcelamiento de José Daniel Ferrer en los últimos 15 años. La carta leía en parte «*... José Ferrer ha sido arrastrado, encadenado, golpeado y quemado a manos del régimen ... esto sigue un patrón familiar de acoso, violencia y arrestos arbitrarios contra Cubanos que solo buscan abogar por la democracia y las libertades políticas y económicas que permitirían el pueblo cubano para crear prosperidad en Cuba...*»

Como todos sus antecesores y como burócrata que disfruta egoístamente los beneficios que recibe del régimen Cubano, **Rodríguez Parrilla** no se ha dado por enterado de la alarma con que el gobierno Americano observa la penosa y triste situación por la que pasa el pueblo Cubano.

Bruno Rodríguez *Parrilla* en compañía del Ministro de Relaciones Exteriores Ruso **Sergei Lavrov** en la Cancillería Cubana.

Tres viejos Comunistas que se convirtieron en incondicionales de Fidel Castro y la nueva ola.

1 Lionel Soto

Lionel Soto Prieto (1927-2008), Habanero, historiador, diplomático y profesor, viejo militante del **Partido Socialista Popular (PSP)** y fundador del **Partido Comunista de Cuba**. Fue dirigente estudiantil en la Universidad de la Habana, donde se graduó de Doctor en Filosofía y Letras. Más tarde ocupó varios cargos en la **Juventud Socialista** y en el **Partido Socialista Popular**. En 1947 participó con **Fidel Castro** en el secuestro de la *Campana de la Demajagua*, incidente que por primera vez dio a conocer la figura de Castro a la opinión pública Cubana. Soto participó más tarde en luchas contra el gobierno de **Carlos Prío** primero y la dictadura de Fulgencio Batista después, motivo por el cual fue encarcelado en el *Presidio Modelo de Isla de Pinos*. Durante varios años representó a la **FEU** en la *Unión Internacional de Estudiantes*, con sede en Praga,

Tras el triunfo de la revolución se desempeñó como Director Nacional de las **Escuelas de Instrucción Revolucionaria**, presidente del Consejo del *Plan de la Enseñanza Tecnológica de Suelos, Fertilizantes y Ganadería* y Embajador en **Gran Bretaña** y la **Unión Soviética**.

Falleció en La Habana en el año 2008, cuando ya era considerado por amigos y enemigos como un Comunista caduco, de otros tiempos, sin poder ni influencia alguna en los 1950s.

Fidel Castro y **Leonel Soto**, ambos sosteniendo la **Campana de la Demajagua** que secuestraron en 1947 en nombre de la FEU para darse a conocer en Cuba como valientes y aguerridos revolucionarios

2 Leopoldo Cintas Frías

Leopoldo Cintra Frías (1941-), Oriental, General y Ministro de las **Fuerzas Armadas (FAR)** revolucionarias, fundador del **Partido Comunista de Cuba (PCC)**, miembro del **Buró Político** del PCC y diputado a la **Asamblea Nacional del Poder Popular.** Ostenta el Título Honorífico de **Héroe de la República de Cuba**, miembro del **Consejo de Estado** y de **Ministros** de Cuba.

Natural de Yara, su infancia trascurrió en una finca propiedad de su padre. Militaba en la **Agrupación de Jóvenes Esperanza de la Fraternidad (AJEF)**, el aparato juvenil de la masonería.

Comenzó la lucha contra Fulgencio Batista, vendiendo bonos y llevando en una camioneta que distribuía pan, rebeldes para la Sierra Maestra; se alzó en Noviembre de 1957 con sólo 16 años de edad, y combatió en las filas del Ejército Rebelde. Ingresó a la tropa de **Crescencio Pérez**, el hombre que antes de 1957 controlaba el negocio de la droga en el sur de Oriente. Más tarde sirvió bajo las órdenes de Fidel Castro, hasta el final de la guerrilla. En 1959 ostentaba el grado de **Teniente**. En 1960 fue a Checoslovaquia a estudiar artillería y conducción de tanques y en 1982 se graduó en la Academia del Estado Mayor General de la **URSS**.

Cintra Frías, aterrorizando a los Venezolanos, ha sido el encargado de apuntalar a la fuerza el régimen de Maduro. Ha estado involucrado en graves **violaciones y abusos de los derechos humanos** en Venezuela, incluyendo la tortura o el sometimiento de Venezolanos a tratos o castigos crueles, inhumanos o degradantes por sus posturas anti-Maduro.

Leopoldo Cintas Frías con el General y Ministro de Defensa Ruso **Sergei Shoigu** en 2018.

3 Alfredo Guevara

Alfredo Guevara (1925-2013), Habanero, fue compañero de Fidel Castro cuando cursaba la carrera de Filosofía y Letras en la Universidad de La Habana donde se doctoró. En 1959 fue fundador del **Instituto Cubano del Arte e Industria Cinematográficos (ICAIC)**, y comenzó su vinculación por muchos años con la **UNESCO** en materias de arte cinematográfico. La revolución lo premió con la **Orden Félix Varela** de Primer Grado, máximo reconocimiento cultural de Cuba, el **Premio de la Latinidad**, por sus esfuerzos a favor del desarrollo y la difusión del cine Latinoamericano y la **Orden José Martí**.

En la Universidad, Alfredo Guevara se integró a la **Juventud Comunista** y junto a Castro participó en 1948 en las protestas por el asesinato del político Colombiano **Jorge Eliécer Gaitán,** hechos conocidos como el **Bogotazo**. En 1958 trabajó como asistente de dirección de *Luis Buñuel* en *Nazarín* cuando estaba exiliado en México por su oposición a Batista.

Guevara volvió a Cuba después del triunfo de la Revolución donde, sin experiencia en leyes o legislación, formó parte del núcleo gobernante que fraguó las leyes revolucionarias más radicales, como la **Ley de Reforma Agraria**. En 1975, fue nombrado **Viceministro de Cultura**. En 1983 dejó la dirección del **ICAIC** y se trasladó a París como Embajador de Cuba ante la **UNESCO**, regresando en 1991 de nuevo al **ICAIC**. En 2013 falleció en La Habana de un ataque cardíaco a la edad de 87 años.

Toda su vida, **Guevara** se dedicó a la ficción del teatro y el cine, sin importarle el realismo de los terribles abusos y crímenes que el Comunismo estaba trayendo a Cuba.

Alfredo Guevara, interesado en la conversación de **Castro** con **Nicolás Guillén** y **Alejo Carpentier** (detrás de Guillén).

Cinco Comunistas Cubanos, útiles y Sacrificados, pero de poca monta, semi olvidados y postergables.

1 Esteban Lazo

Juan Esteban Lazo Hernández (1944-), Matancero, de procedencia campesina, cursó sus primeros estudios en una escuela rural y tuvo que interrumpirlos por razones económicas para ayudar a la familia. Al triunfo de la Revolución tenía 14 años y comenzó a trabajar en molinos arroceros y secaderos de arroz. En 2006, fue electo miembro del **Buró Político** del **Comité Central del Partido Comunista de Cuba** en premio a haber sido fundador de la **Asociación de Jóvenes Rebeldes** y haber ingresado en el **Partido Comunista de Cuba (PCC)** en el año 1963.

En 2013, fue electo presidente de la **Asamblea Nacional del Poder Popular**, y del **Consejo de Estado**, reelegido en ambos cargos en 2018 por unanimidad en la Sesión Constitutiva de la IX Legislatura, en el Palacio de Convenciones de La Habana. Esos cargos los ocupará hasta el año 2023.

Ha sido Delegado a los Congresos I, II, III, IV y V del Partido Comunista. Aunque no ha sido una figura pública muy conocida, Esteban Lazo es fotografiado frecuentemente en eventos y reuniones del Partido Comunista Cubano (PCC), sin lugar a duda como evidencia de la diversidad del apoyo a la revolución.

En el Capitolio de La Habana, **Esteban Lazo**, presidente de la **Asamblea Nacional del Poder Popular de Cuba (ANPP)**, con **Diosdado Cabello**, primer VP del **Partido Socialista Unido de Venezuela (PSUV)**.

Osvaldo Sánchez Cabrera

Osvaldo Sánchez Cabrera (1912-1961), Habanero, hijo de padres acomodados, combatiente revolucionario y militante Comunista Cubano, ex-Alumno del **Instituto de La Habana**, donde se graduó de Bachiller en Letras y Ciencias. En 1931, ingresó en la **Liga Juvenil Comunista** y sufrió su primera prisión. Desde temprano en su vida, su sentimiento se inclinó reverentemente al **Marxismo-Leninismo** y cruzó el país de un lado a otro, aglutinado prosélitos para aumentar las filas del **Partido Comunista de Cuba**.

Cuando organizó en homenaje a **Julio Antonio Mella**, calló preso, fue juzgado a 15 días de arresto y 50 pesos de multa. Fue un hombre recto, íntegro, honorable, que no fumaba, no bebía, ni jugaba. Después de su matrimonio con **Clementina Serra**, también miembro del **Comité Central del Partido Comunista de Cuba** y marxista dirigente de los círculos infantiles. Osvaldo compartió su vida entre el hogar y las luchas revolucionarias y su casa fue sitio de reuniones y una trinchera para las actividades revolucionarias.

En 1956, después del desembarco del Yate Granma, fue designado como enlace entre el **Comité Nacional del Partido Socialista Popular** y el **Ejército Rebelde**. Al triunfo de la revolución, fue uno de los fundadores de los **Órganos de la Seguridad del Estado**. Murió en un accidente aéreo cerca de Varadero, en 1961, cuando regresaba de un viaje a Santiago para arrestar un miembro de la resistencia al **26 de Julio**.

Osvaldo Sánchez Cabrera
en la Sierra Maestra en 1958
con **Camilo Cienfuegos**.

3 Jorge Risquet Valdés

Nilo de Jesús Risquet Valdés Saldaña (1930-2015), Habanero, Hijo de un humilde obrero de la industria del tabaco. En 1943, a los 13 años, ingresó en la **Juventud Revolucionaria Cubana**. En 1944, al crearse la **Juventud Socialista**, participó en su organización y en 1945, durante el **Primer Congreso** de esa organización juvenil del Partido, fue electo miembro de su Comité Nacional. En 1951 comenzó a trabajar en el Magazine **Mella**, órgano de la **Juventud Socialista**, del cual llegó a ser *Jefe de Redacción* primero y *Director* después. En 1952 se incorporó a la lucha insurreccional contra el régimen de Fulgencio Batista y ocupó el cargo de *Delegado* de la Juventud Socialista ante la **Federación Mundial de la Juventud Democrática (FMJD)** en Budapest, Hungría, donde conoció al también delegado **Raúl Castro**.

La **FMJD** lo nombró responsable de la atención a América Latina; Jorge también participó como internacionalista en África. En 1954, durante su estancia en Guatemala, conoció a Ernesto Guevara, con el cual hizo amistad. **Risquet** regresó clandestinamente a Cuba a fines de 1955 e inmediatamente se incorporó al trabajo de la **Juventud Socialista**, donde fue nombrado Presidente miembro de la Dirección Ejecutiva del **Partido Socialista Popular**. En 1958 se incorporó al Ejército Rebelde en el Segundo Frente Oriental, bajo el mando de **Raúl Castro**, donde sirvió muy poco tiempo; entró en Santiago de Cuba cuando se proclamó el triunfo de la Revolución Cubana. Falleció en 2015 en La Habana, a los 85 años.

Risquet acompañó al VP Cubano **Juan Almeida** a la ceremonia toma de posesión de **Mandela** en 1990.

Enrique de la Osa

Enrique de la Osa (1909-1997), Habanero, periodista, poeta, político y profesor, fundador de la emblemática sección **En Cuba** de la *Revista Bohemia*. Cursó la primaria en escuela pública y el bachillerato en el *Instituto de La Habana*. Nunca asistió a la Universidad, su vasta cultura la adquirió como autodidacta.

En 1926 publicó su primer artículo sobre **León Trostky**, en la Revista **El Estudiante**, del **Instituto de La Habana**. Dos años después, fundó y dirigió **Atuei**, del que solo aparecieron seis números antes de que el tirano Gerardo Machado ordenara su clausura. Colaboró en un artículo que llevó su firma en **Alma Máter**, la revista de la **FEU**, el cual determinó su exilio a México, donde escribió en **Cuba Libre**, una publicación creada por **Julio Antonio Mella**.

En la década del 30, se unió **Partido Aprista Cubano**, y trabajó como corrector de estilo en el periódico **El Mundo**. En 1943, creó en **Bohemia** la sección **En Cuba**, que lo convirtió en líder del periodismo Cubano por la calidad y audacia de su periodismo de investigación y su apego a la verdad.

Fue profesor de la *Escuela Profesional de Periodismo Manuel Márquez Sterling* y dirigió **Bohemia** desde 1960 hasta 1971, al mismo tiempo que asumió la dirección del diario **Revolución** (1963-1965).

Falleció en La Habana y sus restos descansan en el *Panteón de las Fuerzas Armadas* de la Necrópolis de Colón. Sin ser Universitario fue profesor de periodismo y sin ser Combatiente lo enterraron como tal. Gran periodista, pero **nunca reportó un solo crimen o ni siquiera un solo abuso de la revolución Comunista en Cuba**

5
Alfonso Bernal del Riesgo

Alfonso Bernal del Riesgo (1902-1975), Habanero, abogado, escritor, profesor y psicólogo Cubano. Huérfano de madre, fue criado por su padre y sus tíos. Estudios en el **Colegio Belén** y hizo el Bachillerato en Ciencias y Letras en el **Instituto de Segunda Enseñanza de la Habana.** En 1923 obtuvo doctorados en Derecho Civil y Filosofía y Letras en la Universidad de la Habana.

En 1923, organizó en la Universidad el **Primer Congreso Revolucionario de Estudiantes**, cuando era dirigente del grupo estudiantil *Renovación*, a cargo de impulsar la Reforma Universitaria; labor en que lo acompañó **Julio Antonio Mella**. Juntos participaron en la fundación del **Partido Comunista de Cuba**, y en la inauguración de la **Universidad Popular José Martí** y del **Instituto Ariel**, un centro mixto de Segunda Enseñanza con designios de pedagogía avanzada. Como abogado y educador, sus luchas sociales, lo llevaron a un exilio intelectual (1931-1933) en **Vienna**, donde estudió Psicología.

A su regreso, estableció una práctica privada como psicólogo y fue profesor en el **Instituto de Segunda Enseñanza** de Pinar del Río. Luego se desempeñó como psicólogo clínico y profesor de **Cívica** en la Universidad de la Habana, elaborando lo que llamó la **Cubanosofía**, esto es, el estudio de la identidad psicológica, cultural y económica del Cubano.

Muchos de sus compañeros profesores Universitarios, **Jorge Mañach** entre ellos, lamentaron que teniendo un gran interés por la enseñanza de **Moral y Cívica** en la escuela Cubana, ignoró las intrusiones de una decadente y violenta moral Marxista en la formación de la juventud Cubana, sobre todo la inclusión del *credo de la lucha de clases*.

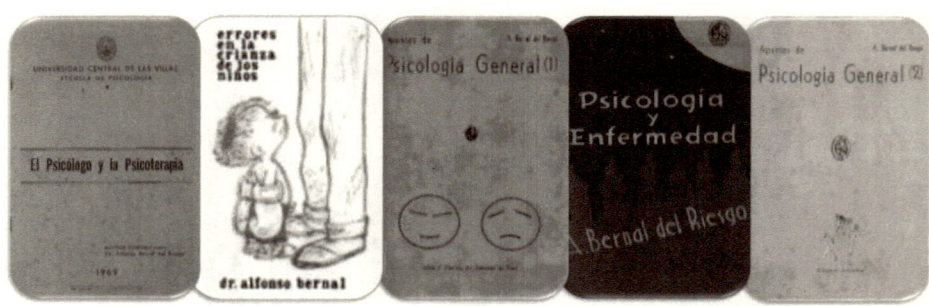

Libros de **Alfonso Bernal del Riesgo**

Cuatro Militantes del 26 de Julio, leales a los Castro, e incorporados al Comunismo.

1

Sergio del Valle

Sergio del Valle Jiménez (1927-2010), Habanero, médico, Graduado de la Universidad de La Habana. Comenzó sus actividades políticas con el golpe de Estado de 1952, militando en una célula clandestina del **Movimiento 26 de Julio**, en el Hospital de Maternidad América Arias. Fue fundador del **Partido Comunista de Cuba** e integrante de su primer **Comité Central**.

En 1957, se incorporó como médico y soldado al **Ejército Rebelde** con el grado de Capitán. Fue designado como miembro de una columna bajo el mando del comandante **Camilo Cienfuegos,** que tenía la misión de extender la guerra hasta Pinar del Río. Durante la invasión, del Valle fue segundo jefe de la columna y la redacción del correspondiente Diario de Campaña.

Después del triunfo de la revolución, fue ascendido a General de División de las **Fuerzas Armadas (FAR)** y Jefe del **Estado Mayor General**, **Ministro del Interior** y **Ministro de Salud Pública**, así como diputado a la **Asamblea Nacional del Poder Popular** y miembro del **Consejo de Estado.** Antes de fallecer le fue conferido el título de **Héroe de la República.**

En 1961, durante el rechazo de la invasión de **Playa Girón** y en 1962 en los momentos de la **Crisis de Octubre**, publicó una serie de artículos históricos, titulados *"Ni aún al borde del holocausto este pueblo se doblegó".* En 1962 fue vocal del tribunal revolucionario que juzgó a los prisioneros de la invasión por Playa Girón.

En la foto,
Comandantes **Almeida** y <u>**Sergio del Valle**</u> con **Castro** planeando estrategias durante **Playa Girón**.

Villanos, Marxistas y Marrulleros

2

Roberto Morales Ojeda

Roberto Morales Ojeda (1967-), Cienfueguero, Ministro de Salud desde el año 2012, fue promovido en 2018 al cargo de Vicepresidente del **Consejo de Ministros** en la **Asamblea Nacional del Poder Popular**, miembro del **Buró Político** del **Partido Comunista de Cuba (PPC)**. VP del **Consejo de Estado** en 2018, y designado **Viceprimer Ministro** en el IV período ordinario de sesiones correspondiente a la IX Legislatura de la Asamblea Nacional.

Morales Ojeda fue designado Presidente de la **Asamblea Mundial de la Salud**, una organización que rota anualmente la Presidencia entre las 6 regiones de la OMS. Fue el primer Cubano que ocupó este puesto.

Posee un título de Médico con especialidad en **Medicina Integral y General**, así como una Maestría en **Salud Pública** y otros cursos en **Administración de Salud**. Antes de aceptar el puesto de **Ministro de Salud Pública**, se desempeñó como **Viceministro de Salud**, *Director Provincial de Salud* y *Director Municipal de Salud*. Ha sido miembro de la **Asamblea Nacional del Poder Popular de Cuba** desde 2008

Recientemente, **Morales Ojeda**, declaró ingenuamente a la directiva del **Hospital Provincial Docente Clínico Quirúrgico Arnaldo Milián Castro**, en Santa Clara, que «*... hay que buscar las causas reales del problema del éxodo de médicos y enfermeras en misiones internacionalistas...* » Cuando le preguntaron que explicara esa declaración expresó reincidentemente «*... Es necesario un análisis en profundidad, que involucre a todos los factores, desde el Ministerio hasta la estructura interna...* »

Morales Ojeda en una reunión de la **Organización Mundial de la Salud** (WHO en Inglés).

3  Alvaro López Miera

Álvaro López Miera (1943-), militar Cubano, hijo de Españoles republicanos que escaparon de la *Guerra Civil Española*, designado *Héroe de la República de Cuba*, veterano de la guerra en Etiopía en 1977, **Jefe de Operaciones en Angola** en 1987, actualmente Primer Viceministro de las **Fuerzas Armadas Revolucionarias (FAR)** y Jefe del Estado Mayor General. Astuto y discreto, luce ser uno de los más respetados oficiales militares Cubanos. López Miera desarrolló cuidadosamente sus vínculos con **Raúl Castro** y **Vilma Espín**, lo que le ha permitido progresar en el escalafón militar.

Desde muy joven se incorporó al **Movimiento 26 de Julio** y a las Fuerzas del **II Frente Oriental Frank País**. Es Diputado a la **Asamblea Nacional del Poder Popular** y graduado de la **Academia del Estado Mayor General de las Fuerzas Armadas** de la antigua *Unión Soviética*.

Interesantemente, en Cuba es importante por ser uno de los Generales que acude al aeropuerto a recibir a **Raúl Castro** cuando vuelve de un viaje internacional. Antes lo hacían **José Ramón Machado Ventura** y **Abelardo Colomé Ibarra** (Furry). Después de la purga de Furry, ese honor lo tiene López Miera. El periódico **Granma** se ha referido a él en estos términos: «... *en sus misiones en Angola y Etiopía se destacó por su valentía y astucia en numerosas acciones combativas, así como por sus excelentes cualidades como jefe...*» En Cuba muchos lo consideran demasiado **vasallo, sumiso y siempre obediente** a la voluntad de los Castro, por lo cual ha sido siempre insensible a abusos e injusticias.

Raúl Castro recibido en el aeropuerto por **José Ramón Machado Ventura** y <u>Álvaro López Miera</u>.

4

Ramón Espinosa Martín

Ramón Espinosa Martín (1939-), Villareño, nacido en el seno de una familia de campesinos humildes, en los campos del municipio de *Camajuaní*, militar cubano, designado *Héroe de la República de Cuba* y Miembro del **Buró Político** del **Partido Comunista de Cuba (PCC)**.

En 1957 se unió al **Movimiento 26 de Julio**, como Jefe de un **Grupo de Acción y Sabotaje** que quemaron caña, varios ómnibus de la ruta Habana-Caibarién y dañaron varios puentes.

En 1958, se incorporó a las fuerzas del **Directorio Revolucionario 13 de Marzo** en las montañas del Escambray, bajo Faure Chomón y Rolando Cubelas. Algún tiempo después fue nombrado oficial de una Sección de la Dirección de Operaciones del Estado Mayor General, bajo los comandantes **Flavio Bravo** y **Leopoldo Cintra Frías**.

Después de la victoria de la Revolución, fue Comandante de un grupo de Internacionalistas Cubanos que en 1975 arribaron a *Cabinda*, donde contraatacó a las fuerzas de *Zaire*. Estudió cursos militares en la **Unión Soviética**, sirvió en Angola y Etiopía y fue jefe del Centro de Instrucción en Cabinda. A su regreso en 1982 fue promovido a Jefe del Ejército Oriental y luego a Viceministro de las **Fuerzas Armadas Revolucionarias (FAR)**.

En 1980, habiendo terminado en Etiopía, presidió la fuerza Cubana que trabajó en **Viet Nam** y en 2009 fue nombrado por Raúl Castro como viceministro de las FAR. Ha sido considerado como el más sanguinario de los Cubanos en misiones internacionalistas.

Tres de los más inhumanos militares Internacionalistas Cubanos; **Guillermo García Frías, Ramón Espinosa Martín** y **Antonio Enrique Lusson**

Cuatro Comunistas Cubanos, veteranos ayer, olvidados burócratas hoy, que hacía tiempo no contaban para nada.

1

Belarmino Castilla Más

Belarmino Castilla Mas (Aníbal 1934-2015), Santiaguero, el 10 de Marzo de 1952 ingresó en el **Movimiento 26 de Julio** junto a **Frank País, Vilma Espín, René Ramos Latour,** y otros revolucionarios. A la muerte de *Frank País*, fue parte de las milicias en Santiago de Cuba. Durante la huelga del 9 de Abril de 1958 subió a la Sierra Maestra, donde conoció a **Fidel Castro,** a **Camilo** y a **Ché**. Ingresó al Ejército Rebelde y encabezó la **Columna 19 José Tey** en la *Sierra de la Gran Piedra*. Más tarde se integró al II Frente Oriental Frank País, bajo Raúl Castro, siendo segundo jefe del Frente.

Al concluir la guerra, Castilla Más ostentaba el grado de Comandante del Ejército Rebelde. Posterior al triunfo de la Revolución, ascendió con importantes responsabilidades en las **Fuerzas Armadas Revolucionarias** (**FAR**), desde *Jefe de Estado Mayor del Ejército de Oriente* hasta *Jefe del Estado Mayor General de las FAR* y, sin gran preparación académica, pero sólida lealtad, desempeñó el cargo de **Ministro de Educación**.

Los próximos años los dedicó a relatar la historia **Segundo Frente Oriental Frank País**, tratando de enriquecer la historiografía revolucionaria. Recibió numerosas órdenes y condecoraciones nacionales y extranjeras y se destacó siempre por su fidelidad a la Revolución y al Partido Comunista Cubano (PCC), del que fue fundador. Murió de una bronconeumonía bacteriana.

Tres ejemplos de la "obra literaria" de **Belarmino Castilla Más**, ex **Ministro de Educación** y laureado historiógrafo de la revolución.

Julio Camacho Aguilera

Julio Camacho Aguilera (1924-   ), Oriental, se alzó en armas contra la dictadura de Fulgencio Batista y lideró un grupo guerrillero en las montañas de Guantánamo, para después pasar a la clandestinidad. Fue miembro de la **Juventud Ortodoxa** allí y luego del **Movimiento 26 de Julio**. Participó en el fallido levantamiento popular del 5 de Septiembre en **Cienfuegos** y tras el fracaso de la acción logró salir de la ciudad. Se incorporó al **Ejército Rebelde** y le fue reconocido el grado de **Comandante**. Tras el triunfo de la Revolución fue nombrado **Ministro Encargado de la Corporación Nacional de Transporte**. Fue Primer Secretario del **Partido Comunista de Cuba (PCC)** en varias provincias, del Buró Político durante más de una década y electo miembro del **Comité Central** de Partido.

En 1956 fue jefe de Acción y Sabotaje en Las Villas. Esteban Ventura Novo lo apresó en 1957 durante una reunión en el reparto habanero de **Buenavista** y fue salvajemente torturado. Más tarde sufrió prisión en la **Cárcel de Boniato**, con Armando Hart y Javier Pazos.

En Enero de 1959 fue interventor de la **Corporación Nacional de Transportes** con rango de Ministro, e intervino la *Compañía Cubana de Aviación* y otras empresas de ese giro. Fue Primer Secretario del **Partido Comunista de Cuba** y del **Buró Político**, así como miembro del **Comité Central**. Sus colegas revolucionarios lo consideraron como un «... *guerrillero con suerte, muy involucrado y abusivo, pero flojo en el mando...*»

Julio Camacho Aguilera en la Sierra Maestra con **Fidel Castro** en 1958.

3

Ulises Rosales del Toro

Ulises Rosales del Toro (1942-   ), Oriental, hijo de campesinos pobres Españoles que pusieron a disposición de la guerrilla todo lo que tenían en su pequeño almacén de víveres, **General de División**, Vicepresidente del **Consejo de Ministros,** fundador del **Partido Comunista de Cuba (PCC)** y miembro de su **Buró Político,** diputado a la **Asamblea Nacional del Poder Popular**, laureado como **Héroe de la República**.

En 1957, participó en acciones terroristas y logró incorporarse a las fuerzas rebeldes primero en la columna del Comandante **Guillermo García Frías**, y más tarde bajo la dirección del Comandante **Juan Almeida Bosque.**

En 1959, con el triunfo revolucionario, fue parte de la Caravana que entró a la ciudad de La Habana en Enero de 1959, siendo en ese momento simplemente un soldado. Según su biografía oficial divulgada por el Partido Comunista de Cuba:

«su gran dedicación por el estudio de la historia del arte militar y los programas anuales para la preparación de jefes y oficiales mediante entrenamientos, clases, ejercicios y la vida en campaña, le han permitido estar a la altura de las exigencias de las Fuerzas Armadas Revolucionarias, participando todos los años en continuas movilizaciones y enfrentamiento al gobierno Norteamericano...»

En **misiones internacionalistas**, ha sido Jefe del *Estado Mayor de Grupos Especiales de Instrucción* en **Argelia** y Jefe de la *Agrupación de las Tropas del Sur* en **Angola**, así como *"misiones especiales en la República de* **Venezuela.***"* Fue considerado siempre como un excelente burócrata militar, con rango, pero sin iniciativa propia.

A **Ulises Rosales** lo bautizaron sus propios colegas como el **"Ministro de la Moringa,"** encargado de hacer realidad los sueños de **Fidel Castro** cuando afirmó que **"esa planta, originaria de la India, puede servir de alimento sustituto de la carne por su alto valor nutritivo."**

4

José Ramón Cabañas

El 14 de Agosto de 2015, EEUU inauguró formalmente su Embajada en La Habana, Cuba, izándose la bandera Americana en un evento presidido por **John Kerry, Secretario de Estado** Americano.

En sus comentarios, Kerry elogió al **Dr. José Ramón Cabañas Rodríguez**, el nuevo Embajador de Cuba en los Estados Unidos.

A continuación, un resumen de las palabras de Kerry:

«... *los presidentes* **Obama** *y* **Castro** *tomaron una decisión valiente de dejar de ser prisioneros de la historia ... nuestras políticas del pasado no han llevado a una transición democrática en Cuba, pero el futuro de Cuba es el que los cubanos deseen ... nos alienta que los viajes desde Estados Unidos hacia Cuba están aumentando ... las empresas Estadounidenses están explorando abrir empresas comerciales aquí ... el embargo general de Estados Unidos sobre el comercio con Cuba sigue vigente y solo puede ser suspendido por la acción del Congreso, un paso que Obama y yo apoyamos firmemente ... Rindo aquí homenaje al pueblo de Cuba y a la comunidad Cubanoamericana en los Estados Unidos ...* »

Presentes en la ceremonia estuvieron varios conocidos simpatizantes y aliados del Comunismo Cubano: los Senadores **Patrick Leahy** (D-VT), **Barbara Boxer** (D-CA), **Amy Klobuchar** (D-MN) y **Jeff Flake** (R-AZ) y los representantes **Karen Bass** (D-CA), **Steve Cohen** (D-TN), **Barbara Lee** (D-CA) y **Jim McGovern** (D-MA).

John Kerry, Secretario de Estado de EEUU, en el momento de izar la bandera Americana en La Habana, acto al que el gobierno de Cuba se aseguró de no permitir la presencia de Cubanos disidentes. A la izquierda, astas para banderas que bloquean el frente de la Embajada de la vista de los Habaneros.

Datos para la Historia: de Democracia al Marxismo en Cuba

La historia del Marxismo en la Cuba del Siglo XXI, es la historia de una guarida de oportunistas que se quitaron los uniformes verde olivo para convertirse en pseudo-Capitalistas que viven con lujo y sin recato alguno, pretendiendo ser revolucionarios bajo asedio, en un país que han arruinado, amordazado y desolado. De esa Cuba, cada día se escapan en masa, miles de hombres y mujeres que prefieren vivir en otro entorno, porque en cualquier lugar del globo se vive, se trabaja y se prospera mejor que en la Cuba Marxista que se despedaza, se derrumba y se desangra día a día.

Los orígenes de esa miserable condición se remontan a principios del Siglo XX, cuando el Comunismo descubrió a Cuba como una deseable posesión política y estratégica, estando como estaba a las puertas del coloso económico Americano y a la vanguardia de desarrollo de todo un continente en permanente estado de perplejidad. Bajo el sofisma de que...

> "...las revoluciones se producen como consecuencia de la extrema pobreza... cuando los pueblos progresan dejan de tener interés en las revoluciones... es el descontento lo que mueve al pueblo a hacer revolución...",

...los Cubanos, en un país agraciado por su progreso, fueron ciegos a las maquinaciones y los planes que se trazaban los Comunistas para posesionarse de su patria.

Para propiciar esa captura, los Marxistas se valieron de una cultura de violencia que se volvió endémica en Cuba desde los primeros años de vida Republicana[30] y se acentuó durante la lucha contra el Machadato en los años 1930.

Más importante, sin embargo, fue el desarrollo de un llamado *Frente Rojo*, a la llegada a Cuba de R**amón Nicolau** en 1932, procedente de Alemania y **Fabio Grobart** en 1924, procedente de la URSS. Ambos trabajaron con sujetos como **Gervasio Rieumont, Flavio Bravo, Antonio (Ñico) López** y **Aida Pelayo** como parte del aparato de apoyo que el

---

[30] Por mencionar algunos episodios. La revolución de Agosto de 1906, dirigida por **José Miguel Gómez** puso 20,000 rebeldes frente a la Guardia Rural que apoyaba a Estrada Palma, dando lugar a una segunda intervención de los EEUU. Seis años después, **Ivonet** y **Estenoz**, veteranos del 1898, fundaron el *Partido Independiente de Color*, que fraguó una sublevación que produjo más de 3,000 muertos. Unos años después, en 1933, la violenta revolución contra Machado produjo más de 2,000 muertos.

Comintern Soviético estableció en Cuba en los años del 1920 al 1930 para ayudar al establecimiento de un Partido Comunista en la isla.[31]

En la década de los 1940s, un grupo de inquietos jóvenes universitarios se afiliaron al *Movimiento Nacional Revolucionario (MNR)* de **Rafael García Bárcena**, un laureado profesor de Filosofía de la Universidad de La Habana.[32] Entre ellos figuraron **Dagoberto Raola Chongo, Alfredo Guevara** y **Lionel Soto**, tres de los miembros del partido Comunista infiltrados en el MNR de García Bárcena. Años más tarde, en 1959, Dagoberto **Raola** fue director de Patentes del Ministerio de Comercio, Alfredo **Guevara**, director del ICAIC (Cine) y Lionel **Soto**, embajador en Inglaterra y la URSS, los tres recompensados por sus esfuerzos en pos de la victoria de la Revolución Comunista en 1959. A ellos se unieron, en el gobierno revolucionario de Enero de 1959, **Jorge Azpiazo, Humberto Torres** y **Sergio González**, tres jóvenes militantes Comunistas y fundadores del Movimiento 26 de Julio; **Azpiazo** abogado, **Torres**, dueño de la imprenta utilizada por el PSP para su propaganda y **González**, el famoso *Curita*, empleado de la imprenta de Torres y futuro cabecilla terrorista, ejecutor de un ataque terrorista a la refinería Belot de la Esso en la bahía de La Habana y de la *noche de las cien bombas* organizada por el Movimiento 26 de Julio, ambas en 1957.

En los años que precedieron el alzamiento de Castro en la Sierra Maestra, unas de las fuentes de militantes del partido Comunista reclutadas por el Movimiento 26 de Julio fueron numerosos jóvenes residentes de los pueblos de Regla, Artemisa y Manzanillo.

En **Regla**, los Comunistas rebautizaron en 1924 con el nombre de **Colina Lenin**, una loma conocida desde tiempos coloniales como la *Loma del Fortín*. Allí colocaron una enorme escultura con la cara de Lenin en los años posteriores a 1959 y en 1943 dieron el nombre de **Lídice** al barrio donde se encuentra la colina y ondearía por primera vez la bandera roja y

---

[31] Todos esos personajes se mantuvieron en la **clandestinidad** en Cuba, aparentemente desvinculados del Comunismo, hasta los años 1950s, cuando propiciaron la penetración y definición Marxista de la lucha contra la dictadura Batistiana. **Aida Pelayo**, fundadora del *Frente Cívico de Mujeres Martianas*, fue la única que dio a conocer su filiación Comunista al vincularse con *Socorro Rojo Internacional*, una organización controlada por el *Comintern*, durante la Guerra Civil Española.

[32] **García Bárcena** (1907-1961) fue un destacado poeta, parte y amigo de un grupo de poetas y literatos que incluía a **Agustín Acosta, José María Chacón y Calvo, Regino Boti** y **Dulce María Loynaz**. Bárcena hizo una oposición activa a Machado y en 1927 participó en la fundación del primer *Directorio Estudiantil Universitario (DEU)*; se alzó como guerrillero y sirvió prisión en el Castillo del Príncipe. Se unió a Chibás cuando el Partido Ortodoxo se separó del PRC (Auténtico). En 1953 organizó un ataque a Columbia, por el que fue torturado y condenado a 2 años de prisión por Batista. Las armas en poder del MNR en ese malogrado ataque a Columbia, fueron más tarde utilizadas por Castro en el ataque al Moncada en 1953. García Bárcena murió de un derrame cerebral en 1961. Nunca fue vinculado a los Comunistas Cubanos ni perteneció al partido.

negra del M-26-7.[33] De **Artemisa** salieron la mayoría de los atacantes del Cuartel Moncada en 1953. **Manzanillo** fue el primer pueblo en Cuba que eligió un alcalde Comunista, Francisco Rosales, en 1956, el cual se incorporó al Movimiento Castrista en 1956.[34]

Los Comunistas en la época post-Machado y pre-Moncada, constituían un grupo desordenado en busca de un mensaje que atrajera las masas. En 1926 expulsaron a **Mella** de sus filas y más tarde lo endiosaron y pasaron años tratando de retraerse; en 1933 organizaron una huelga contra **Machado** y unas semanas después trataron de negociar con él; tildaron a **Guiteras** de asesino y lo ensalzaron cuando se enfrentó a Batista; a **Batista** lo acusaron de sicario y en 1938 pactaron con él; el tiro les salió por la culata cuando Batista desautorizó el partido, cerró el periódico *Hoy* y deportó a la plana mayor del partido; en lo internacional, apoyaron en 1939 al pacto de No-Agresión **Molotov-Ribbentrop** entre Alemania y Rusia y en 1941 aplaudieron los avances del ejército Ruso en territorio Alemán.

Castro en particular fue un inconforme violento, revoltoso e impopular en sus días universitarios. Fue sólo por el apoyo cauteloso y taimado de **Carlos Rafael Rodríguez**, **Blas Roca** y **Aníbal Escalante** que pudo armonizarse y entenderse con militantes no-Comunistas como **Rafael García Bárcena, Menelao Mora, Aureliano Sánchez Arango, Carlos Gutiérrez Menoyo, José Antonio Echeverría** y **Frank País**.

Su atractivo personal no hubiera sido gran cosa en el mundo revolucionario si no hubiera sido por la participación y ayuda mediática de incautos *fellow travellers* de la época como **Herbert Matthews, Arthur Koestler, Gabriel García Márquez,** Maradona **y Ernest Hemingway**.[35]

El pacto de **Castro** con **Carlos Rafael Rodríguez, Blas Roca** y **Aníbal Escalante**, sellando una alianza entre el victorioso insurrecto y la

---

[33] **Lídice** es el nombre de un poblado de la presente República Checa donde los Nazis, bajo las órdenes de Himmler, masacraron a cientos de opositores al régimen de Hitler.

[34] **Manzanillo** fue también célebre en el mundo Marxista por haber salido de allí la iniciativa de rescatar a Castro cuando se refugió en la Sierra tras el fracaso del Moncada. Fidel se rindió, tras las gestiones de Mons. Pérez Serantes, en manos de Teniente **Pedro Sarria Tartabull**, militante encubierto del Partido Comunista, el cual, con la ayuda de los concejales Oscar **Alcalde** y **José Suárez**, también militantes socavados del partido, se negaron a entregarlo a la soldadesca de **Alberto del Rio Chaviano**, el oficial Batistiano a cargo de capturar a los atacantes del Moncada en la Sierra. Al Tartabull ingresar públicamente a Castro en un cuartel en Manzanillo, le salvó la vida.

[35] En el caso de **Koestler** y **Hemingway**, fue sorprendente que, habiendo salido de España disgustados y asqueados del Comunismo soviético, ambos posteriormente coquetearon con la figura de Castro. **Mathews**, desde el *New York Times*, convirtió a Castro en una figura de alcance internacional en crónicas donde exhaltó a Castro como un grande de América. En los subways de New York, el periódico aprovechó la irreflexiva locuacidad de Mathews en murales con la imágen de Castro sobre un texto que decía *"Yo conseguí mi trabajo gracias al New York Times."*

magullada dirección del PSP, fue formalizado en los primeros meses de 1959; hoy se conoce como el **Pacto de Cojímar**.[36] Con ese pacto, Castro y sus acólitos remendaban los fracasos padecidos frecuentemente por la alianza Castro-PSP, debido tanto a la impopularidad de los Comunistas de afiliación conocida como los encubiertos en las filas del Movimiento 26 de Julio.

Una lista de tales reveses incluye los siguientes descalabros:

- el fracaso de la toma de Columbia por García Bárcena,
- la captura y derrota de los participantes en el Moncada
- la revelación de los trucos en la entrevista de Matthews,
- la cobardía de los encargados de los tres camiones de armas que nunca llegaron para apoyar el asalto al Palacio Presidencial,
- la muerte inútil de José Antonio Echeverría,
- el robo de los camiones de armas y su traslado a la Sierra Maestra, la destrucción del Directorio en Humboldt 7,
- el inexplicable fracaso de Frank País cuando intentó crear un segundo frente guerrillero en la Sierra Cristal,
- la muerte de Frank País por descuido o traición de los Castro
- el abandono y fracaso de la huelga del 9 de abril,
- el suministro inicial de armas de EE UU a Batista,
- la falta de resultados efectivos en la reunión de Altos de Mompié, y
- el descuido que resultó en el asesinato de René Ramos Latour.

No hubo que esperar mucho para presenciar nuevos desvíos y fracasos en las filas de la revolución, como por ejemplo...

- las pugnas por el poder entre los miembros de **Lunes de Revolución** (1959-1961) y los viejos líderes comunistas,
- la presencia de altos dirigentes del PSP (**Carlos Rafael Rodríguez, Edith García Buchaca, Mirta Aguirre** y el entonces presidente **Dorticós**) al lado de Fidel en la Castro en la famosa reunión del discurso **Palabras a los intelectuales** en 1961,
- la creación -al estilo soviético- de la **UNEAC** en ese año.
- la **represión** de poetas, artistas y escritores cubanos, como en el caso de **José Mario Rodríguez** y la editorial El Puente,[37]

---

[36] Allí, en esa pintoresca villa pescadora, tenía **Hemingway** anclado su bote *El Pilar*, y Castro disfrutaba de las comodidades que ofrecía una casa confiscada a un acaudalado Médico habanero, en la Calle 32, esquina a Real, en Lomas de Cojímar. Fue en los terrenos de esa mansión, conocida también como **La Granjita**, que Castro ordenó reconstruir la casa de sus abuelos en Galicia, la cual fue desmontada piedra a piedra y trasladada a Cuba a un costo de varios millones de dólares.

[37] **El Puente** (1961-1965) fue una editorial semiautónoma, codirigida por **José Mario Rodríguez** y **Ana María Simó**, que dio a conocer muchos autores jóvenes Cubanos que han pasado a ser fundamentales en la historia literaria de Cuba. Muchas de sus publicaciones fueron objeto de fustigadoras críticas del UNEAC, por una supuesta *"falta de compromiso político."* La editorial fue clausurada en 1965, junto a la confiscación de algunos de los libros que en ese momento ya estaban en imprenta. Nunca hubo reacción alguna a ese abuso y arbitrariedad por parte de los entonces ilustres hombres y mujeres de las letras cubanas como

- la defenestración de **Heberto Padilla**,
- la persecución **de Reinaldo Arenas** por homosexual,
- la **Carta de los 10**, firmada por los renombrados poetas **María Elena Cruz Varela** y **Díaz Martínez**,[38]
- la condena a prisión de **Raúl Rivero** y su posterior exilio, e infinidad de atropellos y abusos contra intelectuales y el pueblo.

¿Cómo surgió este despiadado pero perpetuado régimen que ha azotado a Cuba por más de medio siglo?

Según la historiografía oficial del régimen castrista, el Partido Comunista de Cuba, fundado en 1925, fue creado por los cubanos **Carlos Baliño** y **Julio Antonio Mella**. Eso es en realidad una verdad a medias. Lo cierto es que ese partido Comunista no fue algo de creación espontánea, sino un encargo de la **Comintern** a un pequeño grupo de jóvenes Comunistas europeos (todos polacos judíos) a quienes ordenaron ir a Cuba y crear un partido político que respondiera en el continente Americano a los intereses soviéticos, fieles a unas directrices, primero y hasta su muerte por *Vladimir Ilyich Ulyanov* (**Vladimir Lenín**, 1870-1924) y, posteriormente, bajo las tenebrosas órdenes del verdugo *Ioseb Besarionis dze Jughashvili* (**Joseph Stalin**, 1878-1953). Esta aclaración no está completa sin destacar el papel importantísimo de un sujeto nacido en Białystok, Polonia en Agosto 30 de 1905, llamado Abraham Simchovich, o Avraham Moishe Grobard, o simplemente **Antonio Blanco**, bajo cuyo nombre trabajó en Cuba.

Más aún, en Cuba ya existía un *Partido Comunista Cubano* en 1919, fundado y afiliado al **Comintern**. Este partido, hoy no recordado ni reconocido por el Comunismo Cubano, fue una organización creada por **Marcelo Salinas**,[39] también conocido como *Jorge Gallart* y *Pedro Martín Pa-*

Juan Marinello, Nicolás Guillén, Vicentina Antuña y Mirta Aguirre, entre otros. En palabras de **Carlos Franqui**, fundador de *Lunes de Revolución*... " si no creías en el dogma estalinista y no lo practicabas, te ibas del juego..."

[38] En 1991 **Cruz Varela**, líder del grupo anti-Castrista **Criterio Alternativo**, publicó un manifiesto demandando reformas, debates y elecciones en Cuba por las cuales recibió en 1992 el Premio **Freedom Award**. En Cuba fue sentenciada a dos años de prisión. En Mayo de 1961, un grupo de diez intelectuales Cubanos, entre ellos **Manuel Díaz Martínez**, un hombre que trabajó en el cuerpo diplomático del régimen, poeta muy respetado por todos y académico de prestigio, firmaron un manifiesto –la *Carta de los Diez*– en el que reclamaban tímidamente una apertura democrática del régimen. En la isla nunca se publicó esa carta, pero si se dio a conocer por la radio de Miami. En **Granma** salió un enorme anuncio en contra de la *Carta de los Diez*, firmado por escritores afiliados a la **UNEAC**. Días después, la UNEAC expulsó a Díaz Martínez, que tuvo que tomar el camino del exilio a España.

[39] **Marcelo Salinas** (Batabanó, 1889- Miami, 1976), comenzó su vida político-anarquista en Tampa y Cayo Hueso en 1910, donde fue a trabajar primero como peón agrícola y más tarde como lector de tabaquería. Fue allí donde se hizo miembro de los **Wobblies**, la IWW *(Industrial Workers of the World*, el sindicato rival del

lomero (1889-1976), que no llegó a nada porque Salinas, que era Anarquista, se desencantó del Bolchevismo cuando empezó a escuchar las noticias que llegaban desde Rusia sobre el desdén con que los seguidores de Stalin y Lenin trataban a los Anarquistas. Fue unos años después que el Comintern envió a alguien de su confianza para que organizara un Partido Comunista fiel a Moscú, y ese hombre resultó ser Fabio Grobart, considerado por la jefatura Comunista como uno de los más exitosos agentes del siglo XX en término de reclutamiento, organización y pureza ideológica.

Las instrucciones a Grobart fueron claras: crear un partido con un fuerte sentido político, encaminado a llegar al poder, sin escrúpulos en la cuestión de educar los cuadros para el combate permanente, visiblemente enfocado a penetrar y destruir la sociedad burguesa.

El trabajo de Grobart fue decisivamente impresionante. Durante más de tres décadas de trabajo de Inteligencia y proselitismo en Cuba no tuvo una sola emboscada que lo sorprendiera desprevenido y pusiera en peligro los logros de la cumbre Comunista Cubana. Aun en sus cortos períodos de ausencia del teatro nacional, logró mantener la disciplina y pudo instaurar sigilosamente el primer régimen Comunista del hemisferio occidental. Su presencia fue transparente para el poderoso equipo analista de los Americanos. Colocó al PSP en todas partes y logró controlar a Castro y perfilar exitosamente su imagen pública.[40] Grobart, muy acertadamente, siempre consideró a Castro como «... *un psicópata megalomaníaco y paranoico, con un inflado superego y un deseo incontrolable de sobresalir, siempre listo para recurrir a la violencia como forma fácil de hacerse sentir...*»[41]

AFL, la *American Federation of Labor*) donde conoció a **Manuel Pardiñas**, el asesino de José Canalejas el Ministro Español. En 1919, después de sufrir varios años de prisión en España, volvió a Cuba a fundar un capítulo de la IWW. En 1959 se unió a la CTC Cubana y comenzó a luchar contra el Castrismo, que lo llevó al exilio en 1967. Murió en Miami en 1976, afiliado al Movimiento Libertario Cubano y al Pen Club de Escritores como editor de la Revista **Guángara Literaria.**

[40] Una de las constantes preocupaciones de Grobart fue dominar los impulsos burgueses de Castro. En el Presidio Modelo de Isla de Pinos, donde Castro fue a parar después del Moncada, el futuro líder de la revolución se hizo famoso por el tiempo que dedicaba a sus lecturas, que no sólo incluían **El Capital** sino también una pasión por libros como las **Memorias de José Antonio Primo de Rivera**, el nobilísimo fundador de la **Falange Española**. Castro se destacó también por recibir visitas linajudas que le obsequiaban tabacos H. Upmann y Macarons y Bombones y Tartas Francesas. Parte de mantener el control sobre Castro fue introducir reclutas del PSP en las galeras donde se encontraban presos Fidel y su grupo.

[41] Recuérdese que uno de los fundadores del PSP en la época de su creación fue **Alfonso Bernal del Riesgo**, abogado, escritor, investigador, psicólogo Cubano y profesor de la Universidad de La Habana, fundador de la llamada "*Cubasofía*," el estudio de la identidad psicológica del Cubano y alumno de Enrique José Varona. Bernal del Riesgo, a petición de Grobart, visitaba periódicamente el Presidio Modelo

Muy acertadamente, Grobart hizo énfasis en el reclutamiento de burgueses Cubanos con inquietudes sociales que podían trabajar para el PSP sin echar a un lado la fachada burguesa. Con eso consiguió formar un grupo numeroso de *compañeros de viaje (fellow travellers)*[42] que aumentaron la penetración del Comunismo en muchas esferas de poder político, económico y social de Cuba. Ese fue el caso de **Flavio Bravo Pardo, Rolando Cubela Secades** y **Juan Pedro Carbó Serviá**,[43] ninguno de los cuales fue miembro regular del Partido Socialista Popular. Cubela y Carbó Serviá, a propósito, cometieron uno de los pocos errores magistrales del Comunismo cubano en la época de la lucha contra Batista. Como líderes del Directorio Revolucionario Estudiantil fueron seleccionados para asesinar a **Santiago Rey**, ministro de Gobernación de Batista en el cabaret *Montmartre,* situado en la calle P entre 23 y Humboldt, en La Habana. Santiago Rey canceló a última hora su visita al Montmartre y, para no perder el viaje, los estudiantes decidieron asesinar al Coronel **Antonio Blanco Rico**, jefe del SIM batistiano que por rara coincidencia se encontraba en el Cabaret. Blanco Rico fue ultimado a balazos por error, ya que los parricidas desconocían que el Coronel era militante del partido Comunista y estaba infiltrado en la policía Cubana desde los años 40. [44]

---

para conversar con Castro, con el cual fue fácil entablar una relación ya que ambos eran exalumnos del Colegio de Belén.

[42] El término **compañero de viaje** (*fellow traveller*) fue utilizado por primera vez por Trotsky refiriéndose a intelectuales que apoyaban el régimen Bolchevique sin formalmente unirse al partido. Hoy en día es utilizado para definir una persona que coopera con los Comunistas y aprueba las ideas sin pertenecer formalmente al partido por razones de su trabajo o su imagen.

[43] **Flavio Bravo Pardo** (1921-1988), fue un militar y político Comunista cubano, Presidente de la *Asamblea Nacional del Poder Popular* de Cuba entre 1981 y 1988. Siendo un *Compañero de Viaje* en 1942, el Partido Comunista le nombró responsable de Organización del *Comité Nacional de la Juventud Revolucionaria Cubana*. El 18 de Noviembre de 1944, cuando se creó la **Juventud Socialista de Cuba,** Bravo ya se había integrado al Comunismo militante y presidió la organización durante 12 años. **Rolando Cubela Secades (1932-)**, fue uno de los fundadores del *Directorio Revolucionario Estudiantil (DRE)* en 1955 y participó en el asesinato de Antonio Blanco Rico en 1956. En 1960 se unió al CIA y fue la figura central de un fracasado atentado de envenenamiento a Castro, lo cual le valió una condena de 25 años de prisión en Cuba. Castro lo perdonó y Cubela se exilió en España en 1979. **Juan Pedro Carbó Serviá (1926-1957)**, fue un líder estudiantil Cubano, miembro de la FEU, muy amigo de José Antonio Echeverría y participante en el ataque a Palacio en 1957. Cinco semanas después del ataque, Carbó Serviá fue ultimado por Alfaro Caro y su grupo criminal en la masacre de Humboldt 7 donde fueros también asesinados Fructuoso Rodríguez, José Machado (Machadito) y Joe Westbrook.

[44] Hay evidencia de que otro infiltrado del Partido Comunista en las fuerzas policíacas de Batista fue el Coronel de la Policía **Esteban Ventura Novo (1913-2001)**, oficial al mando de la 5ta. Estación de la Policía en La Habana. Según las fuentes que así lo aseguran, Ventura Novo le informaba a Batista sobre los planes insurreccionales y el PSP recibía ayuda de Ventura cuando alguno de sus militantes

Hay bastante evidencia de la militancia Comunista de **Blanco Rico**. Su asesinato fue severamente criticado por Castro como innecesario desde Radio Rebelde. La biografía de Blanco Rico, a pesar de haber sido *Jefe del Servicio de Inteligencia Militar* de Batista (lo cual automáticamente lo calificaría como **esbirro** por el gobierno Cubano), es presentada muy positivamente en **EcuRed**,[45] la enciclopedia digital controlada por el gobierno Comunista de Cuba, a la que tienen acceso los Cubanos residentes en la isla y que invariablemente provee información con solamente la perspectiva del gobierno Cubano. **EcuRed**, a pesar de ser accesible en *Wikipedia*, no permite la intervención de los lectores en el contenido de sus presentaciones, como es el caso con todas los demás artículos en Wikipedia.

La militancia Comunista de Blanco Rico no es un caso fortuito ni de excepción. Un sujeto del cual no se ha hablado mucho desde el triunfo de la revolución en 1959, es **Pedro Felipe Leal Peña**, miembro de la primera célula clandestina que tuvo el Partido Comunista de Cuba dentro de las Fuerzas Armadas. Leal Peña, carpintero de profesión que trabajaba su oficio en el habanero pueblo de Casablanca, preconizó por más de 20 años, a partir de los 1930s, la causa del *"proletariado"* desde las filas de la Marina de Guerra Cubana.

Según una entrevista a Leal Peña publicada por la *Revista Moncada* en 1981, en una reunión organizativa de la *Liga Juvenil Comunista* celebrada en 1930 en el Salón de Actos del *Hospital Santovenia*, en el Cerro, la nomenclatura (**Fabio Grobart**) exhortó a los participantes en términos inconfundibles:

> «...**el que verdaderamente se sienta Comunista debe ingresar en Las Fuerzas Armadas de Machado**...Una consigna que Grobart recibió en Polonia, cuando participó en la sedición de los militares acantonados en la fortaleza de Ossovietz... la primera misión que debemos cumplir dentro de la Marina -continuó- es acercaros a los miembros de mejores cualidades humanas y políticas, con vistas a captarlos e incorporarlos a una de nuestras jóvenes células, las cuales deben mantenerse secretas por razones obvias.»

> «... después comenzamos a reunirnos los domingos por la tarde. Salíamos de gira vestidos de uniforme, e íbamos a la Ermita de los Catalanes, donde radica hoy la Plaza de la Revolución, para conspirar. A las faldas de esa loma concurría mucha gente, que eran nuestra audiencia habitual. Las experiencias adquiridas trazaron lineamientos que perfeccionaron la actividad clandestina. En años posteriores se eliminó la estructura de células y las misiones fueron cumplidas más secretamente. Nuestra permanencia en

---

importantes era apresado. Ventura se exilió exitosamente (a bordo del avión que llevaba a Batista a República Dominicana), y a los pocos años fundó **Ventura Security Services,** una agencia contratada para vigilancia por varios condominios en Miami Beach.

[45] La audiencia de **EcuRed** (**E**nciclopedia **Cu**bana en la **Red**) dentro de Cuba es de 6.5 millones de usuarios, de un total de 11 millones de habitantes en la isla.

las Fuerzas Armadas Burguesas facilitaba al partido una amplia información. Esto resulto muy beneficioso hasta 1959...»

Una evidencia adicional sobre la exitosa penetración del partido en las fuerzas armadas de Batista es la ofrecida por **Lionel Soto**. Soto cayó preso fortuitamente junto con **Secundino Guerra**,[46] miembro del primer Comité *Central del Partido Comunista de Cuba (CCPCC)*, constituido inicialmente en 1965. Guerra fue uno de los primeros Cubanos que se unieron a Flavio Grobart cuando este llegó a Cuba bajo órdenes del Comintern. El CCPCC era el organismo superior del *Partido Comunista de Cuba* durante los períodos entre cada Congreso. Guerra era uno de los hombres más importantes del aparato de Inteligencia del Partido; el militante que sabía *"dónde estaban escondidos todos los Comunistas que trabajan clandestinamente en Cuba."* Incluyendo sobre todo a importantes figuras como **Isidoro Malmierca** y **Aníbal Escalante.** A las pocas horas de caer presos, **Guerra** fue puesto en libertad por el BRAC, pero **Soto** quedó preso y fue salvajemente torturado por **José Castaño**, segundo jefe del BRAC. Repetidamente le colocaban un revolver en la sien (sin balas, pero él no lo sabía), el cual disparaban en medio de una gran algarabía.[47]

Por supuesto, una de las causas por las cuales los Comunistas Cubanos tenían tanto éxito en sus andanzas, fue la falta total de escrúpulos al perseguir sus propósitos, sacrificando amistad, deber o simpatía con sus amigos y con sus enemigos. Un caso claro es el de **Marcos Rodríguez Alfonso** (   ), el famoso Marquitos de Humboldt 7.

Como es de todos conocido, **Fructuoso Rodríguez, Juan Pedro Carbó Serviá**, **José Machado** (Machadito), **Joe Westbrook** y **José Antonio Echeverría**, todos miembros de la Federación Estudiantil Universitaria (FEU), y siempre unidos en el enfrentamiento al golpe militar del 10 de marzo de 1952 fueron parte de un grupo de estudiantes y obreros que participaron en el ataque a Palacio y la toma de la emisora radial *Radio Reloj* en Marzo 13 de 1957. Carbó recibió dos disparos de bala en su cuerpo durante el asalto al Palacio Presidencial; Machadito recibió una

---

[46] Por muchas razones el Partido siempre tenía al menos dos personas emplazadas en el mismo entorno, lo cual, en el trabajo de Inteligencia es muy importante. La información de un solo agente puede ser subjetiva y alejarse de la verdad. Cuando se tienen al menos dos agentes en el mismo caso, las informaciones se contrastan y es mucho más fácil, desde el punto de vista estadístico, acercarse a la verdad. Dos agentes bien compartimentados pueden también vigilarse el uno al otro. Por último, una pareja de agentes puede detectar manipulaciones o desinformaciones que siempre ocurren cuando uno de ellos es seducido o descubierto por el enemigo.

[47] **Lionel Soto**, al igual que **Ché Guevara** cayeron en desgracia cuando perdieron el apoyo de **Favio Grobart**. **Secundino Guerra** tuvo suerte: fingió un síncope cardíaco.... llamaron a un médico que confirmó el diagnóstico... lo trasladaron a un hospital y después lo dejaron ir... **José Castaño**, más tarde, cayó también en desgracia... solo se salvó de ser fusilado en La Habana cuando accedió a irse a los Estados Unidos e infiltrar las filas del CIA... desafortunadamente Ché supo que Castaño había torturado a Soto y que Soto era compañero universitario de Castro... lo citó a su oficina y le pegó un tiro

herida de bala en una pierna; Fructuoso, Westbrook y Echeverría resultaron ilesos en el asalto a la cabina de Radio Reloj, pero Echeverría fue muerto en un enfrentamiento con la policía en las cercanías de la Universidad. Fructuoso Rodríguez fue seleccionado para sustituirlo en la presidencia de la FEU.

El 19 de Abril, en el apartamento 201 del edificio situado en Humboldt 7, se reunieron allí Fructuoso Rodríguez, Juan Pedro Carbó Serviá, José Machado y Joe Westbrook para decidir sobre estrategias posteriores al 13 de Marzo. Con ellos estaba **Marcos Rodríguez Alfonso (1940-1964)**, conocido por *Marquitos*, que no era miembro del Directorio, pero tenía una larga historia de haber participado en las luchas revolucionarias del PSP y conocer todas las interioridades del partido y su liderazgo. Desde hacía dos años se había convertido en una especie de *fellow traveller* y ayudante de Westbrook, debido a sus lazos de amistad con Joe y su novia.

Fructuoso no se sintió cómodo con la presencia de Marquitos por la continua crítica de éste desmereciendo la acción armada contra Batista. Al terminar la noche, mientras Fructuoso, Carbó, Machado y Joe se retiraron a sus habitaciones, Marquitos se dirigió a la 5ta. Estación de Policía y se entrevistó con **Esteban Ventura Novo**. El 20 de Abril, a las 5:00 PM, las fuerzas policíacas de Ventura convirtieron el edificio en un recinto macabro, asesinando a los cuatro ocupantes. Marquitos fue juzgado y condenado a muerte en la causa 72 de 1964, siete años después de su delación. A pesar de los testimonios que atestiguaron sobre la traición y delación de Marcos, el juicio fue un desastre judicial, con el propio Fidel Castro en el papel de interrogador del acusado.

Aun hoy no se conocen los verdaderos detalles y razonamientos detrás del fusilamiento de **Marcos Rodríguez**. Muchos allegados al PSP en la época, hacen comentarios como estos:

- A Marquitos lo mató el **Partido**...
- El juicio de Marquitos fue la forma de pasarle la cuenta a **Joaquín Ordoqui** y a **Edith García Buchaca**...
- Las verdaderas **víctimas** de Humboldt fueron 5, contando a Marquitos...
- Marquitos fue un **chivo expiatorio** para tapar el hecho de que los mártires de Humboldt 7 ya estaban muertos desde el momento en el que los famosos tres camiones de armas no llegaron al asalto al Palacio Presidencial...
- Acusando a Marquitos se salvaba a **Ignacio González**, el sujeto que hizo que las armas no llegaran a Palacio...
- Se salvó **Mario Betancourt**, el hombre de confianza de Ventura que trabajaba para el partido...
- En el juicio de Marquitos pasaron por alto a **Gabriel Gelt Yurre**, agente del PSP que colocaron en la carpeta del **Hotel Colina** para vigilar a Echeverría...
- Muerto Marquitos, Castro se libró de **Aníbal Escalante** y el **PSP** acusándolos de ser una peligrosa y traidora microfracción...
- Marquitos hizo posible que Castro liquidara la vieja guardia del partido...
- Marquitos muerto desarmó a los **pequeños burgueses** que quedaban en el PSP...

* Lo de Marquitos fue una maniobra de **Carlos Rafael Rodríguez**, el único del PSP que había jurado fidelidad a Castro...

Unas preguntas que aun necesitan un cuidadoso estudio sobre el choque de la dirigencia del **PSP** (Comunistas Cubanos tradicionales) con Castro y los líderes del **M-26-7** (Comunistas Castristas en rebeldía) son las siguientes:

¿Cuántos militantes Comunistas (del PSP) fueron defenestrados y apartados de la vida política Cubana en el 1968 para dar paso a los Castro-Comunistas?

¿Cuántos militantes del viejo PSP fueron juzgados y condenados a la prisión política?

¿Por qué se dio la Microfracción, y por qué Moscú accedió a reconocer a los Castro y echar a un lado a Escalante y compañía?

¿Cómo valoran los viejos camaradas a los nuevos dirigentes que los echaron a un lado?

Algunos estudiosos señalan que, a finales de 1951, Favio Grobart tuvo que ausentarse de Cuba y dejó al mando a **Aníbal Escalante**. El trabajo clandestino entre 1951 y 1959 siguió, siendo dirigido entonces por la misma gente que habían sido, reclutados, adoctrinados, formados y entrenados por Grobart: **Ramón Nicolau, Flavio Bravo, Víctor Pina, Osvaldo Sánchez Cabrera**, e inclusive, sin reservas por parte de Aníbal, **Fidel Castro** y **Raúl Castro**. En 1959, con el poder ya casi en la mano, el PSP, con un Aníbal Escalante más acreditado y respetado por Moscú que Castro, se convenció que era el momento del PSP recoger los frutos de 40 años de trabajos e Inteligencia. El personaje más a tono con las necesidades en ese momento era **Osvaldo Sánchez Cabrera**, un ser siniestro pero muy profesional en el trabajo de Inteligencia que ya para 1959 tenía décadas de experiencia en esos menesteres, además de un montón de cursos y adiestramientos recibidos y aprovechados.[48]

---

[48] **Osvaldo Sánchez Cabrera (1912-1961)**, nacido en San Antonio de los Baños, exalumno del Instituto de La Habana, miembro casi fundador de la *Liga Juvenil Comunista*, veterano de las fuerzas Republicanas en la Guerra Civil Española, escogido por Stalin personalmente para ser miembro de la KGB, retirado allí con el nivel de Mayor General, arquitecto de la operación contra Jacobo Arbenz en Guatemala, consejero del Partido Comunista Mexicano, designado por la URSS como el enlace con Castro, es recordado entre la alta dirigencia del PSP y del M-26-7 como el tipo que introdujo un estricto rigor con respecto a la seguridad personal de la dirigencia Comunista. Muchos lo recuerdan como **una ladilla psicótica en cuanto de seguridad personal se trataba.** Fue él quien logró que la dirigencia reportase sus viajes y se asegurase de conseguir las informaciones necesarias, respetando la logística requerida y las protecciones reglamentarias, por engorrosas que fueran. En 1959 fue el responsable de guiar las columnas de Camilo Cienfuegos y Ernesto Guevara en su entrada en Las Villas. A pesar de eso, y en contra de toda lógica, lo *bajaron* con el fuego *"amigo"* de una batería antiaérea del Castrismo que estaba emplazada cerca de Varadero.

Cuando Favio Grobart, en Abril de 1961, supo que Osvaldo Cabrera había sido fulminado *"por error"* cuando aterrizaba en Varadero con dos de sus asistentes, uno de ellos **Martin Klein**, expiloto de la Marina basado en Cienfuegos, que había patrióticamente arrojado sus bombas al mar y no en la base naval donde sus compañeros se habían alzado en contra de Batista, el viejo agente Comunista supo que era hora de regresar a Cuba y poner en orden al PSP y a los Castro. Su retorno coincidió con Playa Girón; cuando las cosas se calmaron, Grobart dio por disuelto el PSP, nombró a Blas Roca director del periódico **Hoy** y comenzó a depurar los elementos poco disciplinados del partido.

Las consecuencias del retorno de Grobart no se hicieron esperar. En Marzo 22 de 1962, **Aníbal Escalante (1909-1977)** fue defenestrado (purgado) y hecho preso, por haber insistido en seguir la vieja línea de la ortodoxia Marxista y conspirar con la URSS para derrocar a Castro. Para fulminarlo se produjeron testigos de sus años de colaboración con Batista. No importó que su abuelo hubiera peleado en la Guerra del 1895 bajo las órdenes de Calixto García.[49] En 1964 juzgaron a Marquitos y en 1965 acusaron a **Joaquín Ordoqui** y a **Edith García Buchaca** de deslealtad al partido, razón por la cual fueron acusados públicamente y expulsados. El único que se salvó en esa purga fue **Ángel Ramón Ruiz Cortés**, fiel colaborador de **Fabio Grobart** desde 1925 y embajador de la revolución en Praga, cuya hija era novia de Marquitos. Evidentemente, la razón de todo ese entuerto fue poner punto final a las ambiciones de los antiguos dirigentes del PSP de participar del poder en la Cuba Comunista.[50]

---

[49] Castro personalmente se encargó del "**Anibalato**," como se bautizó la eliminación de Escalante de las filas revolucionarias. La acusación principal fue que *"ciego por la ambición promovió el sectarismo y sitúa sus compinches en altas posiciones del gobierno revolucionario."* **Blas Roca**, en un reporte directo a Moscú escribió:

> «*Los motivos* [para la eliminación de Anibal Escalante fueron los siguientes]: *como secretario de organización de la ORI, Escalante utilizó métodos de gestión brutales y arbitrarios, así como intrigas destinadas a concentrar el control en sus manos en lugar del partido y el aparato nacional. Utilizó estos métodos con otros camaradas, independientemente de su membresía organizativa anterior* [es decir, si pertenecían al antiguo Partido Socialista Popular o al "Movimiento 26 de julio"]. *Logró tomar el control de una serie de ministerios, entre otros, el Ministerio del Interior y emprendió los pasos para controlar los cuadros militares.*»

[50] La purga de la **microfacción**, que envolvió a decenas de antiguos militantes del PSP en 1967, fue enormemente exitosa para Castro. Los siquitrillados (también calificados como *"tronados," "desmerengados"* o *"defenestrados"*) ni siquiera se dieron cuenta que sus problemas eran directamente provocados por Castro. Se dio el caso, por ejemplo, que una microfraccionaria, **Hilda Felipe**, esposa de **Arnaldo Escalona Almeida** y vieja militante Comunista, cuando ambos fueron detenidos salió de su casa gritando..."*¡Avísenle a Fidel, avísenle a Fidel que le están dando un golpe de Estado!*" Marido y mujer sirvieron varios años de cárcel en Nueva Gerona, en un almacén convertido en prisión por donde las ratas caminaban día y noche. >

En términos generales, Castro fue menos tolerante con la disidencia interna de sus adláteres políticos que con la oposición de sus enemigos contra revolucionarios que competían y conspiraban contra la revolución. En el antiguo PSP, antes del triunfo de la Revolución, convivían muchos militantes radicalmente diferentes como personas y como Comunistas. Había, por ejemplo, Comunistas vinculados al trabajo sindical, a los conflictos laborales y a las huelgas; otros eran Comunistas de corte intelectual, o del ala artística del partido. Había gente muy bruta conviviendo con gente muy inteligente, gente muy noble mezclados con verdaderos oportunistas. La heterogeneidad era permitida y se podía encontrar de todo, según el dicho Cubano... *"como en botica."* Después del triunfo de la revolución, sólo quedaron en pie los leales Castro y los cobardes. El odio al enemigo que tenía **Fabio Grobart** era idéntico al que consumía a Castro, a Ché Guevara o a Mariela Castro, la hija de Raúl.

La incógnita que nunca han podido descifrar los Cubanos es...

¿Por qué la revolución cometió ese suicidio económico y social, destrozando de un plumazo el capitalismo Cubano y las empresas Americanas y Europeas que daban trabajo a los Cubanos?

¿Por qué llevar a Cuba una política Estalinista cuando la Unión Soviética estaba ya a punto de desmoronarse (y así lo hizo) por la imposibilidad de sobrevivir bajo un sistema que desincentivaba la creatividad del ser humano?

¿Cómo pudieron los Castro-Comunistas creer que el pueblo de Cuba iba a aceptar y dar la bienvenida al burdo e insensato anticapitalismo que estaban implantando en Cuba, y ese odio desenfrenado y enfermizo a los Americanos?

¿Qué trauma mental Comunistoide pudo hacer creer a los Castros que la burguesía cubana prerrevolucionaria iba a mantenerse productiva en Cuba en medio del infierno producido por las confiscaciones, los fusilamientos y la falta de libertad?

¿De qué han servido los impedimentos constantes y las trabas cotidianas a la iniciativa privada, el intento de restaurar parcialmente el sector privado, y la destrucción del capitalismo que había puesto a Cuba entre los países más prósperos del mundo?

¿Por qué en Cuba se sigue criminalizando el deseo de prosperar, y se obliga a todos los Cubanos a padecer una escasez económica artificiosa?

>Se calcula que alrededor de 75 antiguos dirigentes del PSP fueron víctimas de las purgas de la microfracción. Mas de uno aparecieron "suicidados" en las cárceles. Otros fueron torturados hasta la muerte en Villa Marista. Anibal Escalante, por ejemplo, condenado a 15 años de prisión, falleció el 11 de Agosto de 1977, en un salón quirúrgico de presidio de *"una sencilla operación intestinal."* Según el CIA en 1973, es posible que la purga de **Escalante** haya sido un factor detrás de la decisión Soviética de colocar cohetes nucleares en Cuba en 1962, cuando los planificadores de la política exterior en Moscú estaban preocupados de que la ruptura de Castro con Escalante anunciara una desviación cubana hacia China.

Las Purgas Estalinistas de la Revolución Cubana

Uno de los primeros movimientos estratégicos de Castro al triunfo de la revolución fue tratar de reorganizar las tres organizaciones revolucionarias reconocidas en 1959, el **Movimiento 26 de Julio** (los Castristas), el **Partido Socialista Popular (PSP)** (los Comunistas) y el **Directorio Estudiantil Revolucionario** (los estudiantes revolucionarios de la Universidad de La Habana). La idea era unirlos en un nuevo partido llamado **Organizaciones Revolucionarias Integradas (ORI)**, como precursor de un **Partido Unido de la Revolución Socialista (PURS)**. La responsabilidad de establecer el ORI la encomendó a **Aníbal Escalante**, el más influyente de los viejos Comunistas y un hombre de gran prestigio en Moscú. Castro buscaba definir su revolución como Comunista, para asegurar el apoyo Soviético, pero sin perder el control absoluto en manos del viejo PSP. Los líderes del PSP eran muy experimentados y capaces de mantener el espíritu revolucionario en el pueblo, organizar el gobierno e integrar a Cuba en el bloque Comunista para defenderla de los Estados Unidos. Castro confiaba que podía hacerlo sin perder el control de los acontecimientos.

Pronto, sin embargo, aparecieron las dificultades. Escalante se estaba propasando en sus atribuciones. En un discurso el 10 de Noviembre de 1961, Castro sacudió un poco a Escalante con estas palabras de advertencia:

> «Es importante que tengamos en cuenta que el Marxismo no es un catecismo. La raíz del problema es el dogmatismo. Ha deteriorado la calidad de la prensa. Hay que luchar contra las expresiones e ideas estereotipadas.»

Terminó con una acusación sorprendente dirigida a algunos líderes que ejercían una vigilancia revolucionaria excesivamente celosa:

> «¡Los arrestos arbitrarios deben detenerse!...»

Escalante no se dio por enterado y Moscú hizo caso omiso a la declaración de Castro aceptando que había sido Marxista-Leninista toda su vida. Unos días después Castro volvió con su prédica:

> « Voy a criticar algo que está ocurriendo... y daré un ejemplo para el análisis revolucionario ... Cuando el maestro de ceremonias leyó el testamento político de José Antonio Echevarría, noté que se saltó tres líneas que dicen ..."Dios conceda que tengamos éxito en establecer el reino de justicia en nuestra patria..." Cuando terminó de leer, le pregunté al respecto, y él me dijo: "Me dieron instrucciones"...¿Cómo es posible? ¿Puede este acto cobarde ser llamado la concepción dialéctica de la historia? ¿Puede tal forma de pensar llamarse Marxismo? ¿Puede tal fraude ser llamado Socialismo? ... ¡Qué concepción miope, sectaria, estúpida y torcida! No, no podemos dejar

que esto pase ... ¿Qué están tratando de hacer con esta revolución? ¿Transformarla en un yugo para bueyes o en una escuela para títeres? ...»

Dos días después se publicó un editorial titulado *"La Guerra contra el Sectarismo"* en las páginas del periódico Revolución. Esa misma semana Castro aumento su crítica diciendo:

«*Las Organizaciones Revolucionarias Integradas (ORI) han dejado de identificarse con el pueblo... están imponiendo a la nación un despotismo indistinguible con el de Batista y sus secuaces...*»

La causa de esa protesta de Castro fueron los eventos que precedieron a su discurso. A principios de Marzo, **Aníbal Escalante** había anunciado la Dirección Nacional de las Organizaciones Revolucionarias Integradas (ORI). Diez de los 25 miembros eran Comunistas de los "viejos", incluido el propio Escalante. Diez días después de la diatriba de Castro contra "ellos," la prensa anunció que seis de los 25 miembros habían sido seleccionados para formar la Secretaría o Comité Ejecutivo de la ORI. Significativamente, solo contenía un "viejo" comunista (**Blas Roca**) y excluía a **Aníbal Escalante**. Además, el nombre de Roca aparecía en el último lugar de la lista de seis. El primero de la lista, como Primer Secretario, era el propio **Fidel Castro**. El escenario estaba preparado para la primera purga de los Castro-Comunistas Cubanos. **Aníbal Escalante** fue despedido de inmediato y enviado al exilio. El 27 de Marzo Castro habló más claro:

« *Aquí hay algunos que se creen que... los únicos capaces y dignos de confianza para administrar una granja, una cooperativa, o tener cualquier trabajo importante en el aparato estatal son los miembros del viejo partido Comunista... la función del partido es orientar, no es gobernar... este tipo de enfermedad no puede llegar muy lejos en nuestro país porque no transigimos por una sumisión mansa; no somos fácilmente domesticados...*»

Castro aprovechó para recordar la notable falta de participación del PSP durante la revolución, acusándolos de *"esconderse debajo de sus camas"* mientras los rebeldes luchaban contra Batista, y terminó el discurso con una nota de unidad, pidiendo a los viejos Comunistas que *"muestren modestia en sus actitudes hacia los revolucionarios"*.

La purga que siguió fue controlada silenciosamente, aunque un mes después Castro afirmó que el problema era peor de lo que había imaginado y que *"no había uno sino quinientos **Escalantes** causando problemas"*. Asoció también todas las dificultades económicas del gobierno en los secuaces de Escalante y trató de diferenciarse de los viejos comunistas. No obstante, a excepción de la revisión completa del Partido, muchos de esos viejos comunistas permanecieron en sus puestos; allí siguieron hasta las nuevas purgas en 1966. El antiguo jefe del partido, **Blas Roca**, por el momento se retiró del ojo público, aunque resurgió en 1968.

Las purgas del 1966 no fueron dirigidas específicamente a los "viejos" comunistas, pero su ejecución reflejó el dominio de Castro de todos los aspectos del gobierno. A principios de 1965, tanto el periódico *Hoy* como

Revolución habían sido clausurados y un nuevo periódico del Partido resurgió como ***Granma***, llamado así por el yate con que Castro desembarcó en Oriente en 1956.

A principios de 1966, se descubrió un complot que involucraba a **Rolando Cubela**, ex presidente de la FEU. Cubela fue sentenciado a 25 años de prisión por su participación en un complot para asesinar a Castro (una sentencia bastante magnánima en comparación con la sentencia de muerte del general de brigada Ochoa por cargos mucho menores 23 años después). Ese mismo año, **Efigenio Almejeiras**, primer jefe de policía de Castro y Viceministro de las Fuerzas Armadas, fue destituido del *Comité Central del Partido Comunista* por "delitos morales". Su despido fue seguido por la purga nacional de elementos corruptos, un movimiento de Castro para *"limpiar la casa"*. Finalmente, en 1967, **Armando Acosta**, antiguo jefe Comunista en la provincia de Oriente, fue despedido con cierta publicidad, aparentemente como resultado de excesos personales.

No puede decirse que el firme control de Castro sobre el gobierno revolucionario Cubano fue desafiado otra vez al nivel del caso Escalante, pero nuevos eventos interesantes durante la década de los 1980s revelan su permanente descontento con los viejos Comunistas del PCC original.

En 1984, Castro despidió a **Antonio Pérez Herrero**, Secretario de Ideología del Partido. Pérez Herrero había intentado aplicar una estricta teoría Marxista-Leninista para dirigir a Cuba y, aparentemente, eso lo alejó de Castro, ocasionando su despido en 1985. Fue la primera purga desde **Cubela**, **Almejeiras** y **Acosta** en el 1967.

Cabe decir, sin embargo, que, con el advenimiento de la *Perestroika* en el mundo Comunista, Moscú trató de poner presión a los antiguos miembros del **Partido Comunista Cubano**, pero no logró convencer a Fidel. Si había esperanza para un entorno político *Glasnóstico* y *Perestróico* más flexible, desapareció durante la reunión de 1991 de la sesión de la *Asamblea del Poder Popular* para reformar la Constitución.

Básicamente, las "reformas" constitucionales acordadas en esa Asamblea no incluyeron ninguna de las reformas de la Perestroika Rusa, a pesar de haber sido propugnadas fuertemente por algunos elementos dentro del Partido por sugerencia de Moscú. Si algún Comunista Cubano tuvo la ilusión de que Castro iba a tolerar el *Glasnost* y la *Perestroika* en Cuba, fueron rápidamente purgados por Castro, que cada vez ostentaba un control más estricto del gobierno.

La Asamblea reiteró el sistema de un solo partido y aprobó varios artículos Constitucionales que autorizaban que cuando se acordara un estado de emergencia, todos los poderes recaerían en el Presidente del Consejo de Estado, esto es, el propio Castro, la única persona con el derecho a declarar que existía una emergencia.

En octubre de 1997, Castro dirigió varias acciones que redujeron significativamente el tamaño del Comité Central del Partido (de 225 a 150 miembros), y centró su tarea principal en *"arrojar defensas ideológicas y garantizar que el Partido no sufra el mismo destino que El Comunismo en el antiguo bloque soviético."*

En Marzo del 2009 ocurrió otra purga importante en Cuba. Una docena de altos funcionarios Cubanos, entre ellos el ex canciller, **Felipe Pérez Roque**, y el ex zar económico **Carlos Lage**. Desde hacía tiempo se rumoreaba que ambos estaban entre los probables sucesores del presidente Raúl Castro.

Pérez Roque, de 44 años, considerado un "fidelista" incondicional, fue siempre un funcionario de línea dura. Un hombre de limitado alcance intelectual que se enorgullecía de ser considerado el *"talibán"* Cubano. Aseveró con total seriedad que en Cuba había más libertad de prensa que en Miami. **Lage**, por el contrario, era un reformista. Médico de profesión, de 57 años, fue considerado el responsable de las reformas económicas que permitieron la recuperación cubana tras el *"período especial"* que siguió al colapso del bloque soviético.

Como ya había sucedido en todas las purgas anteriores en el régimen Castrista, **Pérez Roque** y **Lage** firmaron sus respectivos ***mea culpa***, después de que Castro los acusara de...

«...haber sucumbido a la miel del poder, dando lugar a que el enemigo externo se llenara de ilusiones con ellos.»

Lo más probable fue que, con esta purga, **Raúl Castro** consolidaba su poder, destituyendo a los hombres de Fidel y reemplazándolos con sus propios cuadros - militares casi todos - en posiciones altas del gobierno. Con ello se anticipaba a conocidas peticiones del presidente **Barack Obama** para levantar las sanciones contra Cuba. Al nombrar a sus propios cuadros, Raúl también promovió una nueva generación de líderes que estaban mejor equipados para enfrentar las nuevas realidades políticas y económicas del país.

En definitiva, la purga de **Pérez Roque** y **Lage** fue una acción defensiva... una especie de *"chivo expiatorio,"* que es la característica más notable del regímenes como el de los Castro y muchas dictaduras, esto es, la constante búsqueda de responsables de todo lo malo que ocurre, aunque sepan que fue ocasionado por ellos mismos. Según señalaron los exiliados en Miami..."*Siempre que se llega al clímax en las crisis administrativas o ejecutivas, aparecen nuevos cargos de malversación y abuso de poder en las altas esferas del gobierno y se multiplican los siquitillados...*".

A fines de la década de 1980, por ejemplo, cuando la Unión Soviética inició el proceso de apertura de la *Perestroika*, Fidel Castro destituyó -y luego ejecutó- al carismático Héroe de la República, general **Arnaldo Ochoa**,[51] un reformista que quería cambios dentro de la revolución. En

---

[51] **Arnaldo Ochoa** se negó a que le ataran las manos. Extendió sus brazos y se ofreció a las balas del pelotón. Era un 13 de Julio en 1989, y el militar más condecorado de Cuba caía fusilado en las mazmorras de La Cabaña, frente a la bahía de La Habana. En apenas un mes, Ochoa, a los 59 años, pasaba de héroe de la República a traidor, contrabandista y traficante de drogas. Fue acusado, juzgado y ejecutado por narcotráfico y alta traición. La misma suerte corrieron el coronel **Anto-**

1992, en medio de la democratización de los ex aliados Cubanos de Europa del Este, Castro destituyó a **Carlos Aldana**, el segundo funcionario poderoso del viejo Partido Comunista, también un encumbrado reformista.

Una vez Obama se iba a decidir a eliminar o reducir las sanciones del llamado *"bloqueo,"* la patrulla gobernante cerró las filas. Los Castro creyeron que, haciendo pequeños cambios disfrazados de ajustes económicos, y poniéndole freno a cualquier presión externa que pudiera poner en riesgo su ejercicio absoluto del poder, podían seguir faltando el respeto a la voluntad del pueblo Cubano.

Como reportó el periódico *El País* en Madrid:

« *El proceso sumarísimo conocido como Causa número 1 de 1989 concluyó que el general y 13 colaboradores habían transportado seis toneladas de cocaína del cartel de Medellín a Estados Unidos y recibido 3,4 millones de dólares (2,68 millones de euros al cambio actual). El juicio fue transmitido por televisión. Ochoa, el combatiente altanero, héroe de Sierra Maestra y jefe de la misión militar en Angola, aparecía hundido.*

La historia oficial no tardaría en resquebrajarse. En una carta filtrada desde la cárcel, tres años después, el general Patricio de la Guardia, gemelo de Tony y condenado en el mismo proceso, explicó que el Gobierno auspiciaba el tráfico de drogas para hacerse con dólares. Tony y sus colaboradores formaban parte de un departamento del Ministerio del Interior llamado MC (Moneda Convertible), dedicado a conseguir divisas mediante el contrabando de diamantes, marfil de Angola... y cocaína de Pablo Escobar. "Sobre la droga, Fidel lo sabía todo", relata De la Guardia. Él mismo le informaba.

El líder cubano "sacrificó" a su gente, prosigue Patricio, cuando supo que "la actividad del departamento MC era conocida por los norteamericanos". Washington, en efecto, había lanzado serias advertencias a Cuba. Cuenta el escritor Norberto Fuentes, amigo de Tony de la Guardia, que Fidel visitó al coronel en la cárcel y le prometió que salvarían su vida si se inculpaban.

Con la desaparición de Arnaldo Ochoa, Fidel no sólo se libró de ser procesado en EE UU. El general era un personaje muy popular, gozaba de prestigio en las Fuerzas Armadas y no ocultaba su simpatía por la perestroika rusa. Al día siguiente de su ejecución, algunas calles habaneras amanecieron con una pintada: 8A. Para extirparle de la historia, el general fue enterrado en una tumba anónima en el cementerio Colón. »

---

nio (Tony) de la Guardia y los oficiales **Amado Padrón** y **Jorge Trujillo**. En la historia de Cuba no van a destacarse como héroes por haber sido cómplices de la entrega de la patria al Comunismo Internacional, pero tampoco serán recordados como traficantes de drogas. El caso Ochoa es uno de los episodios más terribles del historial de **purgas** del régimen de Fidel Castro, casi equivalente en importancia a cuando se defenestraron dos de sus pesos pesados: el ministro de Exteriores **Felipe Pérez Roque** y el vicepresidente **Carlos Lage**. La lista de depurados es amplia y representativa de la crueldad de los Castro: bien porque hacían sombra al Líder Máximo, o por desviacionismo ideológico, o por corrupción, o bien, como en el caso **Ochoa**, porque Fidel, el traficante enriquecido y despiadado, necesitaba sacrificar unas fichas para protegerse.

No fue esta la primera vez que el régimen Castro-Comunista sacrificaba uno de sus hombres para asegurar la supremacía de los Castro. La muerte de **Camilo Cienfuegos** en un supuesto accidente de avión en 1959, poco después del triunfo de la revolución, sigue envuelta en el misterio: ni su cuerpo ni los restos del aparato fueron encontrados. Las conjeturas también han rodeado el viaje sin retorno del **Ché Guevara** a Bolivia y el caso del comandante **Huber Matos**, amigo de Cienfuegos, que decidió apartarse de la revolución por su deriva comunista. Fidel no le fusiló como pedían Raúl Castro y el Ché, para *"no convertirle en mártir"*. A cambio, lo encerró 20 años en prisión. Algo similar ocurrió a **Roberto Robaina**, Ministro de Relaciones Exteriores entre 1993 y 1999. Había deslumbrado a Fidel como dirigente de la Juventud Comunista, y se había convertido en el niño mimado del líder Cubano. Su suerte terminó cuando comenzó a mostrar inclinaciones de reformista político. En 2001, Robaina fue defenestrado, expulsado del partido y despojado de su cargo de diputado. Hoy trabaja en el Parque Almendares de La Habana y pinta desnudos femeninos para entretenerse, algunos de los cuales han llegado al mercado de Miami. Todos los que con dedicación y sacrificios personales han logrado en la Cuba Castro-Comunista proyectarse y lograr buenos contactos exteriores con la comunidad internacional, todos han sido víctimas de un rasgo que Fidel comparte con **Joseph Stalin**: una obsesión por decapitar a cualquier figura que tenga la ambición o el sueño, siquiera remotamente, de reemplazarlo en el poder.

El mundo de las purgas Fidelistas no parece tener final, aun después de la muerte del Comandante. Eliminados Lage, Pérez Roque, Matos, Cienfuegos, Guevara, Robaina, Escalante, Ochoa, Patricio de la Guardia, Cubela, Almejeiras, Blas Roca, Acosta, Padrón, Trujillo, Pérez Herrero, Carlos Aldama y muchos otros, inclusive Dorticós, aún siguen apareciendo Cubanos *"depurables y purgables"* en el entorno Castrista. El próximo bien pudiera ser **Miguel Mario Díaz-Canel Bermúdez (1960- ¿?)**, que se sospecha debe haber tomado precauciones para poder llegar a viejo.

La Perspectiva de Washington durante los primeros días de la Revolución Cubana
(Enero 1 a Enero 7, 1959)

Fidel Castro tenía un sexto sentido político que le permitió permanecer en el poder durante medio siglo. Conocía a sus enemigos, especialmente a los políticos anticomunistas de Washington, DC. Su astucia y habilidad se hicieron evidentes desde el principio cuando estableció y consolidó su revolución bajo la escudriñada mirada de los presidentes Eisenhower y Kennedy.

Al tomar el control del ejército Cubano con sus guerrilleros, Castro se propuso, en Enero de 1959, llevar ante la justicia a los matones y asesinos del antiguo régimen, así como a cualquier personaje Cubano que pudiera entorpecer sus designios. Ordenó a **Ché Guevara** en La Habana y a **Raúl Castro** en Santiago de Cuba que establecieran Tribunales Revolucionarios para juzgar a la policía y los oficiales del ejército, presumiblemente por los abusos contra los derechos humanos en el pasado, así como para eliminar a cualquiera que pudiera ensombrecer su liderazgo. En total, unos seiscientos hombres fueron condenados y enfrentaron a los pelotones de fusilamiento en cuestión de semanas. También dio órdenes a la misión militar Estadounidense para que abandonara el país, acusándola de enseñarle al ejército de Batista cómo enfrentarse a un puñado de guerrilleros. Cuba ya no necesitaba ese tipo de entrenamiento militar, dijo Castro. *"Si nos van a enseñar eso, sería mejor que no nos enseñen nada".*

Los Cubanos aplaudieron esas decisiones como una retribución justa por el miedo y el caos que había causado la dictadura de Batista, pero los editores de periódicos Estadounidenses y los representantes en el Congreso Americano condenaron los fusilamientos como *"...excesos del terror revolucionario."* Castro usó esa crítica para unir a sus seguidores. "¿Dónde estaban esos extranjeros, preguntó, cuando los hombres de Batista estaban fulminando "la crema de la juventud de Cuba"?"

Poco después, el guerrillero Comandante se convirtió en Jefe de Gobierno como primer ministro.

Este es un resumen de numerosos télexes, telegramas y comunicaciones desde Washington hacia y desde La Habana durante la primera semana de la toma del gobierno en Cuba por parte de Castro y sus guerrilleros. Como podrá apreciar el lector, **no hubo en esos días sospecha alguna de que Castro fuera Comunista.**

Telegram from the Embassy in Cuba to the Department of State.
Havana, January 1, 1959—1 p.m.

Department of State, Central Files, 737.00/1-159. Confidential; Priority
Received at 6:46 p.m.

All Ambassadors met today at residence of Papal Nuncio. A committee was formed of the following Ambassadors: Papal Nuncio, Brazilian, Argentine, Chilean, Spanish and US. We called on **General Cantillo** and asked that he give safe conduct to all asylees as soon as possible. He agreed and has instructed Colonel **Martínez Mora** at *Camp Columbia* to fly all asylees out as soon as possible. It is the General's intention to try and preserve law and order until a Provisional Government is ready to turn over authority to whoever should have it.

(signed) **Earl Smith**

Telegram From the Embassy in Cuba to the Department of State.
Havana, January 1, 1959—4 p.m.

Department of State, Central Files, 737.00/1-159. Confidential; Priority.
Received at 7:03 p.m.

Met at 10 a.m. with my American community committee. Present were: Amoss, **Electric Company**; Brewer, **Esso**; Colligan, **Moa Bay**; French, **Cuban American Metals**; Heilman, **American Chamber of Commerce**; Heagney, **Bank of Boston**; Pine, **PAA**; Steward, **Woolworth Company**; Thompson, **Portland Cement**.

It was consensus of group that Junta to be picked by provisional President Piedra would have no chance of success unless it contained adequate representation of revolutionary movement. Some of those present felt that nothing less than control of Junta would be acceptable to revolutionaries, although all present recognized also that anti-Batista tie that bound revolutionaries together was weakened by Batista's departure. This view subsequently fortified by increasing indications that revolutionaries will not desist from general strike unless Urrutia recognized as provisional President.

Embassy outlined nature of cooperation desired from community committee if implementation of E and E plan became necessary. Members present indicated full cooperation and named persons in their organizations to constitute special task force in Embassy plan and be responsible primarily for standfast arrangements. Embassy outlined use of property protection posters and in accordance with expressed wishes of committee made immediate distribution through them of protection posters.

(signed) **Earl Smith**

Telegram From the Embassy in Cuba to the Department of State.
Havana, January 1, 1959—6 p.m.

Department of State, Central Files, 737.00/1-159. Official use only; Priority.
Received January 2 at 1:29 a.m.

Dr. **Gustavo Cuervo Rubio**, former VP of Cuba, told Economic Counselor that meeting at Campo Columbia this morning was called at invitation of Dr. Piedra y Piedra and General Cantillo, and was attended by: Dr. **Nuñez**

Portuondo, Dr. Jesús Coll [garble] Nuñez, Dr. Alberto Blanco, Dr. Raúl de Cárdenas, Dr. Evelio Alvarez Tabio, and Dr. Morobenito and himself. General Loynaz de Castillo also participated but left meeting before it adjourned.

After lengthy, inconclusive discussion of possibilities of forming a Provisional Junta, group adjourned to accompany Dr. Piedra y Piedra and General Cantillo to presidential palace. Meanwhile there had arisen an erroneous report above-named group would be the new Cabinet and that Cuervo Rubio would be Prime Minister. The fact was that all had taken position that Piedra y Piedra should make the selections himself after further consideration. However, he subsequently declined to accept the post of Provisional President on advice of the Supreme Court that in view of the revolutionary situation which had brought about downfall of Batista, the Supreme Court should not assume the power. At the present moment, therefore, Dr. Cuervo Rubio stated, General Cantillo is the sole provisional authority.

(signed) **Earl Smith**

Telegram From the Embassy in Cuba to the Department of State.
Havana, January 1, 1959—8 p.m.

Department of State, Central Files, 737.00/1–159. Confidential; Priority. Received January 2 at 4:03 a.m.

Department pass Navy, Air, CIA, FBI, Army for ACSI, CINCARIB, USARCARIB, USARANT. Following is roundup of conditions 7 p.m. January 1. Undisciplined groups engaging in destruction, sacking and looting, principally in downtown Habana and in town of Marianao. Plant of **Masferrer** paper *Tiempo* destroyed. Buildings of two Ministries reported looted. Several casinos wrecked with consequent damage to some hotels. Several stores and bars wrecked and looted.

Secretary of Presidency **Andrés Domingo** arrested when attempting seek asylum. Former Minister and Senator **Santiago Rey** in Chilean Embassy. Their homes looted. CTC Secretary General **Mujal** in Argentine Embassy.

Spokesmen for 26th July Movement and Directorio Revolucionario appearing constantly on radio and television strongly condemn such actions and order people to maintain order. Several reports that rebel militia and rebel columns arriving to maintain order, but no signs such forces.

Mob of several thousand forced open *Principe prison* and freed all prisoners, both political and criminals.

Mauretania arrived 6 a.m. Some 300 passengers permitted to go ashore. They all were located and returned to ship, which sailed 6 p.m.

General strike slowly spreading. All transportation except private cars paralyzed. Domestic and international airline operations suspended. More than 200 American tourists stranded.

26th July Movement demanding unconditional surrender of army and installation **Urrutia** as Provisional President. Whereabouts Castro and Urrutia not known. They not in Habana.

After consulting Supreme Court, Justice **Carlos Piedra** refused designation as Provisional President. Government appears entirely in hands of

Cantillo, no civilian members of junta.

Santiago reports rebel radio has called for complete strike, except for power facilities. Rebels began entering city shortly before 6 p.m. One hour later they were in control of city hall, military district headquarters, airport, and all principal installations. **Wollam** reports press statement just released by acting military commander in Santiago states majority of armed forces cooperating with rebels and complying their instructions. **Wollam** describes situation as one of tension and expectancy, with quiet at present, but future developments unpredictable. **Nicaro** reports rebels entered plant and village early this morning but have not interfered with operation. Adds there is some tension, but that general atmosphere is quiet and no immediate danger to foreigners apparent.

Moa Bay Company reports operation shut down when workers left at 8 a.m. to celebrate. Adds all foreigners are on the job, and there is no danger for them at present.

Situation Las Villas and Camaguey provinces unclear. No indication army and rebels fighting, but army apparently not accepting rebel surrender terms.

(signed) **Earl Smith**

Telegram From the Embassy in Cuba to the Department of State.
Havana, January 1, 1959—9 p.m.
Department of State, Central Files, 737.00/1–159. Confidential; Priority.
Received January 2 at 4:27 a.m.

Reliably informed Colonel **Ramón Barquín** has been released from prison on Isle of Pines, is now in Habana and has assumed control of armed forces from Cantillo with latter's approval. Military vehicles now patrolling disturbed areas city with military police to maintain order. **Barquín** said to have sent word to Fidel Castro and Urrutia to come to Habana where he will deliver control of government to them.

Comment: This is encouraging development, increasing possibility of early accord between armed forces and rebel movements. Also strengthens position of military vis-à-vis rebels.

(signed) **Earl Smith**

Nota Aclaratoria

El 1 de Enero de 1959, la Embajada en La Habana solicitó al Departamento de Estado que enviara un barco comercial o naval para evacuar a más de 200 Estadounidenses, en su mayoría turistas en hoteles de La Habana, que habían pedido ayuda a la Embajada para regresar a los Estados Unidos. El Departamento respondió que estaba tratando de organizar que el barco *Ciudad de La Habana*, que había visitado recientemente La Habana, regresara allí para ayudar en el evacuación de Estadounidenses. El Departamento confirmó una sugerencia que había dada anteriormente por teléfono a la Embajada de que se debería establecer contacto con representantes rebeldes o las autoridades provisionales para facilitar la protección y evacuación de los estadounidenses. Más tarde esa noche, el Departamento informó a la Embajada que el *Ciudad de La Habana* saldría de Key West al amanecer y llegaría a La Habana alrededor del mediodía.

El Departamento y la Embajada se mantuvieron en contacto telefónico hasta la madrugada del 2 de Enero con respecto a la evacuación. En una conversación telefónica a las 5:15 a.m., la Embajada indicó que los representantes del *Movimiento del 26 de Julio* habían asegurado que el *Ciudad de la Habana* podría atracar y que *Pan American Airways* podría usar el aeropuerto con fines de evacuación. Más tarde esa mañana, los representantes rebeldes cambiaron de opinión, ya que la Embajada informó al Departamento en dos conversaciones separadas:

Un oficial nos dijo que el Movimiento quería ayudar, pero debería entenderse en Washington que lleva tiempo descubrir quién hace qué. Durante la conversación, **Braddock** se enteró de que el movimiento había negado la solicitud del aeropuerto y el muelle. Braddock sugirió que el Departamento apriete a Betancourt en Estados Unidos y que haga que calme a los cubanos para ayudar en la evacuación.

En una conversación telefónica entre el Embajador **Smith** y el Sr. **Rubottom**, el Embajador informó al Sr. Rubottom de la denegación de la solicitud del Movimiento tanto en el aeropuerto como en el muelle. El Sr. Rubottom le dijo al Embajador que se mantuviera justo después y le indicara a la gente del *26 de Julio* que sería una acusación seria contra ellos. El Sr. Rubottom le dijo al Sr. Braddock que ha habido constantes consultas de los miembros del Congreso y el Senado sobre el bienestar de los Estadounidenses. El Sr. Rubottom les había informado que se había otorgado permiso para la evacuación, y ahora tendría que decirles que se había revertido. Dijo que la evacuación no tiene nada que ver con la huelga general. El Sr. Rubottom dijo que la Embajada también podría informarles que esto se interpretará como mantener a los turistas como rehenes y como el precio de algo que no han dado a conocer. No tenemos la intención de tratar de romper la huelga, sino solo evacuar a hombres, mujeres y niños que están varados en un país extranjero y no pueden obtener alimentos. Cabe señalar que les interesa actuar.

El Departamento también informó por telegrama a la Embajada durante la tarde del 2 de Enero que no podía comprender por qué los representantes rebeldes no querrían facilitar la evacuación de los turistas Estadounidenses. El departamento agregó:

"Todos en los Estados Unidos observan hora a hora los acontecimientos en Cuba y están preocupados por el estado de los Estadounidenses allí. Esperamos que los representantes de Castro entiendan que todas sus acciones se vigilan de cerca en este país y que cualquier paso en falso de su parte podría poner en peligro los sentimientos hacia ellos por parte de todos los Estadounidenses. El Departamento no puede enfatizar demasiado la unanimidad de los sentimientos de parte de la opinión pública de los EEUU, La prensa y los líderes del Congreso en su preocupación por la seguridad y el

bienestar de los ciudadanos Estadounidenses que se encontraron en Cuba en este momento crítico."

Se le pidió a la Embajada que *"señalara inmediatamente las consideraciones anteriores de la manera más contundente".*

El *Ciudad de La Habana* llegó a La Habana en la tarde del 2 de Enero y, luego de abordar a 508 Estadounidenses, regresó a Key West esa noche.

También en la noche del 1 al 2 de enero, la Marina de los EEUU envió dos ofertas de submarinos y tres escoltas de destructores desde Key West a aguas cercanas a La Habana para ayudar a evacuar a los Estadounidenses si era necesario. Esta acción surgió de las conversaciones que el Almirante **Burke** sostuvo temprano en la noche con **Herter** y **Murphy**, durante las cuales también se discutió la posibilidad de tener Marines Estadounidenses a bordo de estos barcos en caso de que los evacuados tuvieran que ser protegidos. Al final se decidió no enviar a los Marines porque su movimiento a Key West y su posterior embarque se habrían convertido en conocimiento público y la causa de la especulación indeseable de la prensa. También se decidió que los barcos permanecerían fuera de la vista de tierra y no habría publicidad. Estas conversaciones, así como la controversia creada por la información contradictoria dada por la Casa Blanca y el Departamento de Defensa a la prensa el 2 de Enero sobre el envío de los buques, se describieron en el memorándum de Burke del 3 de Enero a la cronología adjunta. El memorándum y la cronología de Burke se enviaron al Presidente como anexos al memorándum de **Quarles** del 6 de Enero, en el que describió una modificación de los procedimientos que estaría en línea con la nueva estructura de comando militar.

El problema de cómo mantener el secreto sobre el movimiento preliminar de las fuerzas en tiempos de tensión, como lo señaló la crisis Cubana, se discutió en las cartas de **Burke** del 3 de Enero y 5 de Febrero al Almirante **Jerauld Wright**, Comandante en Jefe, de la flota del Atlántico de los Estados Unidos.

El 4 de Enero, todos los barcos, excepto dos escoltas de destructores regresaron a Key West. El Departamento de Estado solicitó que las dos escoltas destructoras permanezcan por 24 horas adicionales debido a la incertidumbre de lo que sucedería en Cuba. Ninguno de los barcos de la Armada se involucró en la evacuación de Estadounidenses de La Habana. El regreso de las naves navales y las conversaciones que tuvo el almirante **Burke** con la Casa Blanca, el Departamento de Estado y Quarles el 4 de Enero sobre esta acción, se describieron en el memorando de Burke para el registro que envió como anexo a su carta de 4 de Enero al almirante Wright.

Fin de la Nota Aclaratoria

Telegram from the Embassy in Cuba to the Consulate at Santiago de Cuba .
Havana, January 3, 1959—5 p.m.
Department of State, Central Files, 737.00/1–159. Confidential; Priority.

Con relación a su consulta sobre el mantenimiento de las funciones Consulares normales. Absténgase de cualquier acción formal que implique el reconocimiento de un gobierno de Cuba o sus funcionarios hasta la existencia y el reconocimiento de tal gobierno. El gobierno provisional aún no funciona en La Habana. Las acciones incluirían, por ejemplo, autenticaciones de firmas de documentos fechados después del 31 de Diciembre. Ajuste los servicios Consulares generales a lo que sea factible y práctico. No importa dar visas, ya que los Cubanos no tienen permiso actualmente para salir de Cuba. El Departamento indicó que el Consulado podría contactar y tratar con cualquier persona que considerase necesaria para la protección y el bienestar de los ciudadanos Estadounidenses y sus propiedades, u otros deberes Consulares esenciales, de manera estrictamente informal. En caso de duda, el Consulado recibió instrucciones de dejar en claro que ninguna acción en particular no pretendía constituir un reconocimiento.

(signed) **Earl Smith**

Nota Aclaratoria

En la noche del 4 de Enero, el Departamento ordenó al Embajador Smith que viniera inmediatamente a Washington para consultas. Esa tarde Smith se enteró de que las fuerzas rebeldes en control del campamento de Columbia estaban planeando ejecutar al general **Cantillo**. Junto con el embajador brasileño **da Cunha**, **Smith** fue al campamento de Columbia a la mañana siguiente y persuadió al comandante rebelde **Cienfuegos** que pospusiera la ejecución de Cantillo. No hay documentación alguna sobre la intercesión de **Smith** a favor de **Cantillo**, pero para constatar a Smith, vea *The Fourth Floor*, páginas 200–203. **Cantillo** fue juzgado y sentenciado a 15 años de prisión.

En la reunión del personal del Secretario de Estado a las 9:15 a.m. del 5 de Enero, **Rubottom** hizo el siguiente informe:

"Señor. Rubottom informó que 1972 Estadounidenses habían sido evacuados el Domingo por la noche [4 de enero] y que la Embajada había manejado todo el asunto extremadamente bien. La huelga general ha finalizado y el servicio regular de transporte aéreo y marítimo se reanudará en breve. **Urrutia** está volando a La Habana hoy y **Fidel Castro** procederá por tierra. El gabinete provisional se basa en gran medida en el *Movimiento 26 de Julio*, lo cual está causando insatisfacción entre otros elementos anti-Batista, pero parece ser de una composición razonablemente buena desde nuestro punto de vista. El Sr. **Rubottom** dijo que una solicitud telegráfica al Secretario de un funcionario que actuaba en nombre de **Urrutia** solicitó el reconocimiento de los Estados Unidos del régimen rebelde."

El mensaje al Secretario de Estado no ha sido identificado.

En la tarde del 5 de Enero, un comité de Embajadores, compuesto por el **Nuncio Papal**; Embajador **Smith**; y los embajadores de **España**, **Brasil**, **Argentina** y **Chile**, pidieron al canciller **Agramonte** que protestara por los ataques ocurridos la noche anterior en las embajadas Colombiana y Portuguesa. **Agramonte**, junto con el presidente **Urrutia** y el primer ministro **Miró Cardona**, que también estuvieron presentes, prometió brindar la protección necesaria a todas las misiones diplomáticas. Aunque se tomaron muchas fotografías del grupo y de Urrutia, Smith informó al Departamento que se había visto obligado a asistir solo para prestar su autoridad moral y todos los presentes habían dejado en claro que la visita no tenía nada que ver con el reconocimiento.

También en la noche del 5 de enero, Rubottom telefoneó al Secretario interino **Herter** para informar que **Smith** permanecería en La Habana por un día y que *"miraría de nuevo"* al día siguiente antes de decidir regresar a Washington. Smith salió de La Habana el 6 de Enero a las 9:45 a.m. y tenía previsto llegar a Washington esa tarde. Ese 6 de Enero a las 2:25 p.m., **Herter** llamó al Asistente Presidencial **Wilton B. Persons** para hablar sobre el regreso de Smith a Washington. Según un memorando de esa conversación:

*"**Herter** telefoneó al Sr. Persons en Cuba. El Embajador (**Smith**) estará en Washington esta tarde y el Secretario acordó que no debería regresar a Cuba permanentemente como Embajador. El Secretario desea que Herter le diga al Embajador que regrese a Cuba y, si el Gobierno acepta cumplir con la tercera condición de reconocimiento, a saber, el cumplimiento de las obligaciones internacionales debe presentar su renuncia. Tememos que, si no lo hace, el Gobierno Cubano lo declarará persona non grata. El Sr. Persons preguntó quién era. Herter le dijo que se llama Earl Smith; que es un tipo muy amable, no lo que llamarías un diplomático experto. Ha hecho un excelente trabajo para recuperar a los Estadounidenses. El Sr. Persons preguntó si teníamos un reemplazo en mente para él. Herter dijo que estábamos pensando en un hombre de carrera, que actualmente es nuestro embajador en Bolivia, **Philip Bonsal**. Sirvió en Colombia y fue considerado como un gran hombre. Habla Español y conoce bien a Cuba. Esta es una situación tan explosiva que no deberíamos conseguir que alguien nuevo vaya allí. El Sr. Persons preguntó si habíamos pensado en un sucesor de **Bonsal**. Herter dijo que no. Sugirió que el Sr. Persons hable con el Presidente sobre esto. Dijo que el Secretario estuvo de acuerdo con todo eso y que agradecería una llamada del Presidente a su casa si quisiera discutirlo con él. El Sr. Persons dijo que hablaría de esto con el Presidente. También le pidió a Herter que le hiciera saber el resultado de su conversación con el embajador Smith."*

En una hora, Persons llamó a Herter para informarle sobre la situación Cubana. Según el propio memorándum de Herter de su conversación, que tuvo lugar a las 3:10 p.m....

"En respuesta a mi solicitud anterior, Persons telefoneó para decirme que había hablado con el Presidente acerca de nuestro pedido al

Embajador **Earl Smith** de renunciar a su puesto en Cuba, y nuestro nombramiento de **Philip Bonsal** como Embajador allí. Persons dijo que el Presidente planteó la pregunta de por qué no sería mejor preguntarle al nuevo Gobierno si el Embajador Smith sería aceptable, y Persons le dijo al Presidente que deseamos evitar posibles situaciones molestas para todos los interesados si el nuevo gobierno dice que no. El presidente dijo que aceptaría el juicio del Departamento de Estado sobre esto y que el cambio propuesto estaba bien. Sin embargo, el Presidente quiere asegurarse de que se haga de tal manera que no arroje reflexiones sobre el Embajador Smith. Le dije a Persons que compartíamos ese deseo; que el embajador Smith había hecho un buen trabajo y le habían enviado un mensaje de elogio. Además, queremos que el propio Embajador Smith le diga a al nuevo Gobierno que está pidiendo que lo alivien para que no pueda interpretarse que está siendo removido. Persons dijo que esto era bueno y que, si el embajador Smith quería algo más, sentía que deberíamos tratar de dárselo. Le dije a Persons que discutiríamos toda esa situación con mucha franqueza con el Embajador Smith esta tarde y que mantendría a Persons informado."

A las 6 pm. el 6 de Enero, el presidente **Eisenhower** telefoneó a **Herter**. Según el memorándum de Herter de su conversación:

"El presidente telefoneó para decir que todavía estaba preocupado por la situación con el embajador Earl Smith. El presidente dijo que siente que Smith siempre ha hecho un muy buen trabajo y que odiaría que parezca que lo estamos despidiendo. El presidente preguntó por qué no podíamos mantener a Smith en alguna asignación temporal durante un par de meses mientras tratamos de encontrar algo más para él. Estuve de acuerdo en que el embajador Smith había realizado un trabajo acreditable a pesar de un par de "intrusos" que no eran demasiado sorprendentes en vista de las complejidades. El presidente dijo que Smith ciertamente había hecho su trabajo con calma. Le expliqué que habíamos tenido que hacer lo mismo en Irak cuando un nuevo gobierno se hizo cargo y que tenemos una situación similar en Cuba. El presidente dijo que se dio cuenta de esto, pero reiteró la sugerencia de que traigamos a Smith de vuelta a su trabajo temporal, dejando un Encargado en La Habana, mientras vemos si algo no se puede resolver para Smith."

Cuando **Smith** regresó a Washington esa noche, se reunió con **Herter** y **Rubottom**. No hemos encontrado ningún memorándum de su conversación, pero Smith recuerda que Herter le dijo que el gobierno de los Estados Unidos quería reconocer al nuevo gobierno Cubano de inmediato. Debía regresar esa noche o la mañana siguiente y entregar una nota formal de reconocimiento. A Smith también se le dijo que estaba siendo reemplazado como Embajador. Después de que Rubottom y otros aparentemente se habían ido, Herter le dijo a Smith que el Presidente lo había autorizado a ofrecerle otro puesto de embajador, lo que Smith rechazó. Más tarde, Herter dijo a personas que Smith había sido *"extremadamente comprensivo y amable con todo este asunto y planea decirle al Primer Ministro o al Ministro de Relaciones Exteriores que está pen-*

sando en sus propios planes y esperanzas personales. para discutirlo más al día siguiente más o menos."

Herter también dijo que le había dicho a Smith *"que trataríamos de encontrar otro lugar para él,"* pero que por el momento Smith no parecía querer nada más.

Fin de la Nota Aclaratoria

Telegram From the Embassy in Cuba to the Department of State.
Havana, January 6, 1959—6 p.m.
Department of State, Central Files, 737.00/1–659. Confidential; Priority.
Received January 6 at 9:00 p.m.

Esta tarde convoqué una reunión del Comité Consultivo de Empresarios del Embajador para conocer sus puntos de vista sobre la cuestión del reconocimiento del gobierno provisional Cubano, para remitirlo al Departamento y al Embajador Smith. Los presentes fueron: Amoss, **Electric Company**; Heagney, **Banco de Boston**; Brewer, **Esso**; Thompson, **Cemento Portland**; Pino, **PAA**; Duys, **Duys Company** (tabaco); Steward, **Woolworth Company**; Colligan, **Moa Bay**; French, **Metales, Cubano-Americanos**.
Cada hombre presente expresó individual y enfáticamente la opinión...

"... sería de interés para los negocios Estadounidenses en Cuba que Estados Unidos reconozca al gobierno provisional lo antes posible y preferiblemente antes de la llegada de Castro a La Habana, que ahora se espera el jueves 8 de Enero".

Tenían unánimemente la opinión de que el gobierno actual era mucho mejor de lo que se habían atrevido a esperar, y que tiene una amplia base de apoyo popular (un partidario de Batista anteriormente fuerte dijo que este era el gobierno más popular que había visto en Cuba en su estadía de más de 30 años). Sintieron que el *Movimiento del 26 de Julio* había mostrado inteligencia y disciplina en el manejo de la situación hasta la fecha, y que Castro era indudablemente el jefe en Cuba. Consideraron que el reconocimiento rápido era necesario para establecer el clima más favorable posible para llevar a cabo negocios y dijeron que sin el reconocimiento de los Estados Unidos no serían capaces de lidiar satisfactoriamente con los muchos problemas que enfrentan. Esta opinión fue compartida por Amoss de **Cubana de Electricidad**, que tiene un problema laboral especial y crítico: un comité de empleados autoconstituido en la *Compañía Cubana de Electricidad*, con el respaldo de los guardias armados del *Movimiento 26 de Julio*, había tomado el control de la oficina del presidente Amoss. e hizo demandas radicales, incluido un aumento salarial inmediato del 20 por ciento y el despido de cierto personal Cubano.

El grupo sintió que un reconocimiento temprano ayudaría a fortalecer al *Movimiento 26 de Julio* contra elementos más radicales en el grupo revolucionario y también ayudaría a frenar el posible crecimiento de la fuerza Comunista. Los funcionarios de la embajada han discutido el mismo tema y también sostienen que el reconocimiento más temprano posible redundaría en beneficio de los Estados Unidos. Antes de marcharse, Gilmore expresó que sería prudente esperar nuevas indicaciones de la actitud del gobierno hacia el comercio y la inversión de los Estados Unidos, pero después de escuchar a los empresarios decir que necesitaban beneficios de un reconocimiento rápido, también favorece una acción afirmativa inmediata.

Le ruego, pase al Embajador Smith esta recomendación de su personal.

En un telegrama reciente de La Habana, el 6 de Enero, recibido a las 10:50 p.m., **Braddock** dijo que **Guillermo Belt** lo había llamado para expresar su opinión de que la situación actual era *"uno de los milagros de América."* Belt había esperado que el caos y el derramamiento de sangre seguirían a la derrota de Batista, pero la revolución estaba trayendo *"unidad y estabilidad"* y Castro se estaba comportando de una *"manera estadista."* Belt instó a que Estados Unidos, por sus propios intereses y los de Cuba, debe reconocer de inmediato al nuevo gobierno. La Embajada también señaló que el 7 de Enero, **Márquez Sterling** le había dicho a un funcionario de la Embajada que:

"Esta revolución es completamente diferente de las anteriores en el sentido de que estaba emergiendo como un grupo bien organizado y fuerte con autoridad concentrada en un hombre que, sin duda, tenía detrás de él el apoyo de todo el pueblo cubano".

Márquez Sterling también dijo que el gabinete era *"bueno",* particularmente el primer ministro **Miró Cardona** y el jefe del Banco Nacional, **Felipe Pazos.**

Memorandum from the Secretary of State to the President.
Havana, January 7, 1959.
Department of State, Central Files, 737.00/1-759. Confidential; Priority.

Asunto: Reconocimiento del nuevo Gobierno de Cuba.

En la madrugada del 1 de Enero de 1959, el presidente Batista de Cuba huyó del país ante el deterioro general de su posición y los recientes éxitos militares del movimiento revolucionario liderado por Fidel Castro. El 2 de Enero, Castro anunció la designación del Dr. **Manuel Urrutia Lleó** como Presidente Provisional de Cuba, y el Dr. Urrutia llegó a La Habana el 5 de Enero, donde se estableció en el Palacio Presidencial.

El 6 de Enero de 1959, nuestra Embajada en La Habana recibió una nota del Ministerio de Estado en el sentido de que se había constituido un gobierno encabezado por el Dr. Urrutia. Esta nota agrega que el Gobierno Provisional tiene el control completo de la República, que las condiciones pacíficas han regresado a Cuba y que se cumplirán todos los compromisos y acuerdos internacionales vigentes de la República.

Creo que las declaraciones de intenciones del nuevo gobierno se han hecho de buena fe y que es de nuestro interés nacional reconocer sin demora al Gobierno Provisional de Cuba. El Gobierno Provisional parece estar libre de la mancha Comunista y hay indicios de que tiene la intención de

mantener relaciones amistosas con los Estados Unidos.
Solicito su autorización para tomar las medidas necesarias para reconocer al actual Gobierno Provisional de Cuba.

(signed) **John Foster Dulles**

Nota: El Embajador **Smith** regresó a La Habana en la mañana del 7 de Enero, y transmitió el texto de una nota, que Smith recibió con instrucciones de entregar al Ministro de Estado **Agramonte**, en el que Estados Unidos extendía el reconocimiento al nuevo gobierno. En sus memorias, **Smith** recuerda que inmediatamente después de su llegada a La Habana, concertó una cita para entregar la nota a Agramonte. La mención en las memorias de Smith expresa que escribió que el Departamento *"mantenía una línea telefónica abierta con la Embajada, para que de inmediato pudieran darse a conocer las noticias"*. En un telegrama a todos los puestos diplomáticos en las Repúblicas Americanas excepto La Habana, el 7 de Enero, el Departamento informó que se había otorgado el reconocimiento a las 5 p.m. ese día.

Para ver una cronología del resto de los primeros 100 días del año 1959, los eventos que ocurrieron en Cuba y la reacción de Washington, pasar al Apéndice 7 en la página 203.

El Legado de los Castro y la Revolución Cubana

En Febrero del 2020, **Bernie Sanders**, candidato a la presidencia de los Estados Unidos, hizo unas declaraciones en el programa *60 Minutes* de **CBS TV**, exaltando el programa de alfabetización y servicios de salud de la Revolución Cubana.

> « *Cuando Fidel Castro llegó al poder, ¿saben lo que hizo? Comenzó un programa masivo de alfabetización. Educó a los Cubanos, les brindó atención médica y transformó totalmente la sociedad. Es injusto decir que todo bajo Castro ha sido malo... la verdad es la verdad...* »

Es posible que la alfabetización en Cuba, en efecto, haya progresado algo desde el advenimiento de la revolución. En definitiva, eso es una especulación y no es demostrable. No puede conocerse que nivel las personas hubieran podido escribir y leer en Cuba si la revolución no hubiera interrumpido el desarrollo de la sociedad Cubana. Es bien conocido que Cuba tenía una de las tasas de alfabetización más altas de América Latina en 1950, casi una década antes de que Castro tomara el poder, según estadísticas de la UNESCO. Sin embargo, no es fácil descartar una afirmación política de que el gobierno de Castro mejoró significativamente la atención médica y la educación de los Cubanos.[52]

Lo que si sabemos, es que, en la Cuba de hoy, los niños son enseñados por maestros mal pagados en escuelas en mal estado. Cuba ha logrado menos progreso educativo que la mayoría de los países latinoamericanos en los últimos 60 años. Según la UNESCO, Cuba tenía aproximadamente la misma tasa de alfabetización que **Costa Rica** y **Chile** en 1950 (cerca del 80 %). Y tiene casi la misma tasa de alfabetización que tienen hoy (cerca del 100 %).

---

[52] Ha habido un escepticismo generalizado y persistentes entre los científicos sociales sobre la confiabilidad y validez de las estadísticas Cubanas. Las estadísticas demográficas han sido manipuladas por el gobierno, mostrando durante muchos años cómo los datos del Censo cubano sobre raza y educación han sido alterados por razones políticas. Hay muchas exageraciones sobre los logros del gobierno Comunista como resultado de la falta de atención y la subestimación del notable progreso de la sociedad Cubana anterior a 1959. Las estadísticas oficiales no son nada confiables, son inválidas. Hay decenas de razones para esta incredulidad. Las estadísticas poco confiables no pueden explicarse suponiendo que son el resultado de accidentes, codificaciones, percances u otros problemas de la gestión de capturar datos. Son el resultado de una tendencia generalizada a exagerar los logros revolucionarios reales hasta un punto tan inverosímil que a largo plazo resulta en un descrédito total de todos los informes del gobierno en todas las áreas.

Mientras tanto, los países latinoamericanos que en su mayoría eran analfabetos en 1950, como **Perú**, **Brasil**, **El Salvador** y la **República Dominicana**, están alfabetizados en la actualidad, cerrando gran parte de la brecha con Cuba. **El Salvador** tenía una tasa de alfabetización de menos del 40 % en 1950, pero hoy tiene una tasa de alfabetización del 88 %. **Brasil** y **Perú** tenían una tasa de alfabetización de menos del 50 % en 1950, pero hoy, **Perú** tiene una tasa de alfabetización del 94,5 % y **Brasil** una tasa de alfabetización del 92,6 %. La tasa de **República Dominicana** aumentó de poco más del 40 % al 91.8 %.

¿Puede decirse entonces que Cuba ha tenido un progreso deslumbrante en educación y medicina social? ¿Cabe decir que Cuba ha logrado ese progreso sin tener que pagar un costo insólito?

No puede eludirse un hecho importante: toda una letanía de otros gobiernos y países han supervisado mejoras sustanciales similares en la alfabetización y en atención médica sin pagar el precio de décadas de dictadura, fusilamientos, confiscaciones, desapariciones y reformas económicas desastrosas que han despojado a toda la sociedad de la más mínima esperanza de poder controlar y decidir sobre sus vidas.

Cuba ha colapsado como país bajo el régimen de Castro y se convertido en uno de los países más pobres de América, derrumbándose en un malestar económico a pesar de decenas de miles de millones de dólares en subsidios de la Unión Soviética y Venezuela. La implosión económica en Cuba se ha producido en medio de edictos de los hermanos Castro que han dictado que los cubanos no pueden unirse a ningún sindicato independiente, no pueden ir a la huelga, no pueden leer una prensa independiente, no pueden votar por el partido político que les interese, no pueden educar a sus hijos en las escuelas que les gusten... todo eso mientras Castro continuaba encarcelando a prisioneros políticos por decenas de miles, encerrando opositores en campos de concentración y lanzando al exilio a varios millones de Cubanos.

Cuba estaba al frente de prácticamente todos los países de América Latina en logevidad (*life expectancy*) en 1959, antes de que los Comunistas de Castro tomaran el poder. Pero después de medio siglo de Comunismo, en 2012, los Chilenos y los Costarricenses disfrutan la vejez un poco más que los Cubanos. En 1960, los Chilenos tenían una vida siete años más corta que los Cubanos, los Costarricenses, en promedio, vivían dos años menos que los Cubanos y los Mexicanos vivían siete años menos que los Cubanos; en el 2019, la brecha se ha reducido a solo año y medio.

Hoy en día, la esperanza de vida de Chilenos y Costarricenses es la misma que la de los Cubanos, con la diferencia que Chilenos y Costarricenses votan por un nuevo Presidente cada cuatro años y los Cubanos tienen que soportar la Nomenclatura Comunista por el resto de sus vidas.

Eso, por supuesto, si se aceptan las estadísticas oficiales optimistas publicadas por el gobierno Comunista de Cuba, algo que muchas personas no aceptan. Cuba ha sido acusada de esconder muertes infantiles y de exagerar la vida de sus ciudadanos. Si estas acusaciones son ciertas, los Cubanos de la isla mueren más jóvenes que los Chilenos, los costarricenses y los Cubanos del exilio.

En cuanto a atención médica, Cuba se ha retrasado comparada con la mayoría de los países hermanos de la América Latina. Eso se debe al decrépito sistema médico del que alardea el gobierno Cubano. Los hospitales en La Habana y en el resto de la isla se están literalmente desmoronando. Como también ha comenzado a pasar en Venezuela, los pacientes tienen que traer todo con ellos, porque el hospital no proporciona nada: almohadas, sábanas, toallas, pijamas, papel higiénico, medicinas…

Un estudio reciente de los Canadienses (frecuentes turistas en Cuba), señala que las farmacias tienen muy poco inventario y los antibióticos sólo están disponibles en el mercado negro.[53]

Ya en 1957, **Cuba** era un país desarrollado que tenía una mortalidad infantil más baja que **Francia**, **Bélgica**, **Alemania Occidental**, **Israel**, **Japón**, **Austria**, **Italia**, **España** y **Portugal**; tenía tantos médicos y enfermeras per cápita como los **Países Bajos**, y más que **Gran Bretaña** o **Finlandia**. Cuba en 1957 tenía tantos vehículos per cápita como **Uruguay**, **Italia** o **Portugal**; tenía 45 televisores por cada 1000 personas, la quinta más alta del mundo. Un informe de las Naciones Unidas (UNESCO) en 1957 señaló que la economía cubana incluía proporcionalmente más trabajadores sindicalizados que en los Estados Unidos. El informe también afirmaba que el salario promedio por un día de ocho horas era más alto en Cuba que en "**Bélgica**, **Dinamarca**, **Francia**, y **Alemania**.

La revista *Fortune*, haciendo una retrospectiva en 2004 sobre la situación en Cuba en 1958, destacaba…

> «… La Habana, antes de Castro, era una ciudad brillante y dinámica; la capital de una república que ocupaba el quinto lugar en el hemisferio en ingresos per cápita, tercero en esperanza de vida, segundo en propiedad per cápita de automóviles y teléfonos, primero en número de televisores por habitante…»

¿Hoy? Hoy, la **ONU** coloca el IDH [*Indicadores de Desarrollo Humano*] de **Cuba** en el rango de **México**, a la par con países como **China**, **Túnez**, **Irán** y **Sudáfrica**. Son mentira los logros de la Revolución Cubana de… *una mejor atención médica, vivienda, educación, etc.*

---

[53] El **Correo Canadiense** de Toronto ha reportado recientemente que "… es un mito que los Canadienses albergan sobre Cuba cuando creen que los Cubanos son gente pobre que viven bajo un gobierno represivo, pero tienen acceso a modernas instalaciones de salud, buenos médicos, aun en los pequeños pueblos campesinos y una educación popular, gratuita y de excelente calidad… es un retrato alentado por el gobierno, pero la realidad es muy diferente."

La historia no podrá absolver a Castro... no puede haber exceso al dramatizar la destrucción de Cuba. Castro y sus acólitos saquearon, asesinaron y destruyeron la nación en unos cuantos años. Baste señalar que los Cubanos disfrutaban de uno de los mayores consumos de proteínas en las Américas, pero en 1962 Castro tuvo que introducir tarjetas de racionamiento (carne, 2 onzas diarias, etc.), ya que el consumo de alimentos por persona se hundió a niveles no vistos desde el siglo XIX.

El hambre se generalizó tanto que un médico Sueco visitante, **Hans Rosling**, en 1993, le advirtió al dictador Cubano sobre la deficiencia generalizada de proteínas entre los Cubanos. Le informó que aproximadamente 40,000 cubanos experimentaban *"visión borrosa y entumecimiento severo en sus piernas"*. Rosling visitó Cuba por invitación de la Embajada de Cuba en Suecia, con la aprobación del propio Castro; encontró que el peor lugar de ese brote estaba en la provincia occidental de Pinar del Río Señaló que todos los afectados por ese trastorno físico sufrían de deficiencia de proteínas. El gobierno llevaba años racionando la carne; los adultos estaban sacrificando su porción para alimentar a los niños, las mujeres embarazadas y los ancianos. Nada parecido había sucedido en Cuba, ni aun en la desastrosa reconcentración ordenada por Valeriano Weyler en 1895.

Así son las cosas en la Cuba del siglo XXI.

Apéndices

1. El Mundo Intelectual y Artístico se enloqueció ante la ausencia de Fidel Castro.   177

2. Una foto **emblemática** de la unión y solidaridad de la dirigencia revolucionaria se ha tornado en una foto **agorera** de la desunión y discrepancias dentro de la plana mayor de la revolución.   182

3. Artículo de Martí en el diario La Nación de Buenos Aires, Marzo de 1883.   186

4. Notas de Martí en su Cuaderno de Apuntes # 3   196

5. Carta de José Martí a Fermín Valdés Domínguez.   198

6. The Situation in Cuba and the Caribbean. A National Intelligence Report from the US Department of State.   200

7. La Perspectiva de Washington durante los primeros 100 días del gobierno de la Revolución Cubana en 1959.   203

8. Los asesinatos documentados del Ché Guevara.   211

9. Los asesinatos documentados de Raúl Castro.   214

10. Empresas Norteamericanas en Negociaciones para formalizar Actividades Comerciales con Cuba.   216

11. Víctimas del Ataque a Palacio el 13 de Marzo de 1958.   218

12. Comandantes de las Fuerzas Armadas Revolucionarias de Cuba.   219

13. Hijos que redimieron a sus Padres   223

Apéndice 1

El Mundo Intelectual y Artístico se enloqueció ante la ausencia de Fidel Castro

El 26 de Noviembre de 2016, a pocas horas de conocerse la noticia de la muerte de **Fidel Castro**, decenas de intelectuales y artistas de las Américas descendieron en La Habana para rendir tributo al mayor *Mecenas* que jamás habían tenido en el mundo político Hispanoamericano. Todos estaban de acuerdo que el esfuerzo *"de integración cultural, descolonizador y antimperialista defendido por Castro"* constituía una genial aportación a la historia de nuestros tiempos. Al despedir sus restos en La Habana antes de su largo recorrido hasta Santiago de Cuba, su hermano, el recién nombrado Presidente de la República **Raúl Castro** expresó:

«Fidel dedicó toda su vida a la solidaridad y encabezó una Revolución socialista de los humildes, por los humildes y para los humildes, que se convirtió en un símbolo de la lucha anticolonialista, antiapartheid y antimperialista, por la emancipación y la dignidad de los pueblos...»

Ese día **Carlos Alberto Libânio Christo, OP (1944-)**, conocido como **Frei Betto**, el fraile Dominico Brasileño, escritor, activista político y teólogo de la liberación, expresó:

«... he perdido un gran amigo... con Fidel desaparece el último gran líder político del siglo... gracias a él esta isla dejó de ser el prostíbulo del Caribe, explotado por la mafia, para convertirse en una nación respetada, próspera y solidaria, que mantiene a profesionales de la salud y de la educación en más de cien países, incluyendo Brasil...»

A **Betto** se unió minutos después **Ignacio Ramonet (1943-)**, el académico Español residente en París, editor en Jefe de *Le Monde Diplomatic*, que queriendo superar a **Betto** manifestó:

«... Fidel ha muerto, pero es inmortal... Pocos hombres han conocido la gloria de entrar vivos en la leyenda y en la historia... Fidel ha sido uno de ellos, el más grande líder de los insurrectos del mundo...»

No pueden aquí relatarse todos los discursos y adulaciones que recibió Castro ese día. **Cuauhtémoc Cárdenas (1934-)**, hijo del legendario Presidente Mexicano *Lázaro Cárdenas* y tres veces candidato rechazado a la Presidencia de México, habló compungido:

«... Ha sido una pérdida para la humanidad, que tiene por delante un azaroso camino para lograr su cabal emancipación y ejercer con planitud su autodeterminación... »

Quedaron entonces, para dar punto final a los panegíricos y encomios, un personaje muy cercano a Cuba y dos interlocutores del patio, *Pablo Ignacio Taibo, Raúl Roa Kouri* y la maestra de las exaltaciones, *Graziella Pogolotti*.

Pablo Ignacio Taibo II (1949-), el otrora escritor Asturiano, hoy naturalizado Mexicano, activista de las izquierdas y director del *Fondo de la Cultura Económica*, la gran empresa editorial sin lucro del gobierno Mexicano, fue el primero que emocionado, declamó algo que comenzó en serio, pero terminó en chanza:

«... la muerte de Fidel produce desconcierto y nostalgia... gracias a él, la isla de Cuba ha sido el centro del planeta muchas veces... él ha sido un encantador de serpientes, capaz de convencer a todos, tanto amigos como enemigos... nunca olvidaré sus palabras a Jrushchov... "Nikita, Nikita, lo que se da no se quita"...»

Raúl Roa Kouri (1936-), el hijo mayor de *Raúl Roa García*, el llamado *Canciller de la Dignidad*, nieto del farmacéutico *Santiago Kouri* y del patricio Mambí *Ramón Roa Travi*, el autor de *A pie y descalzo*, el libro que tanto molestó a José Martí habló después. **Roa Kouri** sólo atinó a declarar, tratando de emular a *Agustín Acosta*:

«... Yunques, sonad; campanas, enmudeced; se ha marchado Fidel... hace dos días... La Habana, silenciosa, piensa en él y los más viejos le rememoramos...»

Finalmente, le tocó el turno a **Graziella Pogolotti (1932-)**, ensayista, crítica de arte, hija de *Marcelo Pogolotti*, afamado pintor Cubano, y nieta de *Dino Pogolotti*, urbanizador en 1931 del popular barrio *Pogolotti* en Marianao, donde tuvo *Carlos Findlay* su primer laboratorio en la Avenida 90. **Graziella**, en un acostumbrado destello de locuacidad, declamó:

«... Fidel es Cuba, porque encarnó las esencias más profundas de la nación y su cultura. Después de los fundadores de la Patria, enhebró, en un mismo tejido, memoria y sueños, clave de ese misterio de la Isla perseguido siempre por los poetas...»

Todos en ese mundo intelectual y artístico que Cuba patrocinó por años, rindieron pleitesía al personaje que los había convocado. Todos habían aceptado las condiciones que Castro les estableció en 1971, en la célebre sesión de autocrítica impuesta por Castro para restringir la libertad de pensamiento, tomando como ejemplo a Heberto Padilla: **«... dentro de la Revolución, todo; fuera de la Revolución, nada...»** Ninguno recordó las palabras de **Norberto Fuentes** en sus libros *Plaza Sitiada* y en *Dulces Guerreros Cubanos*:

«... para sobrevivir en Cuba un intelectual tiene por necesidad que hacerse parte del hardcore fidelista ...»

Tampoco recordaron que **Norberto** fue arrestado en 1998, durante la Causa que llevó al General **Arnaldo Ochoa** al paredón, y terminó exilándose en 1994.

Un Álbum de devotos Castristas -Intelectuales y Artistas

Castro junto a Abel Prieto y José Saramago.

Fotos, arriba: Castro con Suzy Castor, Luis Cardoza y Aragón, Guillermo Torriello, Ernesto Cardenal, José Juan Arrom y Mario Benedetti. *Al centro*: Castro con Oswaldo Guayasamín, Nicolás Guillén, George Lamming, Juan Bosch, Roberto Fernández Retamar y Miguel Otero Silva. *Debajo:* Castro con Armando Hart, Gabriel García Márquez, Mariano Rodríguez y Juan Bosch.

Fotos, arriba: Castro saluda a Luis Brito García. En la foto aparecen también Armando Hart y Jaime Mejía Duque. *Al centro*: Junto a Castro, Nicolás Guillén, Antonio Núñez Jiménez, Carlos Rafael Rodríguez, Armando Hart, Miguel Otero Silva, Mariano Rodríguez y Roberto Fernández Retamar. *Debajo:* Castro junto a Abel Prieto, José Saramago, Ricardo Alarcón, Roberto Fernández Retamar y Armando Hart.

Fotos, arriba: Castro junto a Miguel Barnet y Harold Gramatges.
Al centro: Castro con Luis Brito García, Armando Hart y Jaime Mejía Duque.
Debajo: Castro con José Balmes.

Apéndice 2

Una foto <u>emblemática</u> de la unión y solidaridad de la dirigencia revolucionaria se ha tornado en una foto <u>agorera</u> de la desunión y discrepancias dentro de la plana mayor de la revolución.

El carguero Francés **La Coubre**, una embarcación francesa de 4,310 toneladas procedente de Amberes, Bélgica, explotó en el puerto de La Habana, Cuba, el 4 de Marzo de 1960, mientras descargaba 76 toneladas de granadas y municiones, ocasionando más de 100 bajas entre muertos y heridos. La descarga de artefactos explosivos directamente en el muelle de La Habana fue en contra de las regulaciones portuarias; las reglamentaciones portuarias exigían que los buques con tales cargas amarraran en el centro del puerto y su carga de alto riesgo fuera transportada en pequeñas cantidades hasta los muelles. Treinta minutos después de la primera explosión, mientras cientos de personas efectuaban una operación de rescate, una segunda explosión más poderosa resultó en muertes y heridos adicionales.

En Miami se supo que un Estadounidense que había abordado el La Coubre dos días antes declaró que había trabajado con **William Morgan** descargando ametralladoras y municiones con destino a las oficinas del *Instituto Nacional de la Reforma Agraria (INRA)* y que había oído rumores que un grupo de estibadores anticomunistas estaban complotados para hacer explotar la nave. Morgan, excombatiente de las fuerzas de Castro en la Sierra Maestra, fue enjuiciado y fusilado en La Cabaña por traición unos meses después de la explosión.

El evento de La Coubre fue fotografiado extensamente por **Alberto Korda**, que en esa ocasión tomó también la foto de Guevara conocida en el mundo entero como *"el guerrillero heroico."* 24 horas después, el 5 de Marzo de 1960, se llevó a cabo un desfile de solidaridad en La Habana, con la plana mayor del gobierno Castrista al frente. Una foto, también de Korda, presenta al pleno del *Consejo de Ministros* al frente del desfile.

En esa foto (marcada Foto #1) aparecen, de izquierda a derecha, en primera o en segunda fila, **Fidel Castro**, Primer Ministro, **Raúl Roa**, Ministro de Relaciones Exteriores, **Osvaldo Dorticós**, Presidente, **Ché Guevara**, Presidente del Banco Nacional, **Regino Boti**, Ministro de Economía, **Augusto Martínez Sánchez**, Ministro del Trabajo, **Antonio Núñez Jiménez**, Director Ejecutivo del INRA, **William Morgan**, Comandante del Segundo Frente del Escambray, detrás, **Alberto Mora**, Presidente del *Banco de Comercio Exterior*, y, a la extrema derecha, el también comandante del Segundo Frente, **Eloy Gutiérrez Menoyo**.

Foto # 1

Foto # 2

Villanos, Marxistas y Marrulleros

La **Foto # 1**, ha sido divulgada ampliamente por la prensa en Cuba, pero es sólo un fragmento de la foto real de Korda, incluida aquí como **Foto # 2**. En la Foto # 1, fueron cortados varios dirigentes al frente del desfile que estaban a la derecha de Castro.

El dirigente sindical **David Salvador**, con camisa a cuadros, iba de brazos con el comandante Luis Crespo por un lado y **Fidel Castro** por el otro. Detrás, entre Castro y David Salvador, estaba **Osmani Cienfuegos**, hermano de Camilo, que había sustituido a **Manuel Ray** como Ministro de Obras Públicas, por haberse también opuesto Ray al encarcelamiento de **Huber Matos**. La persona que aparece vestido de miliciano entre Crespo y Salvador es **Luis M. Buch**, Secretario de la Presidencia y del Consejo de Ministros.

¿Por qué fueron recortados esos líderes de la foto histórica de ese día? Por razones que hacen de la Foto # 1, *emblemática* de la unión y solidaridad de la dirigencia revolucionaria, una foto *agorera* de la desunión y discrepancias dentro de la plana mayor del gobierno revolucionario en 1960. La Revolución Cubana, más temprano que tarde, comenzó a devorar a sus hijos, como Saturno.

David Salvador, elegido en Noviembre de 1959 Secretario General en el X Congreso de la *Confederación de Trabajadores de Cuba*, renunció a su cargo en Mayo de 1960, se unió al grupo opositor *30 de Noviembre*, fue arrestado y condenado a 30 años de prisión y luego murió en el exilio.

Osmani Cienfuegos, hermano de Camilo, era miembro del *Partido Socialista Popular* antes del triunfo de la revolución. En 1966 fue nombrado Secretario General de la *Organización de Solidaridad de los Pueblos de Asia, África y América Latina (OSPAAAL)*, y fue acusado de ser responsable de nueve ejecuciones extrajudiciales por asfixiar a opositores políticos. Fue retirado del *Buró Político del Partido* y del *Consejo de Estado* por Raúl Castro después de 17 años de membresía, por desfalcos y corrupción.

William Morgan, considerado por muchos como "... *un Holden Caulfield con ametralladora,"* fue arrestado por conspirar contra Castro y acusado de ser un agente infiltrado de la CIA. Su nombre fue borrado de todos los documentos que atestiguaban su presencia en la lucha armada.

Regino Boti, se mantuvo 40 años como el cerebro economista al servicio de la Revolución, por lo cual fue premiado como interventor y director de la *Empresa de Productos Dietéticos de Bayamo* (la confiscada antigua **Nestlé**).

Alberto Mora Becerra, hijo del héroe del asalto a Palacio Presidencial, Menelao Mora, llegó a ser el Comandante del *Directorio* mejor ubicado en el gobierno revolucionario en la primera mitad de los 60, como Presidente del *Banco de Comercio Exterior* y como *Ministro de Comercio Exterior*. Luego, por discrepancias con Castro, se convirtió en el titular de los exes; ex comandante, ex ministro, ex diplomático. fue enviado a una granja de trabajo, en 1971, por defender a Heberto Padilla; su suicidio fue la respuesta a esa humillación.

Eloy Gutiérrez Menoyo, nacido en España, llegó a Cuba de mudada en 1945. Uno de sus hermanos murió peleando con fascistas en la Guerra Civil Española, otro murió en el ataque a Palacio en 1957. En 1959, tras armar un pequeño ejército en el Escambray, llegó a La Habana, donde le negaron un puesto en el gobierno revolucionario. En 1961 escapó de la isla y organizó en Miami el grupo anti-Castrista Alpha 66, que desembarcó en Cuba en 1966. Hecho prisionero, excusándose en TV por sus errores, comenzó a cumplir 30 años de prisión, reducidos a 6 por intervención del Primer Ministro Español Felipe González. Castro aceptó dejarlo vivir en Cuba hasta su muere en 2012.

Augusto Martínez Sánchez, Ministro del Trabajo en 1960, se dio un tiro en la sien cuando fue despedido de su posición en 1964 por «*...graves errores administrativos que de ninguna manera afectan su honor personal, moral y revolucionario y su lealtad incuestionable a nuestra causa...*» Los conocedores de la política interior Cubana lo interpretaron como «*... Castro desesperadamente decidido a deshacerse de toda la **"madera muerta"** en su gobierno para revivir la irresoluble economía de Cuba...*» Su despido acompañó a los de **Regino Boti** y **Alberto Mora**. El comentario de Castro al saber del atentado de suicidio fue «*... de acuerdo con nuestros principios revolucionarios elementales, creemos que esa conducta por parte de un revolucionario es injustificable e impropia...* » En Octubre de 1959, Martínez Sáenz reemplazó como Ministro del Trabajo a **Manuel Fernández García** cuando este se exiló en los Estados Unidos.

Osvaldo Dorticós, próspero abogado, nacido dentro de una familia adinerada de Cienfuegos, miembro del *Partido Comunista* desde 1948, pero el *von vivant* Comodoro del *Cienfuegos Yatch Club*, sustituyó a Manuel Urrutia cuando este marchó al exilio en 1959. Dorticós ocupó numerosos cargos en el gobierno revolucionario en adición a la presidencia, fue director de la *Junta Central de Planificación*, miembro de la *Asamblea Nacional del Poder Popular*, vicepresidente del *Consejo de Ministros*, miembro del *Consejo de Estado* y miembro del *Comité Central* y del *Buró Político del Partido Comunista de Cuba*. El 23 de Junio de 1983 se privó de la vida de un disparo. Su figura no ha recibido honores en Cuba después de su muerte; ni calles, parques o escuelas llevan su nombre.

"La Revolución devora a sus hijos." Roberspierre

Apéndice 3

Artículo de Martí en el diario La Nación de Buenos Aires, Marzo de 1883

En las páginas del diario "*La Nación*", José Martí publicó el 29 de Marzo de 1883, un fabuloso artículo que, como acostumbraba el Apóstol, presenta en un derroche de estilo y belleza narrativa la vida al mismo tiempo vana y fastuosa, superficial y espléndida, opulenta y pueril pero siempre vistosa y seductora que compartían los magnates veteranos y los nuevos ricos de la metrópolis Neoyorquina. En ese artículo, entre numerosas estampas sobre la vida nocturna del New York de su época, Martí hizo referencia a una gran sala donde se hacía honor a **Karl Marx**, fallecido apenas unos días antes, el 14 de Marzo. Este artículo de Martí ha sido reproducido desde los años treinta, primero en la "*Revista Socialista*", de Buenos Aires y más tarde en cientos de publicaciones partidistas, e inclusive fue incluido en el Tomo 9 de las "Obras Completas" de Martí, publicadas en La Habana en 1963. Del artículo, que ocupó varias páginas de *La Nación* y sumó alrededor de 12,300 palabras, sólo se han reproducido varios párrafos que incluyen menos de 3,500 palabras. La izquierda internacional y los Marxistas de reciente promoción en Cuba, que producen numerosa propaganda dirigida al mundo hispano, han mutilado sórdidamente la belleza y elegante texto del Apóstol, convirtiéndolo en un falso testimonio de admiración de Martí a Marx. Nada más ajeno a la voluntad e intenciones de Martí, que ni se identificó con la lucha de clases postulada por de Karl Marx, ni rindió tributo alguno al hombre que tantas vidas ha costado con su mendacidades. A continuación, presentamos aquí la versión completa y real, tal como la escribió José Martí. En **itálicas** se destacan las frases que los Marxistas presentan como el contenido total del artículo.

« *Nueva York, 29 de marzo de 1883.*

Por tabernas sombrías, salas de pelear y calles obscuras se mueve ese mocerío de espaldas anchas y manos de maza, que vacía de un hombre la vida como de un vaso la cerveza. Mas las ciudades son como los cuerpos, que tienen vísceras nobles, e inmundas vísceras. De otros soldados está lleno el ejército colérico de los trabajadores. Los hay de frente ancha, melena larga y descuidada, color pajizo, y mirada que brilla, a los aires del alma en rebeldía, como hoja de Toledo, y son los que dirigen, pululan, anatemizan, publican periódicos, mueven juntas, y hablan. Los hay de frente estrecha, cabello hirsuto, pómulos salientes, encendido color, y mirada que ora reposa, como quien duda, oye distintos vientos, y examina, y ora se inyecta, crece e hincha, como de quien embiste y arremete: son los pacientes y afligidos, que oyen y esperan. Hay entre ellos fanáticos por amor, y fanáticos por odio. De unos no se ve más que el diente. Otros, de voz ungida y apariencia hermosa, son bellos, como los caballeros de la Justicia. En sus campos, el francés no odia al alemán, ni éste al ruso, ni el italiano abomina del austríaco; puesto que a todos los reúne un odio común. De aquí la flaqueza de sus instituciones, y el miedo que inspiran; de aquí que se mantengan lejos de los campos en que se combate por ira, aquellos que saben que la Justicia misma no da hijos, ¡sino es el amor quien los engendra! La conquista del porvenir ha de hacerse con las manos blancas. Más cauto fuera el trabajador de los Estados Unidos, si no le vertieran en el oído sus heces de odio los más apenados y coléricos de Europa. Alemanes, franceses y rusos guían estas jornadas. E americano tiende a resolver en sus reuniones el caso concreto: y los de allende, a subirlo al abstracto. En los de acá, el buen sentido, y el haber nacido en cuna libre, dificulta el paso a la cólera. En los de allá, la excita y mueve a estallar, porque las sofoca y la concentra, la esclavitud prolongada. Mas no ha de ser -¡aunque pudiera ser!- que la manzana podrida corrompa el cesto sano. ¡No han de ser tan poderosas las excrecencias de la monarquía, que pudran y roan como veneno, el seno de la Libertad!

Ved esta gran sala. Karl Marx ha muerto. Como se puso del lado de los débiles merece honor. Pero no hace bien el que señala el daño y arde en ansias temerosas de ponerle remedio, sino el que enseña remedio blanco al daño. Espanta la tarea de echar a los hombres sobre los hombres. Indigna el forzoso abestiamiento de unos hombres en provecho de otros. Mas se ha de encontrar salida a la indignación de modo que la bestia cese sin que se desborde y espante. Ved esta sala la preside, rodeado de hojas verdes, el retrato de aquel reformador ardiente, reunidor de hombres de diversos pueblos, y organizador incansable y pujante. La Internacional fue su obra: vienen a honrarlo hombres de todas las naciones. La multitud, que es de bravos braceros cuya vista estremece y conforta, enseña más músculos que alhajas, más caras honradas que paños sedosos. El trabajo embellece. Remoza ver a un labriego, a un herrador o a un marinero. De manejar las fuerzas de la naturaleza, les viene ser hermosos como ella.

New York va siendo a modo de vorágine: cuanto en el mundo hierve, en ella cae. Acá sonríen al que huye; allá le hacen huir. De esta bondad le ha venido a este pueblo esta fuerza. Karl Marx estudió los modos de enseñar al mundo sobre nuevas bases, y despertó a los dormidos, y les enseñó el modo de echar a tierra los puntales rotos. Pero anduvo de prisa; y un tanto en la sombra, sin ver que no hacen viables, ni de senos de pueblos en la historia, ni de senos de mujer en el hogar, los hijos que no han tenido la gestación natural y laboriosa.

Aquí están buenos amigos de Karl Marx, que no fue sólo movedor titánico de las cóleras de los obreros europeos, sino veedor profundo en la razón de las miserias humanas, y en los destinos de los hombres, y hombre comido del ansia de hacer el bien. El veía en todo lo que en sí propio llevaba: rebeldía, camino a lo alto, lucha.

Aquí está un Lecovitch, hombre de diarios; vedle como habla: llegan a él reflejos de aquel tierno y radioso Bakunin: comienza a hablar en inglés; se vuelve a otros en alemán: 'Dah dah', responden entusiastas desde sus asientos sus compatriotas cuando les habla en ruso. Son los rusos el látigo de la Reforma; mas no, no son aún estos hombres impacientes y generosos, manchados de ira, los que han de poner cimientos al mundo nuevo; ellos son la espuela, y vienen a punto, como la voz de la conciencia, que pudiera dormirse; pero el acero del acicate no sirve bien para martillo fundador. Aquí está Swinton, anciano a quien las injusticias enardecen, y vio en Karl Marx tamaños de mente y luz de Sócrates. Aquí está el alemán John Most, voceador insistente y poco amable y encendedor de hogueras, que no lleva en la mano diestra el bálsamo con que ha de curar las heridas que abra su mano siniestra.

Tanta gente ha ido a oírlos hablar, que rebosa en el salón y da a la calle. Sociedades corales, cantan. Entre tantos hombres hay muchas mujeres. Repiten en coro, con aplauso, frases de Karl Marx, que cuelgan cartelones por los muros. Millot, un francés, dice una cosa bella: 'La libertad ha caído en Francia muchas veces; pero se ha levantado más hermosa de cada caída'. John Most habla palabras fanáticas: "Desde que leí en una prisión sajona los libros de Marx, he tomado la espada contra los vampiros humanos."

Dice un Magure: "Regocija ver juntos, ya sin odios, a tantos hombres de todos los pueblos. Todos los trabajadores de la tierra pertenecen ya a una sola nación y no se querellan entre sí, sino que todos juntos contra los que los oprimen. Regocija haber visto, cerca de la que fue en París Bastilla ominosa, seis mil trabajadores venidos de Francia y de Inglaterra." Habla un bohemio. Leen una carta de Henry George, famoso economista nuevo, al aire de los que padecen, amado por el pueblo aquí, y en Inglaterra famoso. Y entre salvas de aplausos tonantes, y frenéticos hurras, ponerse en pie, en unánime movimiento, la ardiente asamblea, en tanto que leen desde la plataforma en alemán y en inglés dos hombres de frente ancha y mirada de hoja de Toledo, las resoluciones con que la junta magna acaba, en que Karl Marx es llamado el héroe más noble y el pensador más poderoso del mundo del trabajo. Suenan músicas, resuenan cantos; pero se nota que no son los de la paz.

Otro día, vuelven en decenas de miles. Quieren tener diario suyo, y se dan bailes, para ayudar a fundarlo con sus productos.

¡Buenas mujeres! Allá han ido con todos sus pequeñuelos: ¡qué alegres están sus hombres, que siempre están tan tristes! Y luego, de noche, y con los trajecitos de bailar, ¡no se ven la color enfermiza y las mejillas hundidas de los niños! El aire, cargado de salud, suele estar lejos de donde los trabajadores viven. Millones acaba de dejar el ex gobernador Morgan, a sociedades de teología y a seminarios; ¡pues más valiera que empeñarse a forzar en los hombres la fe en el cielo,-crearla en ellos naturalmente dándoles la fe en la tierra! Y ha dejado Morgan muy buenas sumas a las casas en que ayudan a los enfermos, a los ancianos, a los niños y a los pobres: ¿no dejará alguna para ayudar a hacer casas con aire y luz a los que al cabo, de vivir en las sombras, llegan a sentirla en el alma, y a hacerla sentir? Estas ciudades populosas, que son graneros humanos, más que palacios de mármol, deberán erigirlos de ventura:-y no acumular las gentes artesanas en pocilgas inmensas, sino hacer barrios sanos, alegres, rientes, elegantes y luminosos para los pobres. Ya son el aseo y la luz del sol, para ellos desusada elegancia; pues sin ver hermosura ¿quién sintió bondad? ni sin sentir la caridad ajena ¿quién la tuvo? ¡Aleje de la cabeza de otros la tormenta el que quiera alejarla en la suya! ¡Si los vierais, ahora que llegan los meses de verano, entrarse en bandadas, llenos los brazos de las madres de hijos pálidos y moribundos, por los vapores de paseo en que alguna cofradía o persona amorosa les permite cruzar de balde el río! ¡Es de morderse los labios de cólera, de no andar por toda la tierra paseando infatigablemente el estandarte de su redención!

Pero la ciudad no habla mucho de estas cosas. Ve cómo no cejan en su lucha, y andan a quien reforma más, y más de prisa, por no ser tachado de poco reformador,-demócratas y republicanos. Dicen de Butler, el brillante gobernador de Massachusetts, que es como águila fuerte, que hace estremecer el árbol en que se posa: todos los abusos del Estado, como fruta pasada de sazón, están viniendo a tierra al golpe del águila: es un gobernador ubicuo, insomne, omnipresente, alarmante: ve los pliegues de las conciencias y toda cosa bellaca en leyes, contratos o cuentas. De un caballero de España cuentan que halló gozo en echar entre sus convidados un novillo gentil de su ganadería, y están los empleados de Massachusetts como los convidados del caballero de España: dícelo y hácelo todo de modo gallardo, súbito y nuevo, y en el obrar es tan seguro como en el habla pulido y cuidadoso: es un romántico en el gobierno: sacude el polvo del Estado, como la Francia joven de 1830 sacudió el polvo de las academias. La ciudad habla de la suma crecida que ha juntado el Herald para beneficio de los desventurados de Ohio, y es cosa que da gozo ver cómo, poniendo en junto sus óbolos humildes, han dado tanto y con más prisa los trabajadores de las fábricas del Estado, que sus gentes de marca y poderío.-Habla de un caballero de iglesia, que trazó tal pintura en sus conferencias de cuaresma de las damas de moda, y de su vida, y redujo a tan cerrados límites la vida femenil que si en lo de las damas de moda halló justo aplauso, en lo de echar de nuevo a las mujeres a ruecas ya conventos ha movido en su contra a clérigos y seglares. Rezadora y hermana de la Merced quiere el reverendo a la mujer. «¿Y la vida? le responde con voces inspiradas desde un púlpito una mujer elocuente: ¿la vida inevitable e implacable, que la obliga a ser trabajadora o a ser impura? ¿Y tanta huérfana, y tanta viuda, sola en esta muchedumbre de gentes, que como viento del desierto la arrastra y la ahoga?» «Y esta mente mía, que abarca lo que abarcas;-y este corazón mío, más tierno que el tuyo,-y este desdén mío, que condena tantas veces los gustos y prácticas bárbaras de tu sexo,-¿habré de sofocarlos como crímenes, cuando son poderes que me dio la naturaleza?»-Así increpa al reverendo otra dama enojada: «¿Para qué priváis de parte real en vuestras ganancias, si en nada las emplearemos peor que en pagar diez pesos, como los hombres pagan por ver cómo dos peleadores de oficio, o caballeros de ciudad, o estudiantes de alto colegio, se hinchan a golpes el rostro, y con rabia y pujanza de fieras se derriban y revuelcan por la tierra?» Esto dice otra; y un clérigo dice esto: «¡Santas! ¡Hermanas de la Merced! Mujeres de rezo: el siglo XIX tiene fuera de los conventos mejores santas: santa es María Carpenter, que empleó sesenta años de su vida en educar a los niños de las calles de Londres: y no hay rezadora de las que hermosean las ventanas de cristal de vuestra iglesia de cuyo rostro emerja más radiante luz que del rostro, empapado de amor, de María Carpenter.» Una ardiente reformadora recuerda cómo el rector Wosley, de la Universidad de Yale, favorece la creación de una convención de mujeres, que estudie y decida la ley de divorcio; y mantiene, con agudísima sátira, sazonada de burlas oportunas a los errores de los hombres en el Gobierno, que los Consejos de Educación, las casas de policía, y los puestos todos del Estado, de que el hombre ambicioso y desamorado cuida mal, estarían mejor en manos de mujeres, en quienes el desarrollo de la razón no ahogará la ternura:-que es en verdad gran dote de gobierno.

A punto viene, en medio de estos clamores, la decisión de la Universidad de Columbia de este Estado de New York. No se atreve a abrir sus cátedras a la par a hombres y mujeres, porque, aunque dicen que la Universidad de Cambridge las ha abierto en Inglaterra, no es verdad que las jóvenes estudiantes se hayan aprovechado de la concesión, sino que estudian en el colegio afamado de Girton, que las prepara, como a los estudiantes varones, en todo arte y ciencia, sin que Cambridge les dé luego más que tribunales de examen, grados y títulos. Y esto ofrece ahora la Universidad de Columbia, y recomienda la creación de un colegio semejante al de Girton.

¡Acaso se yerra!: acaso, en estas naciones en que el exceso de población, o de ánimo interesado en los hombres, acarrea estos mismos problemas,-el único modo de salvar a las mujeres de los apetitos que engendran sus condiciones exteriores de hermosura, sea el de inspirar a los hombres, con el continuo trato, y el comercio intelectual, ¡amor por otras más nobles y duraderas condiciones! Se está aún en la primera letra del abecedario de la vida. Se hace hasta hoy de un capricho de los ojos, exa‐ tado a necesidad del alma, confundido oscuramente con ella por la generosa y enaltecedora fantasía, ley de toda la existencia. Y no se mire con ojos aviesos este encallecimiento del alma femenil, que esto es, y no menos, la existencia viril a que la necesidad de cuidar de sí, y de defenderse de los hombres que mudan de apetito, la lleva en esta tierra. Vale más su encallecimiento que su envilecimiento. Y hay tanta bondad en las almas de las mujeres que, aun luego de engañadas, de desesperanzadas, de encallecidas, dan perfume. Toda la vida está en eso: en dar con buena flor. En esta ciudad grande, en donde la mujer ha de cuidar de sí, y salvarse del lobo, y de los de la vida, ha de hacerse piel fuerte que la ampare, y aprender toda ciencia o arte que quepa en su mente, donde caben todas y le dé modo honesto de vivir. La impureza es tan terrible que no puede ser jamás voluntaria. La mujer instruida será mejor pura. Y ¡cuánto apena ver cómo se van trocando en flores de piedra, por los hábitos de la vida viril, estas hermosas flores! ¿Qué será de los hombres, el día en que no puedan apoyar su cabeza en un seno caliente de mujer?

Pero abrió esta semana un suceso que venía siendo comidilla de la prensa un mes ha, y de las casas, y de los clubs, como si fuera acto simbólico y típico, en cuyo acaecimiento estuviese algo de la vida nacional.

De sus generales se envanecía Roma: y los Estados Unidos de sus ricos. Pero no los levanta sobre el pavés, sino que a la par que los reverencia, los moteja. Los admira, más los ve como usurpadores y temporales ocupantes de la riqueza pública; lo que acontece en mayor grado, cuando la riqueza de un hombre o de una familia toma tamaños de riqueza de nación. El ojo popular, que ve los hechos gruesos, se vuelve con cólera contra los que,-en la misma noche en que dos desventurados, transidos de hambre, son presos en el rincón de una iglesia, en torrentes de luz y perfumes giran, cuajados de rosas de oro y de diamantes, y enjoyados como silla de caballo persa, haciendo alarde ostentoso de la riqueza que se les desborda de las arcas. Ancha es la Quinta Avenida, y como calle imperial. Bórdanla palacios, que ya tímidamente remedan las portadas suntuosas y lóbregas de las casas ducales de Venecia, y las torrecillas de las abadías góticas; ya balcones del Louvre, barbacanas de castillo feudal o minaretes árabes. Paseo es la rica calle durante las horas de la tarde, y morada buscada y valiosa de gentes opulentas. Da carta de nobleza neoyorquina la Quinta Avenida. Realzando con los vestidos estrechos los miembros fuertes, pasean allí sus cabezas célticas, y la medalla del club rico que les cuelga al pecho, los galanes desocupados, aunque éstos no son muchos,-que aquí el trabajo es ley. Y quien no lo tiene, lo finge de vergüenza de parecer que no lo tiene.-Pero las damas llenan la calle, cargando en los brazos, nacidos por cierto a más nobles y dulces empleos, unos perrillos de luengo pelo y cabeza espantable, que ahora andan en boga. Son damas de hermosura peregrina, mas no animan la calle solemne. Mueven el alma a grandeza el vasto espacio, el imponente y sombrío caserío, la regia calma.

Allá, cerca de catedral ambiciosa, que copia en vano la de Milán soberbia, desafío afortunado del hombre a su Creador,-se alza, ahogado por casas pardas y sombrías, un palacio risueño, que tal parece de encaje menudo. En macizas paredes, severas ventanas. En todas, pinturas, esculturas. La piedra, cincelada. El techo, recogiéndose en pirámide, remata en torrecilla aguda y graciosa. Y de la puerta al techo, todo es calado, esculpido, sacado en relieve, acariciado, bordado. Domina allí la gracia, que es la mejor especie de hermosura. No hay casa más hermosa en esta tierra, y en ella vive un Vanderbilt. Tal es, que cuando, al pasear entre las maravillas de su interior caen los ojos sobre un gracioso retrato de la «castellana», de mano de Madrazo, no parece lienzo allí traído, sino como parte de la casa misma, luminosa y esbelta.-Sacude al sol Madrazo sus pinceles, y pinta luego con estos colores. En tal palacio, entraba por entre muros de ujieres, este Lunes de Pascua, la gentileza neoyorquina, y no hubo nunca en corte ansia mayor por baile de monarca, que la de la gente de New York por el de Vanderbilt: es ley que en ciudad donde se tiene en mucho la riqueza, se vea como a cosa real el baile con que abre su palacio el monarca de los ricos. ¡Qué contar de antemano los lujos de la casa, y el precio de las joyas, y el de los vestidos, y el de los vinos que habrían de beberse, y el de los más menudos aditamentos de noche de baile! ¡Qué cuchichear millones! ¡Qué aquilatar diamantes! ¡Qué publicar los precios de las telas! Y así llegó la noche suntuosa. Todo era en los barrios ricos curiosidad y movimiento. Parecía fiesta de todos, y no de uno. Vaciábanse en la rica puerta carros de flores. Sentíase a veces en torno de la casa ese silencio que inspiran los monumentos. Ya al caer del crepúsculo veíanse brillar, a través de los cristales de los coches que andaban de una y otra parte velozmente, cazoletas de espadas, collares de altas órdenes, lucientes ferreruelos.

Las diez eran dadas, y toda era luz la casa de las maravillas. Mil carruajes se detenían a sus puertas. Saltan de ellos monarcas, caballeros, duques, antiguos colonos. Un torero ayuda a bien bajar a una escocesa. De su marco parecen salidas, para entrar por aquel corredor majestuoso, de muros de rica piedra, y de robles de menuda talla artesonado, princesas de Van Dyck, duquesas de Holbein, damas de Rubens. Contienen mal el asombro que la casa inspira. Cuanto ven, está esculpido, dorado, cincelado. Cuanto pisan, es piedra tal, que vale más que oro. En lo inmenso se piensa, y en templo majestuoso, cuando se sube la ancha escalinata, que aún revuela al tercer piso por bajo un arco altivo que la agiganta y enno blece. Gimnasio llaman a la sala vasta donde, entre la curiosa muchedumbre, se juntan las cuadrillas de honor que han de guiar la procesión y romper el baile. ¡Oh, qué curiosa, esa cuadrilla de damas y caballeros montados en caballos que parecen reales, con largas mantas que ocultan los pies de los bailadores, y cubiertos de pieles verdaderas y de crines que poco ha estaban vivas,-la cual cuadrilla va a bailarse en memoria de las fiestas de Corte! Llevan los jinetes casacas rojas de caza, y veste y medias de raso blanco, y calzón amarillo, como los caballeros de cacería en tiempos de Luis XIV, y ¡qué bordadas van las sayas blancas de las amazonas, y cómo las realza la chaquetilla roja!-¡Cuán brillante esa otra cuadrilla, que es la de Opera Bufa! ¡Esta es Scopolette que da la mano a M. le Diable y allí van Ángel Pitou y la Perricholi, y Mme. Angot y le Petit Duc! ¡Y esos otros que se han vestido de deslumbrante moaré blanco, y de aquel traje de alba seda, empolvada peluca y blanco narciso en el ojal, a uso de caballero de la antigua corte alemana, para parecer porcelana de Dresde, cuya marca famosa llevan bordada en el vestido! ¡Qué ingeniosa la cuadrilla de las estrellas: llevan colores pálidos, ¡blanco, azul, malva delicado y sutil amarillo! Y ya se mueven: ya va, tras las cuadrillas, el séquito opulento. Apenas se habla; los ojos cuentan más que miran. Todos parecen allí trenes cargados de rica joyería, duques de Buckingham. ¿Qué maravilla más, la casa o la riqueza de los huéspedes? Ya llegan, en tanto que afuera la gente ansiosa se agolpa a las balaustradas, al noble salón que parece nacido de las manos creadoras de Pedro Lescot. De fuera hace pensar el palacio en los albañiles de Estrasburgo, y en el Bernini y en Juan Goujon, esta sala que llaman de Francisco I, arrogante como el rey caballeresco, cubiertas las paredes de tallados muy ricos de nogal de Francia y rojo terciopelo, y chispeando allá en el fondo monumental chimenea hecha como para calentar a reyes gigantes.

De un castillo de Francia fue traída la ornamentación de esta otra sala, en que el séquito entra ahora, toda vestida de roble dorado, por los amores de Psiquis y Cupido-que Brandy pintó en el techo-presidida, y ligera y graciosa, como aquel tiempo criminal y amable de olvido y devaneo. Y ya en el comedor, no tiene coto el asombro. Piso y techo son de roble, con revueltos y varios dibujos: y en fajas van vistiendo las paredes roble de talla exquisita, tapices de flores de oro, cornisa de rara piedra de Caen, y luego en lo alto, como borda cerrada galería la sala de Embajadas de la Alfarería de Zaragoza, caliente aún de miradas de mora y amores de reyes, extiéndese franja ancha de coloreada cristalería, que hace del comedor como cesto bordado de flores colosales, o nido de luz, o inmenso joyero. Y de la gran ventana de cristales, que ha pintado Oudinot, vivos resaltan, cual, si desde sus estribos cincelados recibiesen corte, Enrique VIII y Francisco I, que, a la cabeza de séquitos fastuosos, cruzan las manos reales en el campo del Manto de Oro. Y, ¡qué palmas por toda la casa! ¡Qué rosas que hacen pensar en la Rafflesia Arnoldis, que es flor gi gantesca, de Java y Sumatra! ¡Y cómo se encarama, por las paredes del gimnasio, ya poblado de mesas de cenar, al rumor de las fuentes, por entre la rosa Jacqueminot, de obscuro carmesí, y la María Vassey, que es rosa nueva, la buganvilla de flores encarnadas, cubana enredadera!

Ya pasean todos por la casa, de brazo y cuchicheo; el señor de ella, que va de Duque de Guisa, lleva del brazo-¡oh cosa bella y novísima!-a la Luz Eléctrica. De raso blanco es el vestido de la dama, mas todo, como su cabello, de brillantes cuajado. ¡Dejad que pasen reyes y pastoras, que son cosa vieja, mas no sin observar cómo van Francisco I del brazo de D. Carlos, que le muestra orgulloso su hoja verdadera de la fábrica antigua de Toledo, y cuán amigas andan riendo gozosamente María Estuardo, que es esta vez Cristina Nilsson, e Isabel de Inglaterra!

Ese que pasa haciendo galas marciales, lleva el traje con que paseó su bravo abuelo aquel otro baile famoso que dio New York al Marqués de Lafayette, que fue noble de veras, pues fue tierno. Y aquella acaba de saltar de una góndola negra de Venecia, y tal parece que lleva al cuello los ricos encajes, y en la cabellera suntuosa la matizada joyería de la mujer de Marino Faliero. Aquí viene el hijo del Duque de Morny, que vio hace poco, en su casa de París, sereno como la estatua del vicio, caer muerta a sus pies una criatura ardiente y delicada, a la muy bella Mlle. Teyghine, y ahora danza, sin miedo de sombras ni cuidados, en su lindo vestido de caballero de Luis XV. Un charro mexicano pasea airosamente a la Música, que se lleva tras sí todos los ojos: viste la Música traje de raso rojo que le cae sobre saya de raso blanco, franjada a modo de pauta, de anchas listas de terciopelo negro, y sobre el peto, en una faja de éste, lleva bordadas en oro las notas de la escala: lindo gorrillo de seda roja, todo bordado de instrumentos de oro, le recoge todo el cabello. Ahora se sienta en vieja silla de cuero de Córdoba, estampado de escudos reales, un abogado de New York que bien lo pudo ser de corte, por las gracias de su palabra y amena cultura: es Chauncey Depew, orador de nota, defensor probado de esta casa de ricos, que ha llevado al baile el traje de los viejos Knickerbockers que sienta a caballero grave: calzón y chupa son de terciopelo negro: de raso pálido bordado de rosas el luengo chaleco, realzan encajes por cuello y bocamangas, y ciñen al empeine los negros zapatos dos broches de gruesos brillantes. ¡Oh, quién cuenta la gente innumerable! Este último es Abraham Heritt, rico piadoso y orador de fama, que viste de Rey Lear, y lleva del brazo a esta niña agraciada, a cuya pálida hermosura sientan bien el casco luciente de finísimo acero, y la cota de malla de plata trenzada de la radiosa Juana de Arco.

Y ya sale el correo, y aún se habla del baile: mas no de sus donaires y discreteos, ni comedias de amores, a la sombra de palmas y entre perfumes de rosas enredadas, ni de las réplicas vivaces que el borgoña generoso enciende, y dora el champán bueno; ni de esas gratas y amenas locuras que luego de los bailes animados revolotean en torno de la frente, cual lindas mariposas de colores, o besos fugitivos. Háblase del baile cual, si hubiera sido gigantesco paseo, o muestrario de prendas, o certamen de joyas, o sondeo de arcas. Tal parece que fue procesión muda, que cenó cena recia, se movió pesadamente, y volvió torva. Quien lee en los diarios las notas del baile, lee cuentos de escenario, mas no de alma. Y ha caído la fiesta como en hueco, y empiezan a decir que sientan mal, en estos tiempos de cólera y revuelta, y muchedumbres apetitosas y enconadas, muestras tales de lujo desmedido y gracia en trajes, que los tristes no entienden, ni la época seria lleva bien, ni convienen a país republicano, ni olvida ni perdona aquel ejército que adelanta en la tiniebla, en que capitanean a los hombres de corazón henchido y frente estrecha aquellos de frente ancha y miradas de hoja afilada de Toledo. Y es que se dio el baile como enseña de riqueza; y como a golpe en el rostro lo han tomado las gentes envidiosas, miserables y descontentas:-¡aún no se ha levantado de sus sesiones la convención francesa! Pero aquí está sentada a su lado la cordura.»

José Martí

JOSÉ MARTÍ
La Nación. Buenos Aires,
13 y 16 de Mayo de 1883.

Apéndice 4

Notas de Martí en su Cuaderno de Apuntes # 3

Los **Cuadernos de Apuntes** de José Martí son, en su mayor parte, hojas de papel cosidas con hilo, parte de la papelería que Martí legó a su discípulo predilecto *Gonzalo de Quesada y Aróstegui*. Descifrar la letra, casi ininteligible en muchas de las páginas, con apuntes frecuentemente en francés, inglés, italiano, hebreo, latín y griego, resultó ser una tarea larga y difícil. Los **Cuadernos** son un valioso documento que permite conocer la genial e inquieta mente de Martí y su preocupación por la asombrosa variedad de asuntos que fueron objeto de su meditación y estudio, pese a su agitada y breve vida. Aquí se presentan exactamente las primeras líneas del cuaderno **Número 3**, escrito de puño y letra de Martí; está compuesto por hojas cosidas de 21.5 x 30.5 centímetros en tamaño. Martí menciona en estas páginas, por primera y única vez en sus escritos, las palabras **Comunismo**... y **Comunista**.

Texto:

Bakounine, el revolucionario ruso.
Discípulo de Panlof, introductor en Rusia de la filosofía de Schelling.
Stanekevith, el joven elocuente, llevó a Hegel.
Bielinski, el acerado crítico, fue el Voltaire ruso.
Conspira:-vilipendiaba-escupía: compuso.
Colectivismo de Bakounine: **comunismo**.

Ayuntamiento comunista, en lo político sometido a un gobernante irresponsable,-en lo administrativo a un oficinero regular, implacable e impasible.-Bakounine habló en Berna: en Basilea, amplió su sistema.

Liquidación Social
Propiedad colectiva del suelo
Propiedad en común de todos los instrumentos de trabajo.
Sustitución de todo Estado político por asociaciones de trabajadores.

Restaurar el eslavismo: ¿es ésta privativamente toda la idea rusa? Extender la dominación de los eslavos: ¿darán lugar a esto las descomposiciones internas del imperio? Otro es el [temor] justo: el carácter de la democracia vengadora que avanza en la sombra. Lo que Bakounine llevó a los soñadores occidentales,- ¿no lo llevaría la forma colérica de la naciente libertad rusa a los mal contentos trabajadores de Occidente? Mas ¿no será consuelo a esto, real consuelo, pensar que en tanto que la potente aristocracia rusa gasta todas sus armas en el pecho heroico de los nihilistas,-la libertad, con el ejemplo francés y su majestuoso desarrollo en la paz ilustrada, habrá afirmado ya irrevocable y sólidamente sus conquistas, contagiando de asombro y de esperanza a los atentos pueblos limítrofes?

No han descansado los eslavófilos. ¡Cuánto dinero dieron a Taz! 1840. Tuvo gran enemigo en Tchadayef, el enérgico y sombrío oficial de húsares a quien el czar declaró loco.

Dividiéronse los eslavófilos: en autoritarios ortodoxos y republicanos socialistas.

Aquellos tuvieron en Kornekoff, su constructor racional. Impotente para regir a los hombres la voluntad humana, sométanse todos los hombres a la Iglesia griega, urna de la divina voluntad. -En Kireyefski tuvieron un místico arrodillado en tierra. con los brazos abiertos ante el altar, como esperando, al modo de !os brahmanes, la hora de la eterna mezcla, del hundimiento eterno del hombre macerado en su Hacedor: ¡¡Aham Brahma! Aksakof era el hombre del sable y de la lanza.-

Fin del Texto

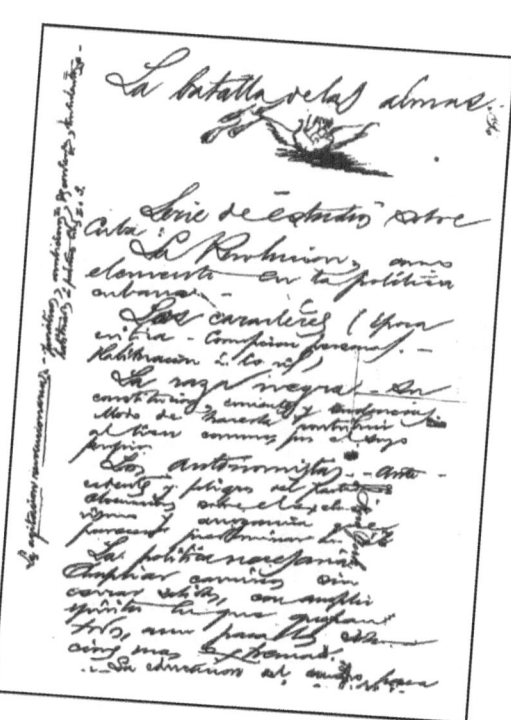

Una de las páginas del **Cuaderno de Apuntes** de José Martí. En palabras de Jorge Mañach...«Los Cuadernos recogen, con un orden más o menos cronológico, la abundante papelería que Martí no pudo organizar en vida, ya por estar empeñado en tareas que no permitían dilación y constituyen el proyecto de ideas apresadas al vuelo, muchas de las cuales, maduras y vigorosas, pasaron a formar parte de su obra consolidada. En los Cuadernos hay recordatorios de todo tipo, incluso de remedios para enfermedades y listas de libros pendientes de ser comprados, poemas y borradores de poemas...»

Apéndice 5

Carta de José Martí a Fermín Valdés Domínguez.

Nueva York, Mayo, 1894

Sr. Fermín Valdés Domínguez
Fermín queridísimo:

De la maluquera, y el quehacer de que voy halando como un mulo, me he dado un salto a Nueva York, a mis cosas. Estoy al salir, para la gran fagina: y empiezo por casa. ¿Aunque por qué llamo a esta tierra dura "casa"? Ya tú conoces esta vida. Nuestra gente cada día padece más aquí. El país los echa: por fortuna vivimos unos cuantos, que moriremos por abrirles tierra. Y viven almas como esa brava tuya, que está ahora de renuevo, y tan metida en virtud, que cuando vaya allá te he de encontrar todavía mejor mozo. Leña al horno, Fermín, que va a necesitarse pronto el fuego. Recibí todas tus cartas, y a todas te contestaré con más detalles que si te los escribiera. Muy juiciosas las observaciones sobre las necesidades perentorias: a eso estamos. Creo que ya vamos hasta por la cintura en la maravilla. Sudo muerte; pero vamos llegando. Y tengo una fe absoluta en mi pueblo, y mejor mientras más pobre: a ver si me falla. Esa sí que sería puñalada mortal. Ya yo te veo hecho un jardín, como se me pone a mí el alma cuando ando por esas tierras, de la bondad que pisa y bebe uno, y que tú celebras con elocuencia verdadera en tu hermosa carta a "Cuba". ¿Qué delicadeza mayor quieres, ni qué más viril poesía, que la que mueve la creación de ese club nuevo, que no valdrá porque lleve nuestros nombres, sino por las virtudes que en nosotros creen ver sus fundadores, que, con serlo, se revelan capaces de ellas? Por ahí es por donde nuestra tierra está pecando: por lo feos y escasos que andan, por ahí, el amor y la amistad. -Ahí tienes una nimiedad que ni a ti ni a mí nos puede dejar los ojos secos.-Es preciso merecer ese cariño.

Una cosa te tengo que celebrar mucho, y es el cariño con que tratas: y tu respeto de hombre, a los cubanos que por ahí buscan sinceramente, con este nombre o aquél, un poco más de orden cordial, y de equilibrio indispensable, en la administración de las cosas de este mundo.

Por lo noble se ha de juzgar una aspiración: y no por esta o aquella verruga que le ponga la pasión humana. **Dos peligros tienen la idea socialista, como tantas otras: -el de las lecturas extranjerizas, confusas e incompletas: - y el de la soberbia y rabia disimulada de los ambiciosos, que para ir levantándose en el mundo empiezan por fingirse, para tener hombros en que alzarse, frenéticos defensores de los desamparados.** Unos van, de pedigüeños de la reina, como fue Marat, -cuando el libro que le dedicó con pasta verde -a lisonja sangrienta, con su huevo de justicia, de Marat. Otros pasan de energúmenos a chambelanes, como aquellos de que cuenta Chateaubriand en sus "Memorias". Pero en nuestro pueblo no es tanto el riesgo, como en sociedades más iracundas, y de menos claridad natural: explicar será nuestro trabajo, y liso y hondo, como tú lo sabrás hacer: el caso es no comprometer la excelsa justicia por los modos equivocados o excesivos de pedirla. Y siempre con la justicia, tú y yo, porque los errores de su forma no autorizan a las almas de buena cuna a desertar de su defensa. Muy bueno, pues, lo del 10 de Mayo. Ya aguardo tu relato, ansioso.

Yo que te charlo, estoy lleno de gente, y sin un minuto. ¿Conque ya suena la alcancía, y me vas a recibir con el aire de prisa de un médico atareado? No me hables de Palma. Tú curarás, porque te quieren, y porque sabes. Aquí te necesitaría, porque me cuesta mucho escribir, y estar levantado. Allá voy a llegar muy mohíno, y acaso inservible. -Mejor, me verán arrastrándome, por servirle a mi tierra,-por servirlos. .No hay sermón como la propia vida. ¿Y quieres creer que, mozo como soy, no pienso en tanta gente noble sino con cariño de padre a hijo?-De prisa te diré cómo gozo con que por corazones tan buenos se vaya extendiendo tu cura, que es a la vez de cuerpo y de alma. Ya sé- ¿quién lo supo nunca mejor?- lo que han de pensar de ti. Y vuelo. Yo me voy a halar del mundo con el hijo de Gómez. -A todos, que no escribo.

Hago bien. ¡Ya me perdonarán!

Tu,

José Martí [54]

---

[54] Muy relacionado con estas palabras se encuentra el hecho de que Martí desaprobaba el planteamiento de la lucha emancipadora sobre una base clasista y nunca se le hubiera ocurrido abogar por una *"revolución proletaria."* A todo lo largo de su vida, Martí jamás se planteó la disyuntiva de capitalismo o socialismo, sino la de yugo extranjero o república independiente. A fines del siglo XIX en la isla no había ninguna posibilidad real, objetiva ni subjetiva, de llevar a cabo una revolución socialista; lo impedía en primer término el bajo grado de disposición de las fuerzas productivas. La clase trabajadora estaba muy lejos de alcanzar el nivel organizativo ideológico y político necesario para dirigir ese salto histórico que hubieran deseado los Marxistas de hoy. Proponérselo hubiera sido una utopía engañosa, y además un daño enorme a la indispensable unidad de los Cubanos en la lucha por la independencia. La posición de Martí era consistente con las necesidades y posibilidades de la Cuba finisecular, en contraste realista con los insistentes e incoherentes argumentos de los pseudo intelectuales Marxistas del siglo XX.

En su desesperado afán de vincular a Martí con Karl Marx, los Marxistas contemporáneos han inclusive sugerido -según el testimonio de un testigo que nunca han identificado- que Martí adornaba las pareces de su humilde oficina de *120 From Street* en New York, junto a una foto de su padre don Mariano, con una foto de Karl Marx.

Apéndice 6

The Situation in Cuba and the Caribbean. A National Intelligence Report from the US Department of State.

Department of State, INR Files. Secret
Washington, June 30, 1959

Purpose

To estimate the prospects through 1959 for political stability in the Caribbean republics, with particular reference to Communist strength and influence in Cuba and among the revolutionary groups of exiles from Nicaragua and the Dominican Republic.

Conclusions

1. In *Cuba*, Fidel Castro achieved immense popularity through his leadership in the overthrow of the Batista dictatorship, a popularity which since has been decreasing. His temperament and inexperience ill fit him to administer the government. He is inspired by a messianic sense of mission to aid his people and draws upon the common stock of Latin American reformist ideas, but he has little sense of the practical consequences of his impulsive attitudes and actions.

2. The Communist Party in Cuba has at various times been and is again one of the strongest in Latin America. With great skill, it has succeeded in identifying itself with the Castro revolution, and is exploiting the confusion and ineptitude of the Castro administration to penetrate the bureaucracy, the army, organized labor, and the organization set up to carry out the agrarian reform. The Communists probably do not now control Castro, but they are in a position to exert influence in his regime and to carry on further organizational work. We believe that at least for the period of this estimate the Communists will continue to support Castro's program and will attempt to avoid giving Castro any cause for believing that they are seeking to usurp his position as leader. We, therefore, believe that Castro is unlikely to take the drastic steps necessary to check their increasing power.

3. The trend of developments in Cuba has alienated elements in the upper and middle classes and the Catholic Church, including many who originally supported Castro. His agrarian reform law has aroused substantial opposition even among smaller Cuban landowners. There is also some dissatisfaction in the military and to some extent in the rebel movement itself. Exile groups abroad are plotting. Although opposition is on the rise, Castro continues to enjoy wide popularity. While moves to overthrow the regime are possible, it is unlikely that dissatisfied elements either sepa-

rately or together will challenge him successfully during 1959.

4. Castro is concerned that his radical actions, especially agrarian reform, could cause the US to modify Cuba's preferential treatment in the US sugar market. However, should he believe that the US Government or private interests were exerting pressures to bring about a modification of his policies, he would probably react strongly. It is possible that Castro would threaten to demand the US withdrawal from its naval base at Guantanamo or threaten the expropriation of other large US holdings.

5. Castro's revolution in Cuba has greatly stimulated revolutionary activity throughout the Caribbean area, particularly among exiles from Nicaragua, the Dominican Republic, and Haiti. Initially Castro made the overthrow of dictatorship throughout Latin America a part of his program. Lately, he has realized the advisability of publicly adhering to the doctrine of nonintervention as a protection for the revolution in Cuba. Nevertheless, we believe he will continue to assist revolutionary exile groups in Cuba to invade their respective homelands.

6. The Somoza regime in **Nicaragua** is currently threatened with attack from exiles who have intermittently invaded Nicaragua in small groups. The danger to the regime is primarily psychological; it is less a function of the capabilities of any particular opposition group than of a spreading conviction that the Somozas' time is running out. Should non-Communist opposition elements prove incapable of bringing about an early change in government, anti-US and pro-Communist elements will probably gain increasing influence in the revolutionary movement and in any successor regime which it might set up.

7. We believe that even though the Somozas have survived the recent invasions, their chances for retaining power are diminishing. They probably would be able to prolong their tenure if they were willing to make significant concessions to the opposition—a course which they have thus far been disinclined to follow. However, we believe the Somozas will remain in power at least for the period of this estimate.

8. The 30-year Trujillo dictatorship in the **Dominican Republic** is being challenged for the first time. It is nevertheless probable that the regime will be able to survive through 1959. The possibility remains that failure to eliminate invasion groups will stimulate internal opposition within the country and that the combination of these two forces might cause the military to defect and the regime to topple before the end of 1959. The possibility exists that Trujillo would make good his threat to retaliate with air attacks on Cuba if an invasion supported by the Cuban Government invades his country, and thus create a war situation in the Caribbean area.

9. The internal political situation in **Haiti** is precarious. Governments in **Honduras** and **Panama** are unstable. The Governments of **Guatemala, El Salvador** and **Costa Rica** are not immediately threatened. We believe that all the above governments will survive through 1959, with the possible exception of Haiti.

Villanos, Marxistas y Marrulleros

Apéndice 7

La Perspectiva de Washington durante los primeros 100 días del gobierno de la Revolución Cubana en 1959
(Enero 7- Abril 10, 1959)

No hubo acción alguna por parte de la CIA ni de ninguna otra agencia Estadounidense contra la Cuba de Castro durante todo el año 1959. Hubo grupos de opositores Cubanos a Castro y su revolución, que saboteaban proyectos del gobierno, pero el gobierno Estadounidense, el único enemigo serio que podía derrocar a Castro y evitar una Cuba Comunista, o se había dormido al volante, o no sabía cómo lidiar con la situación, o simplemente ignoraba el conocido historial de Castro como agitador, delincuente común y extremista condenado y fanático.

El único indicio de que Castro era posiblemente un Marxista fue presentado por **J.C. King**, el jefe de la *División para el Hemisferio Occidental* de la CIA, a su jefe, **Allen Dulles**, cuando le informó que...

> "... una dictadura de extrema izquierda se ha apoderado de Cuba, y se debe considerar detenidamente la eliminación de su líder Fidel Castro."

No se hizo nada. Fue sólo el 13 de Enero de 1960 que algunos reportes de un testigo en un *Comité del Senado* fueron presentados a la Casa Blanca, con una recomendación de establecer un *"programa encubierto"* para destituir a Castro. Tampoco se hizo nada en esa ocasión, excepto ignorar y no entorpecer las acciones de sabotaje de los exiliados Cubanos en intrusiones en la isla, a pesar de que varias de estas acciones se tomaron contra empresas Estadounidenses.

Una breve cronología de eventos en Cuba en esos primeros 100 días y la renuencia de Washington a tomar disposiciones se presenta aquí.

La importante lección de las páginas que siguen es...
«Cuando las cosas parecen ir mal, es muy probable que, en efecto, las cosas van mal...»
(Winston Churchill,1946)

1959

Enero

9 - **John Foster Dulles** afirmó que «... *las declaraciones de intenciones del nuevo gobierno se han hecho de buena fe y que es de nuestro interés nacional reconocer sin demora al Gobierno Provisional de Cuba. El Gobierno Provisional parece estar libre de la mancha Comunista y hay indicios de que tiene la intención de mantener relaciones amistosas con los Estados Unidos ...* »

- El Secretario de Estado **Dulles** decide reemplazar a Earl Smith como Embajador en Cuba.

- **Earl Smith** informa a Washington que «... *el discurso de Castro en La Habana fue sincero, divagante y contundente, recibido con gran entusiasmo ...* » Le envió un resumen a Dulles.

- **Dulles** le dice al Embajador de EEUU en Cuba **Earl Smith** «... *que se prepare para salir de Cuba pronto ...*»

10 - **Earl Smith**, presenta su renuncia. **Henry Luce**, editor de *Time-Life*, llama a **Dulles** y dice que, a su esposa, **Clare Boothe Luce**, le gustaría ser embajadora en Cuba. El presidente **Eisenhower** le respondió que «... *necesitamos una persona capacitada para ocupar este puesto ...*»

13 - Un informe a **Eisenhower** afirma que «... *la historia pasada de Castro indica que, si bien está motivado por ciertos ideales, también tiene predilección por la violencia, la implacabilidad y la acción independiente directa para alcanzar sus fines. Castro tuvo contactos con grupos del frente Comunista durante sus días de universidad ... sin embargo, no hay indicios firmes de que Castro sea simpatizante de los comunistas o que los comunistas tengan una posición dominante en su organización...*»

14 - Un largo memorándum de **Park F. Wollam**, Cónsul de los Estados Unidos en Santiago de Cuba al Secretario Dulles, informa que « *300 personas han sido arrestadas ... 70 han sido fusiladas ... los jueces son todos oficiales del 26 de Julio ... la mayoría de los abogados civiles locales se han negado a participar ... los juicios se llevan a cabo por órdenes de Raúl Castro ... los miembros del Colegio de Abogados local han protestado ... 17 personas han sido ejecutadas en Guantánamo, Manzanillo y Holguín ... las protestas de la prensa han sido ignoradas ... El PSP (Comunistas) se ha legalizado ... Varias militantes del PSP han sido nombrados para cargos públicos ...* »

15 - La **CIA** informó a la Casa Blanca que «... ***Castro*** *ha declarado que, si bien el nuevo Gobierno Cubano no tiene la intención de solicitar el retiro de las misiones de los Estados Unidos, sería visto como una gran cortesía de los Estados Unidos retirarlas ... las misiones deberían empacar y partir ya que creemos que están espiando ...* »

17 - **Dulles** informó a la Embajada de los Estados Unidos en Cuba que

«... en vista de los últimos arrebatos de **Castro** con respecto a las misiones militares, creemos que las misiones no sirven ya para ningún propósito si permanecen y, por lo tanto, vamos a discutir las fechas y términos apropiados para su retirada ... »

19 - **Earl Smith** informó a Washington que **Miró Cardona** había renunciado. Las razones básicas de la resignación son su «... *irritación y frustración por la falta de capacidad y decisión del presidente Urrutia, quien difiere constantemente las decisiones hasta que Fidel Castro expresa su opinión...* »

- **Rubottom**, Subsecretario de Estado para Asuntos Interamericanos, informó a Washington que, «... *con pequeñas excepciones, la reacción oficial y los comentarios de la prensa y de los ciudadanos privados respecto de las ejecuciones en Cuba han sido uniformemente desfavorables en América Latina ...*»

20 - **Braddock**, Encargado de Negocios de los Estados Unidos en La Habana, fue informado por **Roberto Agramonte**, Ministro de Estado Cubano, que «... *los cubanos no tienen quejas contra el pueblo Estadounidense o el gobierno de los Estados Unidos, pero sí contra el Embajador Earl Smith, la prensa Americana, y las Misiones Militares ... en contra de Smith, particularmente, por su amistad con el dictador Batista ...* »

23 - **Braddock**, en una nota a Washington, informó que «... *Castro no es anti-Americano ni Comunista, pero no es un tipo amistoso...*»

- **Castro** visita Caracas y es recibido por el Contraalmirante **Larrazabal**, el sucesor del depuesto Jefe de Estado **Pérez Jiménez**.

27 – **Spalding**, Embajador Americano en Santo Domingo, le escribió al Primer Ministro Cubano, **Gonzalo Güell** preguntando si los Estados Unidos le darían visa de inmigración a **Batista** y 20 de sus hombres, aduciendo la ayuda que Batista prestó a los EEUU durante la Segunda Guerra Mundial. Batista estaba bajo presión del gobierno Dominicano de abandonar ese país.

- En una comunicación de **Willauer**, el Embajador Americano en Costa Rica a **Rubottom**, le comunicó que **Figueres**, Presidente de Costa Rica, cree que «... *lo que puede pasar en Cuba es tener un nuevo dictador, pero, como creen Muñoz Marín (Puerto Rico) y Rómulo Betancourt (Venezuela), no va a haber una entrada del Comunismo, a pesar de que los Comunistas han penetrado las clases obreras ...*»

- El Pentágono decide retirar las Misiones Militares de Cuba debido a la situación creada por las declaraciones de Castro.

Febrero

3 - El Departamento de Estado Americano decidió no aprobar las visas solicitadas por **Batista** y sus colaboradores varados en República Dominicana. La denegación incluye a **Andrés Domingo y Morales**

del Castillo, expresidente de Cuba con Batista, que padece de un problema cardíaco.

4 – **Carlos Piad**, un Cubano muy bien relacionado con los EEUU, visitó a **Braddock**, que estaba en La Habana visitando la Empajada Americana, para compartir su pesimismo sobre Cuba. «... *la economía está paralizada ... los disturbios laborales están obstaculizando la producción ... se han tomado muchas armas de los almacenes en Columbia ...* **Raúl Castro** *está a cargo allí ... El Dr.* **Agramonte** *está pidiendo favores a* **Castro** *... compitiendo con el Dr. Manuel Bisbé ... quien también quiere un papel importante ...* »

5 – Dos fuentes diferentes han advertido a la Embajada Americana que **Castro** está obsesionado con echarle la culpa a los Americanos de todos los problemas que confronta Cuba.

6 – En un informe de **John C. Hill**, Assistant Secretary of State for Inter-American Affairs, se reporta que los grupos de estudiantes en el Directorio están muy descontentos, los seguidores de **Ché Guevara** están abogando por ataques a *Nicaragua, Haití* y la *República Dominicana* y los **Castro** están ayudando a los Comunistas Cubanos.

12 – Un grupo de oficiales Cubanos del nuevo gobierno han pedido al Tesoro Norteamericano que ayude a Cuba con un depósito de $ 100 millones en el *Fondo de Estabilización*.

14 – Según un telegrama de la Embajada en Cuba al Secretario de Estado, todos los miembros del Gabinete presidencial de Cuba han renunciado, debido a insistentes declaraciones irresponsables a la prensa y los múltiples choques con el Presidente **Urrutia**. Se rumora que **Castro** ha accedido a ser Primer Ministro.

17 – Según un segundo telegrama de la Embajada en Cuba al Secretario de Estado, la Embajada confía que **Regino Boti**, **Raúl Cepero Bonilla** y **Felipe Pazos** pueden llevar una influencia moderada al gobierno Cubano.

18 – En un Memorándum de la Embajada en Cuba al Secretario de Estado firmado por **Daniel M. Braddock**, *Chargé d'Affaires*, se indica que «*...* **Castro** *no es tan anti-Americano como suena en sus discursos públicos. Cuba ha anunciado que daría la bienvenida a nuevas inversiones Americanas. Es en las Fuerzas Armadas Cubanas que más se nota el prejuicio contra los Estados Unidos... No vemos porque las empresas Americanas no puedan adaptarse a la presente condición...* »

19 - Memorándum de **Wieland** a **Rubottom**: « *...sólo Ché Guevara y Raúl Castro son radicales y pro-Comunistas ...* **Fidel Castro** *y los del Movimiento 26 de Julio son básicamente moderados y democráticos ...la clase media y los profesionales dejarían de apoyar la revolución si tomara cortes radicales o Nasseristas ...los EEUU tienen que ayudar a fortalecer los moderados de Cuba, tener paciencia con las declaraciones de* **Castro** *y maniobrar los radicales hacia posiciones que chocan con los planes de la revolución ...*»

20 - Memorándum de **William P. Snow**, Secretario de Estado Asistente

para Asuntos Interamericanos a **C.D. Dillon**, Sub Secretario de Estado para Asuntos Económicos: «... *Al partir Batista las reservas Cubanas fueron reducidas más de $60 millones por debajo de lo normal. Cuba necesita para estabilizarse y no devaluar su moneda, $100 millones del* **International Monetary Fund (IMF)**. *Le recomiendo me autorice a pedirle al Tesoro, en nombre del Departamento de Estado, que autorice esa transferencia de fondos lo más rápidamente posible...* »

25- En un extenso despacho firmado por **Daniel M. Braddock** desde a Embajada en Cuba al Departamento de Estado se destaca lo siguiente: «... *La autoridad en Cuba no reside en los oficiales del gobierno provisional sino en el Movimiento 26 de Julio... la prensa está bajo auto-censura... es difícil encontrar a alguien opuesto a* **Castro**... *excepto algunas excepciones, los oficiales del gobierno en el interior del país son todos inexpertos... algunos oficiales consideran riesgoso recibir a luchadores del Directorio como* **Faure Chomón**... *lo que funciona en Cuba hoy en día es el caudillismo de siempre... las cárceles están llenas de prisioneros en condiciones lamentables... Castro resiente tremendamente cualquier crítica... no hay ninguna oposición abierta en contra del régimen de Castro... las organizaciones tradicionales de oposición a Batista como la* **FEU**, *la* **Organización Auténtica**, *el* **Movimiento de Resistencia Cívica**, *las fuerzas del* **Autenticismo**, *la* **Juventud Católica**, *el* **Grupo de Instituciones Cívicas**, *la* **Triple A** *y el* **Directorio Revolucionario**, *son completamente ignoradas por el* **M-26-7**, *lo cual esté causando fricciones... Lo único que se le ha concedido a la FEU ha sido la Ley 11, que invalida las notas y diplomas de la Universidad de Villanueva... el* **Partido Comunista** *ha racionalizado su apoyo al* **Movimiento 26 de Julio** *y participa, sobre todo, en actividades de desorden... nominalmente los Comunistas no apoyan al* **M-26-7**... *los líderes obreros del pasado han perdido su atractivo y sus seguidores...* »

Marzo

5 - En un Memorándum de la Embajada en Cuba al Secretario de Estado Americano, firmado por el Embajador **Philip W. Bonsal**, reportando de su primera visita con Castro, que duró 90 minutos, en presencia del **Dr. Agramonte**, Ministro de Estado Cubano, el Embajador expresó: «... **Castro** *fue cordial y efusivo... dio a conocer la invitación de la Asociación Nacional (Americana) de Editores de Periódicos (ASNE) a visitar los EEUU, y detalló sus planes de reforma agraria, industrialización, reducción de alquileres, financiamiento de viviendas populares y otros planes de la revolución. Yo le comunique los aciertos de los EEUU y sus contribuciones al progreso de Cuba...*»

9 – En un largo despacho, **Daniel M. Braddock** informó sobre la visita del Embajador **Bonsal** al Ministro de Estado Cubano, **Dr. Agramonte**: «*El Embajador dio gracias al Ministro por haber rechazado la crí-*

tica del periódico Hoy, que calificó de Insidiosas sus palabras al presentar credenciales a Castro, lo cual produjo una sonrisa del Dr. Agramonte... ambos estuvieron de acuerdo que las diferencias de opiniones entre los dos gobiernos podían aclararse... **Agramonte** se refirió a un reporte en un diario de Miami en el sentido que los Cubanos exiliados estaban comprando armas y el Embajador le contestó que si el gobierno Cubano sabía de violaciones en ese sentido, el gobierno de los EEUU estaban dispuestos a atenderlas... ya al final de la reunión el Dr. **Agramonte** se interesó en la extradición de Masferrer, a lo cual el Embajador respondió que estudiaría ese asunto...»

12 - En un Memorándum escrito por **William A. Wieland**, de la Embajada Americana en Cuba, se presentaron los siguientes puntos: «Tras la visita de Congresman **Adam Clayton Powell** (del Bronx), éste informó que las cosas iban muy mal en Cuba... Fidel insistía frenéticamente e incoherentemente en volver a juzgar a los pilotos Cubanos que habían sido absueltos por los tribunales y **Rufo López Fresquet**, Ministro del Tesoro, estaba muy alarmado ... también lo estaba **Manuel Ray**, Ministro de Obras Públicas ... parte de los temores. era que los comunistas habían tomado el control del periódico **Revolución** del manos del Movimiento 26 de Julio ... una sensación de miedo prevalece en toda la isla ... **Castro** no sabe nada sobre teoría económica... **Raúl Castro** y **Ché Guevara** son definitivamente Comunistas... **Camilo Cienfuegos** es un mujeriego empedernido sin poder alguno en Cuba... **William Morgan** está criticando abiertamente a Castro... la gente está aplaudiendo a **Juan Marinello** (presidente del PSP Comunista)... **Clayton Powell** acepta que se ha equivocado con Castro y su revolución... **Muñoz Marín** (Gobernador de Puerto Rico), sin embargo, piensa que ni Castro ni Guevara son Comunistas... **Powell** piensa que Guevara lo es... »

13 - Memorándum de **John A. Calhoun** al Secretario de Estado:
«... **Castro** ayer lanzó otra diatriba contra los Estados Unidos. Hay que reservar la decisión sobre **Eisenhower** recibiendo a **Castro**...»

17 – Telegrama de **Bonsal** al Departamento de Estado. «... La Embajada no está de acuerdo con las apreciaciones de **Clayton Powell**, excepto que **Castro** está nervioso e irritado y luce confundido e incoherente... algunas personas piensan que está enfermo... su actuación lo está enemistando con las clases dirigentes del país... **Castro** ha aumentado su guardia personal... los Comunistas están avanzando en sus posiciones gracias a **Ché Guevara**... cualquier hospitalidad tendida a Castro debe esperar un buen tiempo... »

23 – Despacho de **Marion W. Boggs**, oficial del National Security Council al Secretario de Estado. «... **Allen Dulles** (de la CIA) está muy preocupado con los acontecimientos en Cuba... **Castro** se esté transformando en un dictador... y en un demagogo... y los Comunistas están actuando por la libre y han penetrado el gobierno por todos

lados... **Eisenhower** quiere saber lo que piensa la OEA y si va a tomar alguna decisión con respecto a Castro... el presidente también preguntó si se le puede negar la visa a Castro...**Allen Dulles** señaló que quizás se pueda hacer algo con la cuota azucarera que recibe Cuba... **Herter** expuso que la invitación a Castro es irreversible...»

30 - Telegrama del Embajador en Costa Rica, **Willahuer** al Departamento de Estado. «... *Figueres* y *Castro* no se llevaron bien en la visita a Cuba... *Castro* no tuvo tiempo de leer el discurso de *Figueres* y se sorprendió con el tono que tenía... Figueres criticó el anti-Americanismo de la revolución... Castro lo acusó de ponerse al lado de los imperialistas... *Figueres* se convenció que el ejército Cubano estaba dominado por Comunistas y que planeaban una "Hungría en reversa..." Figueres piensa que el ejemplo de Cuba (fusilamiento de los altos responsables militares de la dictadura) va a lograr que en Nicaragua los sandinistas sean exitosos cuando el ejército se acobarde y no pelee...»

- Carta de **Arleigh Burke** (Jefe de Operaciones Navales de EEUU) a **Jerauld Wright** (Comandante de la Flota del Atlántico). «... Se que en Washington están disgustados con Castro... siempre pensé que Castro iba a derrocar a Batista... e iba a ser peor que Batista... muchos hombres de negocio Americanos van a perder sus inversiones... Castro no hace nada por el bien de Cuba sino por su propio bien...»

31 - Nota de **Christian Herter** al archivo. «... El Presidente dijo que planea estar fuera aproximadamente del 6 al 19 de Abril aproximadamente. *Herter* dijo que agradecía esta noticia, ya que el Presidente estaría ausente cuando *Fidel Castro* esté aquí desde Cuba, y no surgirá ningún problema en cuanto a que el presidente no quiera verlo. El Presidente dijo que, por desagradable que fuera, lo vería en su oficina si no hubiera más remedio. Agregó que no podía entender por qué los editores de periódicos Estadounidenses, que se supone que tienen a su lado los intereses Estadounidenses, o al menos algo de corazón, habían emitido tal invitación ...»

Abril

3 - Telegrama de **Philip Bonsal**, Embajador en Cuba, al Departamento de Estado.«... *Castro* dedicó media hora en TV para atacar violentamente a *Figueres* acusándolo de tolerar la violencia contra Cuba y de ser un ídolo con pies de barro... »

4 - Memorándum del Embajador **Ernesto Dihigo**, Embajador de Cuba en Washington, sobre la visita de Castro a Washington. «... **Castro** llegará a Washington el 16 de Abril, para un almuerzo con el Secretario de Estado **Herter**... depositará ofrendas florales en las tumbas de Lincoln y Jefferson... **Dihigo** expresó que Castro tenía interés de charlar con Nixon, ya que Eisenhower no iba a estar en Washington... Castro deseaba tratar el asunto de los aviones **DC-4** que Cuba deseaba adquirir... Dihigo se mostró preocupado por rumores que el

General **Tabernilla** estaba organizando una protesta en New York durante la presencia de Castro...» 7 – Memorándum de **Felipe Pazos**, Presidente del Banco Nacional de Cuba. «... *El Banco tomó la iniciativa de visitar el Fondo Internacional de la Moneda (IMF) en Febrero para solicitar asistencia financiera para respaldar el peso Cubano... el trato no fue consumado entonces por haberse recuperado el peso por si solo y porque Cuba no quiso aceptar las demandas financieras que el IMF exigía... Ahora , sin embargo, la demanda de azúcar ha bajado y Cuba quiere reanudar las conversaciones con la IMF y el Tesoro Americano... el Banco Nacional de Cuba cuenta con las gestiones de **Castro** una vez él llegue a Washington...»*

10 – Telegrama de **Braddock** al Departamento de Estado en Washington. «... ciertos oponentes de **Batista** y [dos líneas con información clasificada], todos partidarios iniciales de la revolución, se han acercado a la Embajada preocupados de que Castro reciba ayuda financiera de los EEUU, a pesar de tener su gobierno ciertas inclinaciones Comunistas... sugieren que los EEUU pospongan ese tipo de ayuda hasta asegurarse que el régimen de Cuba no es Comunista... alegan que otros países aprenderían que la forma de obtener ayuda de los EEUU es amenazándolos con establecer un sistema filo-Comunista...»

FIN DE LOS PRIMEROS 100 DIAS DEL CASTRISMO

Apéndice 8

Los asesinatos documentados del Ché Guevara

**Ejecutados por el Ché en la
Sierra Maestra (1957-1958)**

1. Aristio – 10-57
2. Manuel Capitán – 1957
3. Juan Chang – 9-57
4. "Bisco" Echevarría Martínez – 8-57
5. Eutimio Guerra – 2-18-57
6. Dionisio Lebrigio – 9-57
7. Juan Lebrigio – 9-57
8. El " Negro " Nápoles- 2-18-57
9. "Chicho " Osorio – 1-17-57
10. Un maestro no identificado ("*El Maestro*") – 9-57
11-12. Dos hermanos, espías del grupo de Masferrer -9-57
13-14 Dos campesinos no identificados-4-57

**Ejecutados por el Ché durante su breve comando
en Santa Clara (1-3 de Enero de 1959).**

1. Ramón Alba – 1-3-59**
2. José Barroso- 1-59
3. Joaquín Casillas Lumpuy – 1-2- 59**
4. Félix Cruz – 1-1-59
5. Alejandro García Olayón – 1-31-59**
6. Héctor Mirabal – 1-59
7. J. Mirabal- 1-59
8. Félix Montano – 1-59
9. Cornelio Rojas – 1-7-59**
10. Vilalla – 1-59
11. Domingo Álvarez Martínez 1-4-59**
12. Cano del Prieto -1-7-59**
13. José Fernández Martínez-1-2-59
14. José Grizel Segura-1-7-59** (Manacas)
15. Arturo Pérez Pérez-1-24-59**
16. Ricardo Rodríguez Pérez-1-11-59**
17. Francisco Rosell -1-11-59
18. Ignacio Rosell Leyva -1-11-59
19. Antonio Ruíz Beltrán -1-11-59
20. Ramón Santos García-1-12-59
21. Pedro SocarrásS-1-12-59**
22. Manuel Valdés – 1-59
23. Tace José Velázquez -12-59**

** Che firmó la pena de muerte antes de partir de Santa Clara.

Ejecuciones documentadas en la prisión Fortaleza de la Cabaña bajo el comando del Ché (3 de Enero al 26 de Noviembre del 1959).

1. Vilau Abreu – 7-3-59
2. Humberto Aguiar – 1959
3. Germán Aguirre – 1959
4. Pelayo Alayón – 2-59
5. José Luis Alfaro Sierra – 7-1-59
6. Pedro Alfaro – 7-25-59
7. Mariano Alonso – 7-1-59
8. José Alvaro – 3-1-59
9. Alvaro Anguieira Suárez – 1-59
10. Aniella – 1959
11. Mario Ares Polo- 1-2-59
12. José Ramón Bacallao 12-59**
13. Severino Barrios – 12-9-59**
14. Eugenio Bécquer – 9-29-59
15. Francisco Bécquer – 7-2-59
16. Ramón Biscet– 7-5-59
17. Roberto Calzadilla – 1959
18. Eufemio Cano – 4-59
19. Juan Capote Fiallo – 5-1-59
20. Antonio Carralero – 2-4-59
21. Gertrudis Castellanos – 5-7-59
22. José Castaño Quevedo – 3-6-59.
23. Raúl Castaño – 5-30-59
24. Eufemio Chala – 12-16-59**
25. José Chamace – 10-15-59
26. José Chamizo – 3-59
27. Raúl Clausell – 1-28-59
28. Ángel Clausell – 1-18-59
29. Demetrio Clausell – 1-2-59
30. José Clausell-1-29-59
31. Eloy Contreras- 1-18-59
32. Alberto Corbo – 12-7-59**
33. Emilio Cruz Pérez – 12-7-59**
34. Orestes Cruz – 1959
35. Adalberto Cuevas – 7-2-59**
36. Luis Cuni – 1959
37. Antonio de Beche – 1-5-59
38. Mateo Delgado-12-4-59
39. Armando Delgado – 1-29-59
40. Ramón Despaigne – 1959
41. José Díaz Cabezas 7-30-59
42. Fidel Díaz Marquina – 4-9-59
43. Antonio Duarte – 7-2-59
44. Ramón Fernández Ojeda – 5-29-59
45. Rudy Fernández – 7-30-59
46. Ferrán Alfonso – 1-12-59
47. Salvador Ferrero – 6-29-59
48. Víctor Figueredo – 1-59
49. Eduardo Forte – 3-20-59
50. Ugarde Galán – 1959
51. Rafael García Muñiz – 1-20-59
52. Adalberto García 6-6-59
53. Alberto García – 6-6-59
54. Jacinto García – 9-8-59
55. Evelio Gaspar – 12-4-59**
56. Armada Gil Cabezas- 12-4-59**
57. José González Malagón – 7-59
58. Evaristo Benerio González – 11-14-59
59. Ezequiel González-59
60. Secundino González – 1959
61. Ricardo Luis Grao – 2-3-59
62. Ricardo José Grau – 7-59
63. Oscar Guerra – 3-9-59
64. Julián Hernández -2-9-59
65. Francisco Hernández Leyva – 4-15-59
66. Antonio Hernández – 2-14-59
67. Gerardo Hernández – 7-26-59
68. Olegario Hernández – 4-23-59
69. Secundino Hernández – 1-59
70. Rodolfo Hernández Falcón – 1-9-59
71. Raúl Herrera -2-18-59
72. Jesús Insua-7-30-59
73. Enrique Izquierdo- 7-3– 59
74. Silvino Junco – 11-15-59
75. Enrique La Rosa- 1959
76. Bonifacio Lasaparla- 1959
77. Jesús Lazo Otaño -1959
78. Ariel Lima Lago – 8-1-59- (Menor)
79. René López Vidal -7-3-59
80. Armando Mas – 2-17-59
81. Onelio Mata- 1-30-59
82. Evelio Mata Rodríguez- 2-8-59
83. Elpidio Mederos -1-9-59
84. José Medina -5-17-59
85. José Mesa 7-23-59
86. Fidel Mesquía Díaz 7-11-59
87. Juan Manuel Milián – 1959
88. José Milián Pérez – 4-3-59
89. Francisco Mirabal – 5-29-59
90. Luis Mirabal – 1959
91. Ernesto Morales – 1959
92. Pedro Morejón – 3-59

93. Carlos Muñoz M.D.- 1959
94. César Nicolardes Rojas- 1-59
95. Víctor Nicolardes Rojas- 1-59
96. José Nuñez – 3-59
97. Viterbo O'Reilly – 2-27-59
98. Félix Oviedo – 7-21-59
99. Manuel Paneque – 8-16-59
100. Pedro Pedroso – 12-1-59**
101. Diego Pérez Cuesta – 1959
102. Juan Pérez Hernández – 5-29-59
103. Diego Pérez Crela – 4-3-59
104. José Pozo – 1-59
105. Emilio Puebla – 4-30-59
106. Alfredo Pupo – 5-29-59
107. Secundino Ramírez – 4-2-59
108. Ramón Ramos – 4-23-59
109. Pablo Ravelo Jr. – 9-15-59
110. Rubén Rey Alberola – 2-59
111. Mario Risquelme – 1-29-59
112. Fernando Rivera – 10-8-59
113. Pablo Rivero- 5-59
114. Manuel Rodríguez – 3-1-59
115. Marcos Rodríguez -7-31-59
116. Nemesio Rodríguez – 7-59
117. Pablo Rodríguez – 10-1-59
118. Ricardo Rodríguez – 5-29-59
119. Olegario Rodríguez Fernández-4-23-59
120. José Saldara – 11-9-59
121. Pedro Santana – 2-59
122. Sergio Sierra – 1-9-59
123. Juan Silva – 8-59
124. Fausto Silva – 1-29-59
125. Elpidio Soler- 11-8-59
126. Jesús Sosa Blanco – 2-8-59
127. Renato Sosa- 6-28-59
128. Sergio Sosa – 8-20-59
129. Pedro Soto – 3-20-59
130. Oscar Suárez – 4-30-59
131. Rafael Tarrago – 2-18-59
132. Teodoro Téllez Cisneros- 159
133. Francisco Téllez-1-3-59
134. José Tin- 1-12-59
135. Francisco Travieso -1959
136. Leonardo Trujillo – 2-27-59
137. Trujillo – 1959
138. Lupe Valdés Barbosa – 3-59
139. Marcelino Valdés – 7-21-59
140. Antonio Valentín – 3-22-59
141. Manuel Vázquez-3-22-59
142. Sergio Vázquez-5-29-59
143. Verdecia – 1959
144. Dámaso Zayas -7-23-59
145. José Alvarado -4-22-59
146. Leonardo Baró- 1-12-59
147. Raúl Concepción Lima –1959
148. Eladio Caro – 1-4-59
149. Juan Carpintor – 1959
150. Carlos Corvo Martínez –1959
151. Juan Guillermo Cossío –1959
152. Corporal Ortega – 7-11-59
153. Juan Manuel Prieto – 1959
154. Antonio Valdés Mena – 5-59
155. Esteban Lastra – 1-59
156. Juan Felipe Cruz Serafín-6-59**
157. Bonifacio Grasso – 7-59
158. Feliciano Almenares – 12-59
159. Antonio Blanco Navarro – 12-10-59**
160. Alberto Carola – 6-5-59
161. Evaristo Guerra- 2-8-59
162. Cristóbal Martínez – 1-16-59
163. Pedro Rodríguez – 1-10-59
164. Francisco Trujillo- 2-18-59

** El **Ché** firmó la sentencia de muerte, pero la ejecución se efectuó luego de que dejara su comando.

El **New York Times** de la época reportó 15 ejecuciones adicionales, pero se desconocen los nombres de las víctimas.

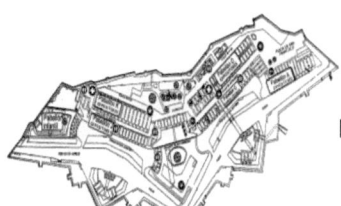

Prisión de **La Cabaña**

Apéndice 9

Los asesinatos documentados de Raúl Castro

En la noche del Lunes 11 de Enero de 1959, por las calles de Santiago de Cuba, se desplazaban seis autos y camiones, en dirección al **Campo de Tiro** ubicado en el Valle de San Juan. Al llegar a su destino, un reducido grupo de hombres en verde olivo, largas barbas y melenas, portando armas largas de diferentes clases y calibres, se bajaron de los autos y obligaron a bajarse de los camiones a casi cien hombres con las manos atadas.

Cerca del grupo una buldócer trabajaba afanosamente abriendo una zanja de 10 pies de profundidad y un área de 40 por 60 pies; los supervisa un joven lampiño, de apariencia feminoide, con el pelo largo recogido en un rabo de caballo. Es Raúl Castro, el hermano de Fidel. Los soldados mueven a empujones los prisioneros en dirección a la zanja y los sitúan de espaldas al foso. Todos los hombres tienen los ojos cubiertos; hay una gran confusión, no pueden creer que los van a fusilar en masa. Algunos de ellos tienen la suerte de confesarse con el Padre Bez Chabebe, que ha llegado allí justo a tiempo. Muchos piensan que tal cosa nunca ha sucedido en Cuba. Raúl Castro da una orden y un pelotón de los verde olivo se alinean frente a los hombres vendados. No hay vacilación ni explicaciones en su discurso. En una voz sopranesca se oye una sola palabra: **¡ fuego !**

Ya en el amanecer del Martes 12, el buldócer comienza a restaurar la tierra al hoyo. No queda nadie en el Campo de Tiro. El Miércoles el periódico **Revolución** reporta que fueron 73 las víctimas de la **Masacre del Valle de San Juan**. Un periodista se acerca al lugar de los hechos y observa una mano fuera de la tierra recién removida. *¡A varios, Raúl Castro los ha enterrado vivos!*

He aquí la lista de los que yacen en esa tumba común:

1. Abreu Galván, Mario
2. Álvarez, Antonio
3. Álvarez Roque, Andrés
4. Amador, Oscar
5. Álvarez Díaz, Fernando
6. Aragón, Fidel
7. Balboa López, Ángel Luís
8. Barrero Silva, Antonio
9. Bautinal Bell, Juan
10. Bello Tamayo, Efrén
11. Bravo, Montalvo, José
12. Bocaña Callazo, Rafael
13.
14. Caballero, Miguel Cal
15. De la Rosa, Leonel
16. Castillo Ramírez, Pedro
17. Castro Lora, Víctor M.
18. Cedeño, Cesar
19. Chacón Santa Cruz, Emerico
20. Cortes Maldonado, Benito
21. Coso Pérez, René
22. Curiet, Manuel
23. De la O, Arístides

24. Denis, Justo
25. Despaigne Moret, Enrique
26. Díaz, Rodolfo
27. Díaz Rodríguez, Fernando
28. Díaz Zamora, Raúl
29. Duarte Anaya, Raúl Damián
30. Durán Matos, Facundo
31. Estrus Clavijo, Arturo
32. Fernández Tirado, Eloy
33. Fernández Valdés, Ernesto
34. Fernández Valverde, Ernesto
35. Ferrán, Alonso
36. Fonseca, Mario
37. Gil, Alfredo, Raimundo
38. González, Marino
39. González Guillot, Manuel de Jesús
40. Gutiérrez García, Juan
41. Gutiérrez Valdés, Antonio
42. Haza Grasso, Bonifacio
43. Hernández Morales, José
44. Heredia, Ramón
45. Herrera Duque, Heliodoro (Eliotón)
46. Leiva, Ángel
47. López Despaigne, Aristonico
48. López Toledano, Arístides
49. Martín Céspedes, Alberto
50. Morales Carrillo, Antonio
51. Morfi Castillo, José Ramon
52. Montero, Armando Martín
53. Novas Hernández, Nicolás
54. Odio, Israel Arencibia
55. Oliu Cordero, Federico
56. Oduardo, Eraclio
57. Olea Gross, Domingo
58. Olea Gross, Miguel Ignacio
59. Olivera Azains, Pedro
60. Ortiz Verdecia, Armando
61. Peña Martínez, Manuel
62. Portuondo Rodríguez, Luís A.
63. Prats Cervantes, Manuel
64. Ramírez Caballero, Antonio
65. Reitor, Antonio
66. Rivera Nordet, Juan A.
67. Roque del Toro, Benigno
68. Rodríguez Pérez, Pedro
69. Saavedra Pinedo, Celso
70. Saavedra Romero, Francisco
71. Torres del Toro, Benigno
72. Torres López, Filiberto
73. Torre Martínez, Juan José
74. Zenen Jiménez, Mas

Zanja en el Campo de Tiro del Valle de San Juan, Oriente.

Apéndice 10

Empresas Norteamericanas en Negociaciones para formalizar Actividades Comerciales con Cuba
(con fecha 1 de Enero de 2020)

En muchas ocasiones, la humanidad parece haber regresado a tiempos de inmadurez y primitivismo en lugar de progresar con el curso de los años. En el siglo XIX, las potencias Europeas formaban y deshacían alianzas sin muchas consideraciones de lealtad y sin apego a los lazos tradicionales de amistad. En el siglo XX, sin embargo, las alianzas entre naciones se fortalecieron y, con la posible excepción de Alemania y Rusa, no hubo deserciones ni volubilidad, en la probidad de las alianzas políticas al estallar la guerra. Ninguna empresa, ni ningún país, ofreció ayuda o lealtad a los Fascistas o los Nazis en la Segunda Guerra Mundial, ni les ofreció el beneficio económico de inversiones o inyecciones de moneda o tecnología, traicionando a sus aliados democráticos.

Una anomalía histórica, sin embargo, una regresión a políticas egoístas y desleales ha tenido efecto en las relaciones del mundo libre con la Cuba Comunista.

La Cuba de los Villanos, Marxistas y Marrulleros del mundo de los Castro, ha atacado vigorosa y agresivamente la democracia en Asia (Vietnam, por ejemplo), las Américas (Nicaragua, Bolivia, Venezuela, Chile) y África (Angola, Congo-Kinshasa, Algeria, Ghana, Namibia, Etiopía).

A pesar de eso, y a pesar de que la influencia del Castrismo continúa, aunque no ya en los campos de batalla, numerosas empresas capitalistas Norteamericanas han roto su lealtad a los principios democráticos y trata de hacer negocios con Cuba, sometiéndose si es necesario, como lo es sin lugar a didas, al modelo Maoista Chino de aceptar inversiones de empresas capitalistas sin garantías de beneficios o permanencia y con la condición de proveer acceso a la valiosa tecnología que esas empresas han producido como libre empresas.

A continuación, una lista de las empresas Norteamericanas que están respondiendo a la seducción de Cuba Comunista y negocian una posible apertura de capital, tecnología y mercados con ese deplorable mundo.

- **Carnaval** (turismo)
- **Cisco Networking Academy** (tecnología y capacitación)
- **Caterpillar** (maquinaria industrial)
- **Cleber** (maquinaria industrial - tractores)
- **Colgate-Palmolive** (productos para el hogar)
- **AirBnB** (turismo)
- **AT&T** (telecomunicaciones)
- **Jet Blue, American Airlines, Delta, Southwest Airlines** (Aerolíneas)

- **Energía General** (producción y distribución de energía)
- **Google** (tecnología. Google planea introducir banda ancha y acceso a Wi-Fi en Cuba. El gobierno cubano ahora está permitiendo zonas calientes de Internet en parques y algunos vecindarios).
- **IDT Corp.** (telecomunicaciones). IDT fue una de las primeras compañías estadounidenses en firmar como licenciatario.
- **International Port Corporation** (es la primera compañía estadounidense en abrir una oficina en Cuba).
- **Marriott** (turismo). La marca Sheraton de Marriott ya administra un hotel en La Habana (Four Points) y cuenta con la aprobación del gobierno Cubano para operar dos más.
- **MasterCard Inc.** (finanzas)
- **Norwegian Cruise Lines** (turismo)
- **PayPal** (pagos y colectas)
- **Priceline** (turismo)
- **Sprint** (telecomunicaciones)
- **Starwood Hotels & Resorts Worldwide** (turismo) Starwood es la primera corporación hotelera de EE. UU. En asociación con Cuba, actualmente está renovando y administrando tres hoteles en La Habana).
- **Stonegate Bank** (finanzas). Stonegate es el primer banco estadounidense que tiene un acuerdo con el sistema bancario cubano.
- **Stripe** (sistema de pago en línea; finanzas)
- **Roswell Park Cancer Institute** (salud)
- **Royal Caribbean** (turismo)
- **Coalición Agrícola de los Estados Unidos para Cuba** (USACC)
- **Verizon** (telecomunicaciones)
- **Western Union** (finanzas)
- **Weber Shandwick** (consultoría)

Apéndice 11

Víctimas del Ataque a Palacio el 13 de Marzo de 1958
(con fecha 1 de Enero de 2010)

El ataque contra el palacio presidencial en La Habana, Cuba tuvo lugar alrededor de las 3:30 pm el 13 de Marzo de 1957. El resultado del ataque fue muy diferente de lo que el **Directorio Revolucionario Estudiantil** había planeado; el objetivo de matar a Fulgencio Batista no se logró. **Faure Chomón** el Directorio Revolucionario, y **Menelao Mora Morales**, del Partido Auténtico, trataron de derrocar al gobierno con el magnicidio del Presidente Batista.

En la acción murieron:

- **Menelao Mora Morales**, 52
- **Carlos Gutiérrez Menoyo** (hermano de Eloy Gutiérrez Menoyo), 34
- **José Luis Gómez Wangüemert**, 31
- **José García Briñas**, 26
- **Ubaldo (Waldo) Diaz Fuentes**, 28
- **Abelardo Rodríguez Mederos**, 30 (conductor de uno de los coches)
- **José Castellanos Valdés**, (alias "Ventrecha"), 35
- **Evelio Prieto Guillaume**, 33
- **Adolfo Delgado**
- **Eduardo Panizo Bustos**, de 32
- **Pedro Esperón**, 45
- **Reinaldo León Llera**, 39
- **Norberto Hernández Nodal**, 45
- **Pedro Nulasco Monzón**, 30
- **Pedro Téllez Valdés**, 37
- **Mario Díaz Casañas**, 28
- **Ernesto Masa de Armas**, 25
- **Gerardo Medina Candentey**
- **Carlos Manuel Pérez Domínguez**, 45
- **Ángel Salvador González González**, 54
- **Adolfo Raúl Delgado Rodríguez**, 29
- **Ramón Alfaro Betancourt**, 36
- **Celestino Pacheco**
- **Ormani Arenado**
- **Eduardo Domínguez Aguilar**, 50
- **Pedro Zayden Rivera**, 25
- **Luis Felipe Almeida Hernández**, 35
- **José Hernández**.

Apéndice 12

Comandantes de las Fuerzas Armadas Revolucionarias de Cuba

Comandante de la Revolución Cubana fue el rango máximo que se otorgaba entre las fuerzas revolucionarias del Ejército Rebelde durante la rebelión de la Sierra Maestra. Para diferenciarse de las ambiciones de los oficiales del Ejército en ascender y ocupar altos rangos, los rebeldes se abstuvieron de tener rangos de altos oficiales, como Teniente Coronel, Coronel, y General e impusieron como máximo grado el de Comandante.

Tras el triunfo revolucionario, durante la formación y la ampliación de las **Fuerzas Armadas Revolucionarias (FAR)** a cientos de miles de hombres, esa costumbre de ascensos a Comandante creó grandes problemas organizativos y de confusión, pues cada unidad estaba al mando de un **Comandante** (Comandante de Brigada, Comandante de División, etc.).

En 1976 la costumbre se eliminó, pasándose a los rangos normales de Capitanes, Coroneles y Generales, en parte bajo la presión de los Soviéticos, que también habían utilizado y eliminado esta costumbre en su época Bolchevique.

Desde entonces el término de "**Comandante de la Revolución**" quedó para aquellos, que habían ascendido a Comandante antes del triunfo revolucionario (antes de Enero 1, 1959), y algunos de los que lo recibieron en los primeros meses de 1959.

Para Fidel Castro quedó el rango de **Comandante en Jefe**, un rango oficial de las Fuerzas Armadas Revolucionarias y título histórico.

La lista de los Comandantes de la Revolución Cubana quedó limitada a los siguientes miembros de las Fuerzas Armadas, que a pesar de los ajustes realizados consistió proporcionalmente en **la dirigencia más abundante de cualquier fuerza militar nacional en cualquier parte del mundo y de la historia**:

(en orden alfabético)

1. **Juan Abrantes Fernández**
2. **Armando Acosta Cordero**
3. **Juan Vitalio Acuña Núñez**
4. **Juan Almeida Bosque** - Jefe del 3° Frente Oriental "Mario Muñoz"
5. **Angel Ameijeiras Delgado**
6. **Efigenio Ameijeiras Delgado** - Segundo Frente Oriental "Frank País"
7. **José Argibais** – segundo Jefe del V Frente Oriental

8. **Lázaro Asencio**
9. **Miguel Beatón** – fusilado el 15 de Julio de 1960
10. **Víctor Bordón Machado** - Segundo Frente Nacional del Escambray
11. **Francisco (Paco) Cabrera Pupo** – Jefe de la escolta de Fidel Castro, fallecido accidentalmente en Caracas 23 de Enero de 1959
12. **Gaspar Brooks**
13. **Julio Camacho Aguilera**
14. **Gilberto Carrero**
15. **Ernesto Casillas**
16. **Humberto Castello**
17. **Ramón Carneaux Machado**
18. **Julio Casas Regueiro**
19. **Senén Casas Regueiro**
20. **Belarmino Castilla Más**
21. **Fidel Castro Ruz** – único Comandante en Jefe, Jefe de la Columna N°1"José Martí"
22. **Raúl Castro Ruz** - Jefe del 2° Frente Oriental "Frank País"
23. **Raúl Chibás Rivas** - Hermano del político Ortodoxo Eduardo Chibás, se fugó de Cuba en Agosto de 1960.
24. **Faure Chomón Mediavilla** - Segundo Frente Nacional del Escambray, miembro del *Directorio Revolucionario* "13 de marzo"
25. **Gilberto Cervantes**
26. **Raúl Chibás hijo**
27. **Camilo Cienfuegos Gorriarán** - Jefe de la Columna N°2 "Antonio Maceo" Muerto en circunstancias extrañas
28. **Abelardo Colomé Ibarra**
29. **Jaime Costa**
30. **Luis Crespo Castro**
31. **Braulio Coroneaux** - Ascenso póstumo
32. **Rolando Cubela Secades** - *Segundo Frente Nacional del Escambray*
33. **Andrés Cuevas** - Ascenso póstumo
34. **Raúl Curbelo**
35. **René de los Santos Ponce** - Jefe de la Columna 10 "René Ramos Latour"
36. **Raúl Díaz Naranjo** – Fusilado 15 de Agosto de 1964
37. **Raúl Díaz Torres** – exiliado
38. **José Duarte Comas**
39. **Félix Duque de Estrada**
40. *Aníbal Escalante* – eliminado durante la *"microfracción"*
41. **Derminio Escalona Alonso**
42. **Juan Escalona**
43. **Manuel 'Piti' Fajardo Rivero**
44. **Eduardo 'Waldo' Fernández Rodríguez** – fundador y operador de Radio Rebelde

45. **Oscar Fernández Mel** – Médico
46. **Carlos Figueredo Rosales** - Directorio 13 de Marzo, se suicidó el 26 de Marzo del 2009
47. **Angel Frias**
48. **William Gálvez Rodríguez**
49. **Guillermo García Frías**
50. **Calixto García Martínez**
51. **Delio Gómez Ochoa** - Jefe del IV Frente Oriental "Simón Bolívar"
52. **Ernesto Ché Guevara de la Serna** - Jefe de la Columna 8 "Ciro Redondo"
53. **Eloy Gutiérrez Menoyo** - Segundo Frente Nacional del Escambray
54. **Carlos Iglesias Fonseca**
55. **Joel Iglesias**
56. **Reinerio Jiménez**
57. **Juan Ramón López Fleitas** (póstumo)
58. **Ricardo Lorié**
59. **Antonio Enrique Lussón Battle**
60. **Augusto Martínez Sánchez**
61. **Julio Martínez Paz**
62. **Huber Matos Benítez** Jefe de la Columna N°9 "Antonio Guiteras" y preso político por 20 años (1918-2014), luego exiliado
63. **Raúl Menéndez Tomassevich**
64. **Pedro Miret**
65. **Demetrio "Villa" Montseny Vaca**
66. **Víctor Mora Pérez**
67. **William Alexander Morgan** - Segundo Frente Nacional del Escambray, fusilado 11 de marzo de 1961
68. **Ramón Paz Cuevas**
69. **Félix Lugerio Pena Díaz**
70. **Manuel Nogueira Ramos**
71. **Filiberto Olivera Moya**
72. **Ramón Paz Borroto**
73. **Félix Lugerio Pena Díaz** – Presidente del Tribunal Revolucionario en el Juicio a los Aviadores de Fulgencio Batista en Santiago de Cuba, 1959
74. **Crescencio Pérez** – Columna 7. Notorio contrabandista en la Sierra
75. **Faustino Pérez Hernández**
76. **Walfrido Pérez**
77. **Manuel Piñeiro Losada** - Segundo Frente Oriental "Frank País"
78. **Plinio Prieto Ruiz** – fusilado 12 de Octubre de 1960
79. **José Quevedo**
80. **René Ramos Latour**
81. **Ciro Redondo García** - ascenso póstumo
82. **Horacio Rodríguez Hernández**

83. **Luis Orlando Rodríguez** - periodista
84. **Samuel Rodiles Planas**
85. **René Rodríguez Cruz**
86. **Aldo Santamaría**
87. **Universo Sánchez Álvarez**
88. **Guillermo 'Lalo' Sardiñas** – Sacerdote
89. **Jorge Serguera**
90. **Humberto Sorí Marín** – auditor, fusilado el 20 de Abril de 1961
91. **Félix Torres González**
92. **Ramiro Valdés Menéndez**
93. **René Vallejo Ortiz** – Médico
94. **Aldo Vera Serafín** - Tras 1959 conspiró contra Castro junto al comandante *Humberto Sorí Marín*, tras el fusilamiento de éste se asiló en los Estados Unidos. Fue asesinado el 25 de Octubre de 1976 en Puerto Rico, por los Servicios de Inteligencia de Cuba
95. **Roberto Verdaguer**, piloto privado de Fidel Castro tras la huida de *Diaz Lanz*, huyó a Estados Unidos en 1961 en una avioneta junto a su hermano gemelo Guillermo.

Ascendidos a Comandante después del triunfo de la revolución

96. **Pedro Luis Díaz Lanz** - Ascendido tras la revolución, Jefe de la Fuerza Aérea Revolucionaria en 1959, piloto personal de Fidel Castro. Huyó a Estados Unidos en 1959.
97. **Cristino Naranjo**, asesinado el 12 de Noviembre de 1959, ascendido a Comandante póstumamente.
98. **Eduardo Bernabé Ordaz** – Médico, Director de Mazorra.
99. **Domingo René García Collazo**. Quedó inválido al perder las dos piernas cuando intentaba poner una bomba el 12 de Junio de 1957. El 17 de Enero de 1959 Fidel Castro, de visita en Artemisa, lo ascendió a Comandante y lo designó Segundo Jefe del Regimiento de Pinar del Río, cuyo jefe era el comandante *Juan Escalona*.
100. **Antonio Sánchez Díaz, 'Pinares'** - Muerto en acción en Bolivia en la guerrilla de Ernesto Che Guevara.

Apéndice 13

Hijos que redimieron a sus Padres

Muchos de los líderes iniciales de la revolución tomaron el camino del exilio, defraudados por la declaración del carácter antidemocrático y Marxista del Fidelismo una vez alcanzado el poder; igual hicieron miles de Cubanos que los siguieron. Entre esos exiliados, se dieron muchos casos de hijos e hijas de los líderes Castristas que prefirieron desligarse de la tolerancia al totalitarismo de sus padres y marcharse al exilio. Uno de esos casos fue **Juan Juan Almeida**, hijo del Comandante **Juan Almeida**, uno de los insurgentes iniciales que se mantuvo en su cargo apoyando la revolución al hacerse evidente la traición Marxista.

El Comandante **Juan Almeida** es posiblemente el único de los líderes iniciales de la revolución que no sólo se mantuvo ajeno a crímenes y abusos sino, en numerosas ocasiones salvó la vida a jóvenes opositores al régimen Marxista que habían caído en manos de las fuerzas represivas del gobierno Castrista.[55] Su hijo, **Juan Juan Almeida** fue considerado subversivo en la década del 2000 y encontró grandes dificultades en escapar de Cuba. La historia de los Almeida es muy típica de muchas familias Cubanas.

En Diciembre de 1965, Fidel Castro en un discurso público con motivo del IX aniversario del desembarco del *Granma*, anunció orgullosamente el nacimiento de **Juan Juan Almeida**, hijo de **Juan Almeida Bosque**, el hombre considerado entonces como el tercero en la jerarquía revolucionaria de Cuba.

Años después, en Septiembre del 2009, **Juan Juan Almeida** pidió ayuda internacional desde la Habana para poder viajar al extranjero y tratarse de *"espondilitis anquilosante,"* [56] una enfermedad degenerativa para la cual no existe tratamiento en Cuba.

Juan Juan Almeida

---

[55] El Comandante **Juan Almeida** fue nombrado Jefe del **Cuartel Goicuria** en Matanzas en Enero de 1959. Desde su posición de alto nivel dentro de la revolución, ayudó en varias ocasiones a jóvenes y estudiantes del Instituto de Matanzas a salir de las prisiones de la Seguridad del Estado y poder marchar al exilio. Fueron acciones realizadas con discreción y riesgo por su parte, como fue evidente más tarde en el caso del Comandante **Camilo Cienfuegos** cuando trató de ayudar y salvar la vida a su amigo el también Comandante **Huber Matos**.

[56] La **espondilitis anquilosante** es una enfermedad reumática que causa inflamación de las articulaciones de la columna vertebral, rigidez vertebral, pérdida de movilidad y deformidad articular progresiva.

Juan Juan trató de salir ilegalmente de Cuba, pero no lo logró. Desde hacía años venía protestando del régimen, incluyendo manifestaciones públicas en la **Plaza de la Revolución**. Desde 1998 tenía prohibido abandonar Cuba. El día que murió su padre, se enteró por teléfono de su muerte y poco después llegaron un general y dos soldados para escoltarlo al lugar donde estaba el cadáver de su progenitor. No lo dejaban moverse por sí mismo. Las autoridades temían que pudiera realizar alguna acción de protesta en el funeral de su padre. Mucho menos lo dejarían salir de Cuba, por temor a que hablara mal del régimen o divulgara cosas que conocía, pero no se debían decir fuera de Cuba.

«...Necesito tratar mi enfermedad. Que me lleven con un escolta si quieren, pero debo salir de Cuba... Me están advirtiendo que no intente hacer nada.»

La esposa y la hija de **Juan Juan Almeida** ya vivían en los Estados Unidos y también habían realizado gestiones para que Juan Juan pudiera salir a tratarse a ese país. Su hija **Indira Almeida**, había dirigido una carta al Secretario General de la OEA, **José Miguel Insulza**, en la que le pedía que intercediera ante las autoridades Cubanas. La respuesta no fue lo que esperaba.

«Desgraciadamente, luego de esperar dos meses por una llamada que hice yo a la oficina del señor Insulza, me comunicaron que la OEA no tenía jurisprudencia sobre la situación y que no podían hacer nada al respecto...»

Con el mismo propósito, **Indira Almeida** remitió sendas cartas a **Raúl Castro, Ricardo Alarcón, José Ramón Balaguer** y oficiales del *Ministerio del Interior (MININT)*, pidiéndoles ayuda en esas gestiones. Nunca recibió respuesta o confirmación de haber ninguno recibido su carta.

Una respuesta a una misiva similar que envió Consuelo Quesada, la esposa de **Juan Juan Almeida** a *Amnistía Internacional*, si recibió rápida respuesta:

«Ayer me escribió el encargado para América Latina y el Caribe y le envié todo el historial clínico de Juan Juan.»

Una tercera gestión con el gobierno Chileno la hizo el propio **Juan Juan** a través de un diario del país:

«Si fuera posible alguna acción a nivel de la Cancillería chilena sería de mucha utilidad...»

Increíblemente, esto le estaba sucediendo a un joven que se crio junto a los hijos de Raúl Castro y que a los 20 años viajó a estudiar a la Academia Superior de la KGB, en la Unión Soviética.

Finalmente, después de siete años de gestiones y una huelga de hambre que conmocionó a muchos solidarios de la revolución, las autoridades Cubanas aprobaron la solicitud del hijo de **Juan Almeida** gracias a la intervención del **Cardenal Jaime Ortega Alamino**. **Juan Juan** permaneció una semana con su esposa **Consuelo Quesada** y su hija **Indira**, residentes en Miami, y después viajó a Los Ángeles donde fue atendido en el *Centro Médico Cedros del Sinaí*.

«Pensé que no me iba a quedar más que una salida ilegal. Pueden meterme preso, ponerme otro capuchón o desaparecerme entre las casas secretas, pero solo estaba pidiendo poder visitar al médico y estar junto a mi familia.»

La hija mayor de Juan Almeida, **Beatriz Almeida García**, se marchó a los Estados Unidos en 2005; su otra hija, Doctora en Medicina, aceptó el papel de *médico en alquiler* y partió con un grupo numerosos de médicos a Venezuela; a las pocas semanas abandonó la misión y se radicó en Miami junto a su madre.

Declaraciones de Juan Juan Almeida en su libro *"Memorias de un guerrillero Cubano desconocido."*

«Yo soy sólo un ser humano que se crio y se formó entre corruptos, inmodestos y modernos corsarios que jugaron a ser estrictos, sencillos y guardianes del honor, pero olvidaron callar frente a los niños. Porque este niño creció admirando esos vicios heroicos y vandálicos que apologizaron nuestros líderes haciéndome ver que el asalto a un cuartel, en un país con leyes, puede ser una cosa justa. Haciéndome ver que subvertir países con ideas extranjeras, usando métodos ilegales, era algo necesario. Haciéndome ver que los problemas del estado se solucionan más fácilmente si ahuyentamos a nuestros propios ciudadanos. Haciéndome ver que repudiar, desprestigiar, pisotear, golpear, escupir o encarcelar era una buena opción para aquellos que no piensan como el sistema exige. Haciéndome ver que el pueblo es una masa amorfa y lejana a la que se tiene en cuenta desde un estrado para elogiarla un poco, azuzarla otro tanto y luego regresar al aire acondicionado. Me hicieron ver tantas y tantas cosas que terminé confundido como millones de cubanos que no sabemos la diferencia exacta entre el bien y el mal.»

Indice Onomástico

Numerales

13 de Marzo, 14, 15, 64, 91, 98, 109, 136, 150, 176, 218, 221
26 de Julio, 14, 29, 34, 35, 57, 64, 65, 67, 68, 75, 87, 91, 97, 103, 107, 112, 113, 115, 116, 119, 123, 129, 133, 135, 136, 137, 138, 142, 144, 154, 164, 166, 169, 204, 206, 207, 208

A

Abel Prieto, 120
Abrantes, 219
AJEF, 126
Ala Izquierda, 13, 101, 103, 114
Alarcón, 123, 224
Aldo Santamaría, 222
Aldo Vera, 222
Alfredo Guevara, 142
Alfredo López Arencibia, 11
Almejeiras, 53, 156, 159
Alpha-66, 99
Américas, 20, 58, 76, 113, 120, 175, 177, 216
Angola, 31, 43, 95, 135, 136, 139, 158, 216
Aníbal Escalante, 86
Antonio Guiteras, 12, 221
Argelia, 31, 104, 139
Armando Hart, 120, 138
Arnaldo Ochoa, 157, 158, 178

B

Bahía de Cochinos, 43, 86
Bakounine, 196
Barbarroja, 41, 47, 57, 75, 76
Bernal del Riesgo, 132, 146
Blanco Rico, 67, 100, 147, 148
Blas Roca, 13, 14, 47, 81, 109, 143, 152, 155, 159
Bohemia, 30, 131
Braddock, 164, 170, 205, 206, 207, 210
Buró Político, 58, 60, 61, 68, 90, 94, 110, 117, 122, 123, 126, 128, 134, 136, 138, 139, 184, 185

C

Calhoun, 208
Calos Baliño, 12
Camacho Aguilera, 138, 220
Camilo Cienfuegos, 28, 52, 53, 57, 60, 64, 92, 133, 151, 159, 208, 220, 223
Campo de Tiro, 214
Carbó Serviá, 65, 109, 147, 149, 150
Carlos Gutiérrez Menoyo, 64, 143, 218
Carlos Loveira, 11
Carlos Piad, 206
Carlos Prío, 30, 125
Carlos Rafael Rodríguez, 14, 85, 109, 110, 143, 144, 151
Casillas Lumpuy, 211
Castilla Mas, 137
Celia Sánchez, 52, 112
Cepero Bonilla, 206
Chomón, 28, 64, 65, 67, 136, 207, 218, 220
Cintra, 126, 136
Colomé Ibarra, 95, 135, 220
Comintern, 13, 17, 47, 142, 145, 149

Comité Central, 47, 58, 64, 68, 75, 76, 81, 85, 90, 91, 93, 101, 107, 117, 119, 121, 128, 129, 133, 138, 149, 156, 185
Cornelio Rojas, 211
Crescencio Pérez, 221
Cruz Varela, 145
Cubanosofía, 132
Cubelas, 65, 136, 220

D

David Ricardo, 22
de la Osa, 13, 131
Díaz Lanz, 57, 222
Díaz-Canel, 71, 72, 159
Directorio, 14, 31, 64, 65, 67, 87, 91, 94, 98, 100, 101, 123, 136, 142, 144, 147, 150, 154, 162, 184, 206, 207, 218, 220, 221
DR, 67

E

Earl Smith, 161, 162, 163, 166, 167, 168, 204, 205
Eduardo Chibás, 12, 14, 220
Eisenhower, 160, 168, 204, 208, 209
Ejército Rebelde., 31, 90, 107, 115, 126, 129, 137

Eliézer Gaitán, 29
En Cuba, 131, 135, 145
Engels, 18, 21, 23, 25, 26, 69
Escambray, 43, 60, 64, 65, 67, 98, 100, 136, 182, 185, 220, 221
Esteban Lazo, 128
Eutimio Guerra, 36, 211

F

Fabio Grobart, 12, 47, 48, 49, 141, 146, 148, 152, 153
Fangio, 97
Faustino Pérez, 97, 221
Felipe Mirabal, 41
Felipe Pazos, 170, 206, 210
Félix Rodríguez, 53
Fernando Ortiz, 88
FEU, 29, 67, 68, 121, 123, 125, 131, 147, 149, 156, 207
Figueres, 205, 209
Flavio Bravo, 107, 109, 136, 141, 147, 151
Foster Dulles, 171, 204
Frank País, 34, 35, 41, 57, 60, 68, 69, 75, 95, 97, 112, 116, 135, 137, 143, 144, 219, 220, 221

Fructuoso Rodríguez, 65, 109, 147, 149, 150
Fuerzas Armadas Revolucionarias, 95
Fulgencio Batista y Zaldívar, 12

G

García Bárcena, 142, 143, 144
García Buchaca, 109, 110, 144, 150, 152
García Márquez, 143
Gerardo Machado, 11, 12, 81, 88, 101, 103, 131
Gonzalo de Quesada, 20, 196
Granma, 30, 52, 57, 60, 67, 72, 91, 97, 112, 119, 129, 135, 145, 156, 223
Guerra Civil Española., 52, 90, 142
Guevara, 17, 28, 31, 34, 35, 36, 37, 38, 52, 53, 57, 60, 64, 68, 87, 90, 97, 98, 104, 110, 127, 130, 142, 149, 151, 153, 159, 160, 176, 182, 206, 208, 211, 221, 222
Guillén, 38, 105, 106

H

Haydee Santamaría, 112, 113
Heberto Padilla, 145, 178, 184
Helene Demuth, 18
Hemingway, 143, 144
Herbert Matthews, 97, 143
Hermanos al Rescate, 43
Héroe de la República, 60, 61, 68, 110, 126, 133, 135, 136, 139, 157
Ho Chi Minh, 69
Hoy, 85, 143, 147, 152, 155, 159, 173, 174, 208
Huber Matos, 34, 52, 159, 184, 221, 223
Humboldt 7, 65, 109, 110, 144, 147, 149, 150

I

ICAIC, 110, 127, 142
IMF, 207, 210
Instituto de La Habana, 129, 131, 151
Internacional Comunista, 12, 13, 47, 81, 90

J

Jacobo Arbenz, 34, 151
Javier Pazos, 138
Jesús Menéndez, 14, 81
John Stuart Mill, 22
Jorge Sotu, 34
José Antonio Echeverría, 14, 65, 67, 121, 143, 144, 147, 149
José Machado, 28, 65, 109, 147, 149, 150
José Martí, 13, 15, 20, 21, 22, 35, 51, 58, 75, 78, 79, 101, 120, 127, 132, 176, 178, 186, 196, 198, 199, 220
Joven Cuba, 13
Jrushchov, 36, 178
Juan Almeida, 28, 52, 53, 57, 58, 61, 69, 139, 219, 223, 224, 225
Juan Juan Almeida, 223
Juan Marinello, 14, 47, 78, 79, 81, 85, 109, 145, 208
Julio Antonio Mella, 12, 13, 51, 78, 88, 101, 129, 131, 132, 145
Juventud Ortodoxa, 138
Juventud Socialista, 107, 125, 130, 147

K

Karl Marx, 3, 16, 17, 18, 19, 21, 23, 26, 48, 186, 187, 188, 199
Kennedy, 36, 160
KGB, 61, 62, 151, 224
Kondriatsev, 47

L

La Cabaña, 35, 36, 38, 99, 157, 182
La Nación, 21, 22, 176, 186, 195
Lage, 72, 122, 157, 158, 159
Lázaro Cárdenas, 12, 118, 177
Lázaro Peña, 14, 81, 88, 109
Levi Marrero, 104
Library of Congress, 8
Lídice, 142, 143
Lionel Soto, 125, 142, 149
López Acea, 117
López Miera, 135
Luis Conte Agüero, 113

M

M-26-7, 143, 151, 207
Malmierca, 91, 149
Mañach, 17, 20, 132
Marcos Rodríguez, 65, 109, 110, 149, 150, 213

Martínez Sáenz, 57, 185
Martínez Sánchez, 182, 185, 221
Martínez Villena, 78, 81, 88, 101, 118
Masetti, 95
Melba Hernández, 119
Menelao Mora, 14, 64, 143, 184, 218
Microfracción, 47, 150, 152, 220
Mijail Bakunin, 21
Milián Castro, 93, 134
MININT, 62, 75, 224
Minorista, 78
Mirta Aguirre, 144, 145
Moncada, 14, 29, 30, 34, 41, 57, 60, 61, 95, 113, 119, 142, 143, 144, 146, 148
Morales Ojeda, 134
Mujeres Martianas, 12, 14, 115, 142
Muñoz Marín, 205, 208

N

Nicolás Guillén, 38, 109, 145
Nino Díaz, 34
Núñez Jiménez, 104

O

Barack Obama, 140, 157, 158

ONU, 123, 174
Operación Mangosta, 100
Ordoqui, 109, 110, 150, 152
ORI, 86, 103, 107, 152, 154, 155
Ortega Alamino, 224
Osmany Cienfuegos, 92
Osvaldo Dorticós, 53, 78, 102, 182, 185

P

Pablo de la Torriente Brau, 12, 101, 114, 118
Pacto de Cojímar, 144
Palabras a los intelectuales, 144
Pardo Llada, 35
Partido Comunista Cubano, 13, 14, 47, 48, 117, 128, 137, 145, 156
Partido Obrero Socialista, 50
Partido Socialista Popular, 14, 81, 85, 86, 88, 91, 107, 109, 125, 129, 130, 147, 152, 154, 184
Pastorita Núñez, 115
Patria, 20, 178
Paul Lafargue, 18
Pérez Roque, 72, 121, 122, 124, 157, 158, 159

Philip W. Bonsal, 207
Piñeiro, 41, 47, 57, 75, 76, 221
Poder Popular, 60, 64, 68, 72, 85, 93, 94, 97, 103, 117, 120, 121, 123, 126, 128, 133, 134, 135, 139, 147, 156, 185
Pompeo, 124
Pro-Arte, 116
Proudhon, 21, 25
PSP, 14, 47, 65, 85, 86, 87, 88, 107, 109, 125, 142, 144, 146, 147, 150, 151, 152, 153, 154, 155, 204, 208
PURS, 154

R

Ramiro Valdés, 28, 57, 60, 61, 62, 65, 75, 91, 222
Ramón Cabañas, 140
Ramón Espinosa, 136
Ramón Grau San Martín, 12
Ramón Nicolau, 89, 90, 141, 151
RaúL Castro, 28
Raúl Rivero, 145
Raúl Roa, 13, 101, 177, 178, 182
Reforma Agraria, 85, 127, 182
Regino Boti, 142, 182, 184, 185, 206
Reinaldo Arenas, 145

René Ramos, 34, 35, 137, 144, 220, 221
Rene Ramos Latour, 35
Risquet, 130
Robaina, 72, 121, 159
Rodríguez Parrilla, 124
Rubottom, 164, 166, 167, 168, 205, 206

S

Salvador García Agüero, 14, 88, 109
Salvador Massip, 104
Sánchez Arango, 143
Sánchez Cabrera, 129, 151
Sandalio Junco, 13
Santa Coloma, 113
Santiago Rey, 100, 147, 162
Segundo Frente, 64, 68, 94, 98, 130, 137, 182, 219, 220, 221
Seguridad del Estado, 60, 61, 62, 75, 91, 95, 129, 223
Senén Casas, 53, 220
Sergio del Valle, 57, 133
Sergio González, 142
Stassi, 62

T

Tabernilla, 67, 210
Teté Casuso, 109, 114
Tina Modotti, 13
Tricontinental, 37, 101

U

Ulises Rosales, 139
UNEAC, 120, 144, 145
UNESCO, 78, 100, 127, 172, 174
Universo Sánchez, 222
Urrutia, 78, 161, 162, 163, 166, 167, 170, 185, 205, 206

V

Vargas Llosa, 36
Ventura, 28, 65, 68, 69, 109, 135, 138, 147, 148, 150
Vilma Espín, 35, 41, 135, 137

W

Wieland, 206, 208
William Morgan, 65, 98, 182, 184, 208

X

Xi Jingping, 16

Raúl Eduardo Chao recibió su doctorado de la Universidad Johns Hopkins y después de un breve paso por la industria estuvo 18 años en el mundo académico, como Profesor Titular y Director de los Departamentos de Ingeniería Química en las Universidades de Puerto Rico y Detroit. En 1986 fundó una firma de consultoría enfocada a ayudar a empresas y agencias gubernamentales a desarrollar un ambiente de trabajo positivo e implementar técnicas de mejorar procesos para asegurar aumentos simultáneos en productividad y calidad. El *Grupo Systema* tuvo como clientes empresas de las catalogadas como *Fortune 100* y diversas organizaciones federales y estatales, tanto en los EE.UU. como en el extranjero. Como Presidente de Systema, Chao ha escrito una docena de libros sobre gerencia, política, ciencias e Historia de Cuba y numerosos artículos en periódicos y revistas. Él y su esposa Olga viven en Lakeland, Florida.

www.ingramcontent.com/pod-product-compliance
Lightning Source LLC
Chambersburg PA
CBHW030517080526
44586CB00011B/228